中国留学回国就业

蓝皮书

ZHONGGUO LIUXUE HUIGUO
JIUYE LANPISHU

2024

教育部留学服务中心　编

中国言实出版社

图书在版编目（CIP）数据

中国留学回国就业蓝皮书 . 2024 / 教育部留学服务
中心编 . -- 北京 : 中国言实出版社 , 2025. 4. -- ISBN
978-7-5171-5094-7

Ⅰ . G648.9；D669.2

中国国家版本馆 CIP 数据核字第 2025RS4382 号

中国留学回国就业蓝皮书 2024

责任编辑：张　朕
责任校对：李　颖

出版发行：中国言实出版社
　　　　　地　　址：北京市朝阳区北苑路 180 号加利大厦 5 号楼 105 室
　　　　　邮　　编：100101
　　　　　编辑部：北京市海淀区花园北路 35 号院 9 号楼 302 室
　　　　　邮　　编：100083
　　　　　电　　话：010-64924853（总编室）　010-64924716（发行部）
　　　　　网　　址：www.zgyscbs.cn　电子邮箱：zgyscbs@263.net

经　　销：新华书店
印　　刷：北京鑫益晖印刷有限公司
版　　次：2025 年 6 月第 1 版　2025 年 6 月第 1 次印刷
规　　格：710 毫米 ×1000 毫米　1/16　21 印张
字　　数：195 千字

定　　价：48.00 元
书　　号：ISBN 978-7-5171-5094-7

前　言

　　人才是实现民族振兴、赢得国际竞争主动的战略资源。在百年奋斗历程中，我们党始终重视培养人才、引领人才，团结和支持各方面人才为党和人民事业建功立业。改革开放以来，我国海外人才培养与引进事业蓬勃发展，海外人才对我国大国地位、国际义务和国际责任的关注也在增加，这要求加速构建海外人才培养与引进的立体化政策体系，实施更加积极、开放、有效的人才政策，将我国建设成为国际高端科技人才和资源流动的目的地、集聚地。当前，新一轮科技革命和产业变革深入发展，全球产业链供应链深度调整，国际力量对比发生重大变化，世界格局正在重塑，国家之间尤其是传统强国与新兴大国间的竞争博弈进一步加剧，保护主义明显上升，围绕高素质人才和科技制高点的国际竞争空前激烈，海外人才的作用愈发显现，我国海外人才引进也面临新的机遇和挑战。

　　党的十八大以来，以习近平同志为核心的党中央高度重视留学工作。习近平总书记多次对留学工作发表重要讲话，作出重要指示。2013年10月21日，习近平总书记在欧美同学会成立100周年庆祝大会上指出："实践证明，广大留学人员不愧为党和人民的宝贵财富，不愧为实现中华民族伟大复兴的有生力量。"2021年9月，习近平总书记在中央人才工作会议上强调，"深入实施新时代人才强国战略，全方位培养、引进、用好人才，加快建设世界重要人才中心和创新高地"。2022年5月18日，习近平总书记给南京大学的120位留学归国青年学者回信，希望他们"大力弘扬留学报国的光荣传统，以报效国家、服务人民为自觉追求，在坚持立德树人、推动科技自立自强上再创佳绩，在坚定文化自信、讲好中国故事上争做表率，为全面建设社会主义现代化国家、实现中华民族伟大复兴的中国梦积极贡献智慧和力量"。党的二十大报告把教育、科技、人才工作一体部署，提出必须坚持科技是第一生产力、人才是第一资源、创新是第一动力。党的二十届三中全会强调，完善海外引进人才支持保障机制，形成具有国际竞争力的人才制度体系。

在习近平新时代中国特色社会主义思想指引下，我国留学人才和留学工作取得了显著进展。在教育部党组的领导下，留学服务中心坚持深刻把握教育的三大属性，聚焦彰显教育强国"六大特质"，围绕推动出国留学全链条服务效能提升、建设具有世界影响力的学历学位认证体系、助力提升高校国际化水平、健全留学中国服务和支持体系、完善留学报国服务体系五个战略方向，聚力推进留学服务综合改革和全面数字化转型，在助力建设具有全球影响力的重要教育中心、建设留学报国、留学中国支持服务体系、改善对留学生的服务与管理等方面，着力构建更符合高水平教育对外开放要求的留学服务工作新格局。在出国留学方面，进一步加强出国留学生安全教育，支持留学人员回国创新创业。随着留学人员规模的日益扩大，国际形势的日趋复杂，留学服务中心重视开展留学人员行前教育，目前已形成国内外联动、政府和社会参与、公费自费覆盖的工作机制。在支持留学人员回国创新创业方面，一是持续优化留学人员回国服务环境，大力推动"互联网＋留学服务"平台建设，实现留学回国就业落户、留学人员存档、学历学位认证业务的在线办理，依托"互联网＋"和新媒体手段，向海外人员发布招聘信息，组织线上招聘活动，与大型国企、科研院所合作建立留学人员回国实习基地。二是积极为海外留学人员回国服务牵线搭桥，围绕国家重点战略，引导留学人员到重点地区、围绕重要领域创新创业。三是着力做好海外人才引进和成果转化工作。通过"春晖计划"、短期回国项目等形式资助留学人员回国开展学术交流、科研合作等活动，通过合作科研项目吸引海外高层次留学人才与国内高校教师共同申报课题，开展合作研究。

　　编写和出版系列《中国留学回国就业蓝皮书》（以下简称《蓝皮书》）已经成为留学服务中心的一项常态工作。《蓝皮书》自连续推出 12 年来，对反映留学回国人员作为中国高端人才市场供应方的真实状况，以及影响留学人员回国就业的关键要素及其趋势，更好地为宏观政策引导和市场人才定位提供支持，为用人单位和政府相关部门制定人才政策和策略提供第一手资料，也为留学人员选择留学目的地、专业方向以及择业等方面决策提供重要信息参考，得到教育部及国家相关部门的充分肯定和社会各界的高度认可，产生了较好的社会效益。

今年的《蓝皮书》包括总报告、概述、留学回国人员总体情况、2020 年以来留学回国人员趋势分析、留学回国人员就业状况分析、留学人才回国就业状况调查报告、留学回国人员创新创业情况调查报告、留学人才海外就业状况调查报告、人才高地引进留学归国人才政策、留学回国人员就业质量指数、国内重点产业急需紧缺人才分析、专题研究报告即留学归国人才成长规律探索等十余个部分组成。以数十万条数据为支撑，通过大数据分析，展示中国留学回国人才的特点、就业意向与就业现状，立足于我国当前对高层次人才的强烈需求和对引进海外人才的高度重视，使用教育部留学服务中心海外留学回国人员数据库（包括认证数据库和就业落户数据库），以及留学回国人员就业情况专项调查数据，从留学回国人员的基本情况、就业情况、就业意愿等多个维度进行系统分析。专门走访调研了代表性用人单位（高等院校、科研院所、实验室和企业）及留学归国人才，对留学归国人才的成长规律进行专题总结，为优化人才培养模式、提高国际人才竞争力提供参考借鉴。

《蓝皮书》是教育部留学服务中心服务于留学工作的一个重要成果，我们通过中国社会科学院专业团队的长期跟踪研究和科学的数据采集，不断完善《蓝皮书》的内容，谨借《中国留学回国就业蓝皮书2024》出版之际，衷心感谢参与撰写的团队专业严谨的数据分析、调查研究和政策分析工作。

目　录

总报告

　　2024年度《中国留学回国就业蓝皮书》包括留学回国人员总体情况、2020年以来留学回国人员趋势分析、留学回国人员就业状况分析、留学人才回国就业状况调查报告、留学回国人员创新创业情况调查报告、留学人才海外就业状况调查报告、人才高地引进留学归国人才政策、留学回国人员就业质量指数、国内重点产业急需紧缺人才分析、留学归国人才成长规律探索等十余个部分。留学回国人员总体情况和就业状况分析所使用的数据，来自教育部留学服务中心的2023年留学回国人员认证数据库和就业服务系统数据库，前者样本量为366380人，后者样本量为9399人。留学人才回国就业状况调查报告的分析数据，及留学回国人员就业质量指数相关分析数据，是2024年由教育部留学服务中心组织，通过向留学回国人员发放调查问卷收集得到，样本量共有6002人。留学人才海外就业状况调查报告的分析数据，是2024年教育部留学服务中心组织以问卷的形式对身处海外的留学人员进行就业状况调查，样本量为2519人。兹将本书基本内容概括如下。

一、留学回国人员总体情况

从教育部留学服务中心的认证数据来看，2023年有366380人通过留学服务中心的学历认证，相较2022年增长了约30000人，涨幅达到了8.98%。2023年的留学回国人员总体呈以下特征：第一，留学回国人员体现出女多男少的特点。第二，欧洲和北美洲是我国留学人员的主要目的地，英国、美国和澳大利亚是主要的留学国家，但来自这三个国家的留学回国人员占比逐年下降，2023年有51.5%的留学回国人员来自这三个国家，相较2022年降低约3个百分点，主要降低的是从美国的留学回国人员。第三，硕士是留学回国人员的主力军，2023年有63.09%的留学回国人员具有硕士学位，相较2022年增长约2个百分点。第四，高层次人才中，从亚洲学校获得学位的占比进一步增加（达到了53.07%，相较2022年增加7个百分点），从北美洲学校获得学位的占比进一步下降（2023年为16.32%，相较2022年降低4个百分点）。第五，留学回国人员主要在海外学习理学、管理学、经济学和工学相关专业，学习管理学的人数首次超过理学，成为占比最高的学科。

二、留学回国人员趋势分析

虽然受到国际政治形势以及全球经济下行压力增大等多重因素影响，我国留学回国人数仍保持较为稳定的态势。2020—2023

年在留学服务中心进行认证的留学回国人员保持在 33 万人左右，总体规模稳定上升。相较 2020 年，2023 年在留学服务中心认证的留学回国人员增长了 13.79%。其他的主要变化趋势为：第一，留学回国人员女性多于男性，女性占比约为 57%。第二，留学回国人员总体较为年轻，但平均年龄呈现增长趋势，留学回国人员的平均年龄在 2020 年为 26.52 岁，2023 年为 27.47 岁，4 年间增长了约 1 岁。第三，主要的留学目的地是英国、美国和澳大利亚，来自这三个主要留学国家的回国人员在 2020—2023 年的占比均超过了 50%，但其占比在逐年下降。其中变化最大的是从美国留学回国人员的占比情况，美国留学回国的人员相比其他国家仍很多，但其绝对占比在逐年下降，从 2020 年的 21.43% 降低到 2023 年的 14.64%，下降约 6 个百分点。

具有博士学位的高层次人才变化情况呈现如下的特征：第一，近年来具有博士学位的海外高层次人才总体规模稳定上升，2020 年具有博士学位的留学回国人员只有 14234 人，2023 年已经有 21574 人。相较 2020 年，具有博士学位的留学回国人员增长了约 7000 人，涨幅达到了 51.56%。第二，学习工学和理学的博士占比最多，总体规模保持稳定，但 STEM 专业的博士占比在逐年下降，从 2020 年的 58% 下降到 2023 年的 36.83%，4 年来下降了约 20 个百分点。第三，从世界顶尖院校毕业的博士占比逐年下降，2021 年，在主流院校排名前 100 名院校获得博士学位的人员占比约为 25%，2023 年已经降低到约 15%。

三、留学回国人员就业状况

　　针对留学回国人员就业状况调查问卷获得的6002人的有效问卷分析发现，留学回国人员海外平均学习时长为2.83年。大多在本科阶段后赴海外攻读硕士学位。留学地点选择主要考虑的是当地学位对找工作的帮助较大，当地的经济和教育水平等。海外就读院校排名大体靠前。国内经济的稳健运行、国内人才政策的吸引力及亲朋好友在国内是吸引留学人员回国的主要原因。约20%的留学回国人员尚无国内工作经历，工作年限大多不超过3年。近两成个体处于失业状态。当前没有工作的主要原因是缺乏实习或实践经验及招聘信息渠道的限制等。求职方式主要依赖专业化招聘网站/APP、人才交流会、学校资源和国家/组织调配等。工作地点主要分布在北京、上海和广东等地区。所处行业主要为金融业、信息传输、软件和信息技术服务业、教育等。单位类型主要为国有企业、事业单位和三资企业。多担任基层及中层管理者职位，平均年薪在20万元左右。整体薪酬水平较2023年有所下降。多数留学回国人员工作满意度较高。留学回国人才在就业预期方面，工作地点偏向于国内核心城市及主要一线城市，期望行业集中在金融业、信息技术领域和教育业，薪酬水平期望值较高但处于合理区间，择业中更重视职业发展空间和薪资福利。与2023年相比，出国前最高学历呈现下降趋势，海外获得最高学位也有所下降，留学费用大体降低，失业率有所上升，整体薪酬水平有所下降，高校或科研机构就业占比下降，择业最看重事项由薪资福利转变为职业发展空间。

四、留学回国人员创新创业情况

留学回国人员中超半数有过创业经历，国内创业满意度整体较高。创业者面临的主要困境为技术成果难以转化、研发水平有限、融资困难。创业者选择的创业地点主要为北京、广东和天津等。留学归国自主创业人员选择的最热门的行业是金融业、教育、信息传输、软件和信息技术服务业，整体趋势符合留学回国人员热门就业行业。创业者所在单位多为小型企业。与之前年份相比，有过创业经历的个体比例整体呈上升趋势，留学归国创业人员主要从英国、美国、澳大利业、中国香港等热门留学地区归来，归国创业者多数是海外硕士，北京一直是留学归国创业地点的首要选择，近4年创业热门行业为金融业、教育、信息传输、软件和信息技术服务业，科学研究和技术服务业四个行业。留学生在海外积累的知识和经验、对国际市场的了解、外语及文化习俗的掌握、同学老师及行业专家等人脉关系对创业具有较好的帮助。但同时还面临着海外部分专业技术学习的限制、国内市场环境适应问题、多重融资问题、团队组建与管理挑战、国内信用体系与留学生海外经历不匹配、不熟悉国内市场规则和政策等创业挑战。

五、留学人员海外就业状况

　　针对留学人才海外就业状况调查获得的2519份有效问卷分析发现，大多数人在本科毕业后赴海外攻读硕士学位，留学地点集中在美国、澳大利亚等地，学科选择以经管类和理工类为主，留学时长平均约2.52年。就业特征表现为：多数留学人员倾向于海外短期居留后回国发展。不少留学人员尚无海外工作经历，且有工作经历者工作年限大多在3年以下，工作转换频率不高，大多在半年内可找到工作。工作地点与留学地相关性强，主要集中在美国、澳大利亚等地。行业分布以金融业、信息传输等为主，单位规模分布较均匀，非营利组织占比较高。工作时长相对合理。薪酬水平整体中等，年薪多分布在20万—29万元。职位以普通员工和中低层管理者为主。当前约两成留学人员处于失业状态，主要受实习实践经验和招聘信息渠道限制的影响。在就业预期方面，大部分海外留学人员更愿意回国工作，且超半数回国意愿增强。大部分期望回国在北、上、广、深就业，期望行业集中于金融业、信息传输等热门领域，单位类型倾向于高校科研机构及三资企业、国有企业等稳定单位，职位期望多为中高层管理者，期望薪酬多在20万—50万元之间，择业时最看重职业发展空间和薪资福利。与2023年相比，在澳大利亚留学占比上升，海外居留意愿有所上升，有海外工作经历的人员占比上升，工作职位中管理层占比上升；薪酬水平整体有所上升。

六、人才高地引进留学归国人才政策

从北京、上海及粤港澳大湾区的就业与创业政策实践来看，北京通过优化就业供需机制、提供创新创业资金支持及实施高端人才引进计划，形成了涵盖职业培训、创业辅导的一体化服务体系。上海注重提升劳动力市场效率，打造国际化创新创业平台，并通过户籍优惠及税收政策吸引全球高端人才，同时构建数字化公共就业服务网络。粤港澳大湾区依托区域协同优势，推动跨境劳动力流动，建立创新生态圈，聚焦高端科技人才引进和港澳青年创业支持，依托大都市圈提供多元化服务保障。三地政策各具特色，共同促进区域经济高质量发展与国际竞争力提升。

七、留学回国人员就业质量指数

通过对留学回国人员就业质量开展深入分析，揭示其在院校层次、学科特性和区域分布等方面的差异化特征，可为进一步推动高质量就业提供政策参考。研究发现，QS排名靠前院校毕业生在就业质量上的表现优于低排名院校，这可能归因于高排名院校的国际认可度、薪资水平以及清晰的职业发展前景，为毕业生的职业发展提供了有力保障。区域分析表明，在大洋洲、美洲和欧洲的留学人员回国后表现出更高的就业质量与满意度，而东南亚和日韩地区因教育背景认可度较低，整体就业质量相对较弱。此外，不同学科的留学回国人员在就业市场中的竞争力也存在差异，工学等与我国经济发展更为契合的专业，整体就业质量得分偏高。同时，由于市场需求有限和薪资水平不高，部分文科类专业的就业质量得分相对较低。

八、国内重点产业急需紧缺人才分析

引导留学人才回国就业，应与经济社会发展趋势相适应。本部分从战略性新兴产业与其他重点产业角度，对各地急需紧缺人才需求情况进行详细分析。重点关注了战略性新兴产业，如新一代信息技术产业、高端装备制造产业、新材料产业、生物产业、新能源及节能环保产业等，这些产业以重大技术突破和重大发展需求为基础，具有知识技术密集、物质资源消耗少、成长潜力大、综合效益好等特点，是引导未来经济社会发展的重要力量。除战略性新兴产业外，各地根据地区经济发展目标和产业布局，提出其他相关重点产业的人才需求计划，如人力资源服务业、文旅产业和特色农业等。

九、留学归国人才成长规律探索

本部分依托教育部留学服务中心提供的数据源，随机抽取200名留学归国人才科研启动基金申请者作为样本，通过综合理论分析和调查研究，揭示留学归国人才成长规律，对于优化人才培养模式、提高国际人才竞争力具有借鉴意义。研究方法包括统计分析、聚类分析以及案例分析。研究发现，在留学归国人才的成长过程中，扎实的教育基础是起点，不断更新知识和技能是保障，取得显著科研成果是体现，积极参与学术交流与合作是拓展，充分利用机遇和平台是助力，不同发展路径体现多样性，个人努力和清晰目标是动力，创新精神是核心驱动力。这些特征相互关联，共同构成了留学归国人才成长和发展的关键因素。

一、概述

（一）报告产生的背景

（二）报告内容和数据来源

（一）报告产生的背景

近年来，党和政府对留学回国人员就业工作给予高度重视和关心，党的二十大报告明确提出，要加快建设世界重要人才中心和创新高地。习近平总书记在欧美同学会成立100周年庆祝大会上指出："实践证明，广大留学人员不愧为党和人民的宝贵财富，不愧为实现中华民族伟大复兴的有生力量。"这一指示表明，留学回国人员不仅承载着知识和技能的回归，更是中国走向世界的重要桥梁。面对国际局势复杂多变和全球经济增长乏力的挑战，我国政府通过一系列政策措施，提出要优化国际化人才培养体系，促进国内外人才资源的高效流动和深度融合。我国人才培养与使用模式不断创新，为高层次国际化人才提供了更广阔的舞台。

出国留学选择更加多元化，回国发展趋势更加凸显。与传统模式相比，新一代留学人员的出国动机、选择方向及回国路径呈现出新特点。留学目的地更加多元化，虽然美英等传统热门国家仍然是首选，但亚洲及部分新兴经济体的留学吸引力显著提升。留学人员的回国动机更加明确，随着国内创业环境优化和经济稳步增长，留学人员更加看重职业发展与家庭归属感的平衡。尽管地缘政治等因素短期内对国际教育与人才流动造成一定影响，但在我国政策支持与经济发展的双重作用下，留学人员的回国整体趋势依然稳中向好。党的十八大以来，除了正在国外进行相关阶段学习和研究的留学人员，其余在完成学业后选择回国发展的留学人员占已完成学业群体的80%以上。

政策支持力度不断加大，出国留学教育项目的预算总额保持稳定。近年来，为鼓励更多留学人员回国就业创业，我国出台了一系列支持政策。2024年，人社部联合多部门发布《关于进一步做好留学人才回国服务工作的意见》，提出加强留学人员创业园、博士后科研流动站和工作站建设等多方面支持措施。此外，各地方政府和高校加速推进人才建设，形成了多层次的留学人员回国服务网络。同时，国家积极调整公派留学政策，将更多资源投向"急需但紧缺"领域。从教育部年度预算来看，2024年出国留学项目的预算数为280329.61万元，比2023年财政拨款执行数增加20000.00万元[①]，预算总额较十年前翻了一番。尽管国际形势复杂，我国仍持续优化留学项目的方向和结构，确保留学回国人员能够在重点领域发挥重要作用。

（二）报告内容和数据来源

2024年度《中国留学回国就业蓝皮书》主要内容包括留学回国人员总体情况、留学回国人员就业状况分析、留学人才回国就业状况调查报告，以及留学人才海外就业状况调查报告等。其中，留学回国人员总体情况以及留学回国人员就业状况分析的主

[①] http://www.moe.gov.cn/srcsite/A05/s7499/202403/t20240326_1122428.html.

要数据经由教育部留学服务中心进行信息脱敏后，基于大数据手段处理和分析，从人员基本信息、学历学科、留学经历和就业状况等方面，对我国留学回国人员的特征、人群组成及就业情况进行描述。留学人才回国就业状况调查报告和留学人才海外就业状况调查报告，是教育部留学服务中心为更加了解留学回国人员和海外留学人员的就业情况，通过专项设计的调查问卷进行收集和分析，从留学回国人员的海外经历、就业特征、就业预期以及回国意愿等角度，对受访者的基本信息、就业状况和意向等进行分析。为充分呈现我国各城市、高精尖领域和重点行业对留学人员以及海外高层次人才的迫切需求，本书还补充了人才高地引进留学归国人才政策、留学回国人员就业质量指数、国内重点产业急需紧缺人才分析。

报告数据来源主要有两部分：留学回国人员总体情况和就业状况分析的数据，是来自教育部留学服务中心的2023年留学回国人员认证系统数据库和就业服务系统数据库。前者共有366380个样本；后者共有9399个样本。留学人才回国就业状况调查报告的分析数据，是2024年由教育部留学服务中心组织，通过向留学回国人员发布调查问卷收集得到，发放并收回6002份问卷。留学人才海外就业状况调查报告的分析数据，是2024年教育部留学服务中心组织以问卷的形式对身处海外的留学人员进行就业状况调查，发放并收回2519份问卷。

二、留学回国人员总体情况

本章分析使用数据来自教育部留学服务中心的认证系统数据库，该数据库中记录了2023年在教育部留学服务中心参与认证的留学回国人员的基本特征和留学经历情况，共有366380个有效样本。本章从留学回国人员的基本特征和留学经历两个方面对2023年留学回国人员的总体情况进行分析，并对一些重要变量的变化进行了时序分析。

（一）留学回国人员的基本特征

1.性别比例

图2-1中报告了2023年留学回国人员的性别分布情况。可以看出，留学回国人员女性的比例要高于男性，具体来说，女性占比为55.03%，男性占比为44.97%。

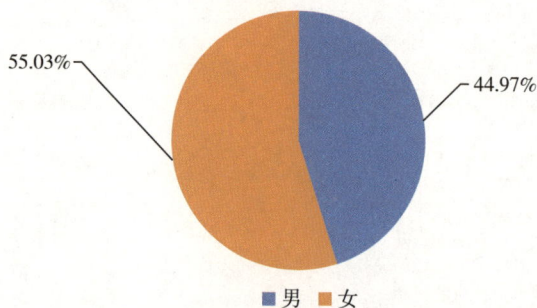

图 2-1　性别比例

2.年龄分布

图2-2中报告了2023年留学回国人员的年龄分布情况。可以看出，留学回国人员的年龄集中在20—30岁之间，20—25岁的人员最多，占比达到了49.72%；其次为26—30岁，占比为30.37%；再次为31—35岁，占比为10.38%；36—40岁和41岁及以上的占比较少，分别为5.11%和4.41%；20岁以下的占比最少，只有0.01%。

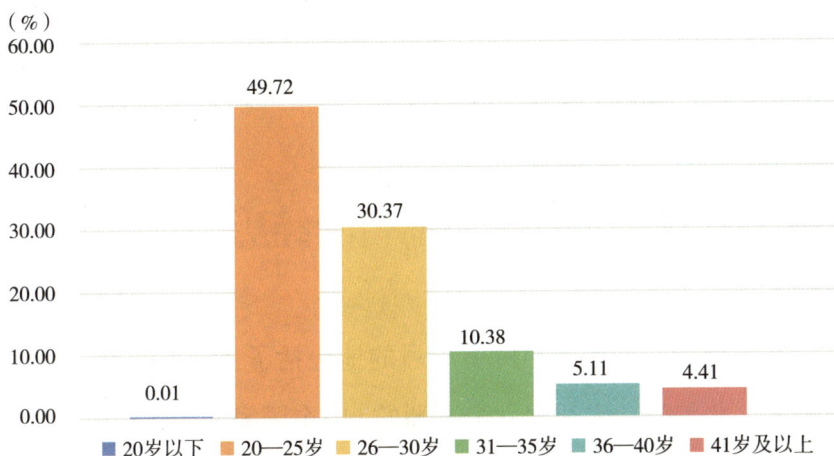

图2-2 年龄分布

图2-3中报告了分性别的留学回国人员年龄分布情况。可以看出，男性和女性的分布情况较为接近，分布在20—30岁的人数最多，男性的平均年龄为27.91岁，女性的平均年龄为27.13岁。从占比来看，26岁之前女性的占比要低于男性，26—40岁时男性的占比低于女性，超过40岁后男性和女性的占比基本保持一致。

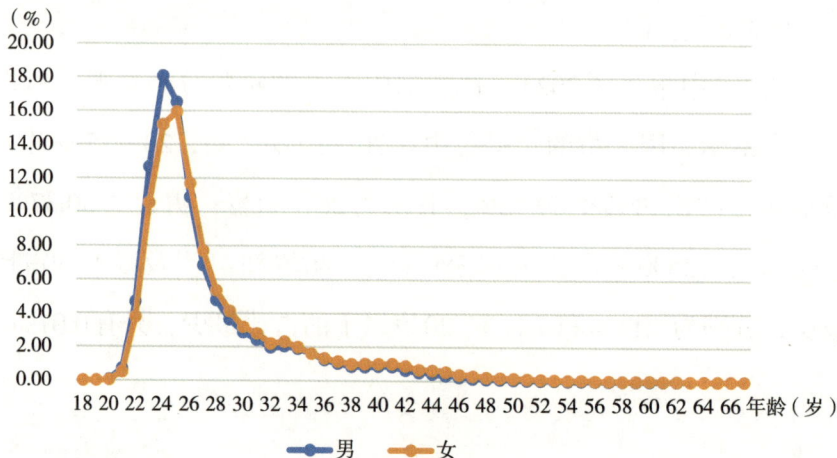

图2-3 不同性别留学回国人员的年龄分布情况

（二）留学回国人员的留学经历

2023年留学回国人员的留学目的地包括了亚洲、欧洲、非洲、南美洲、北美洲和大洋洲六个大洲的116个国家和地区；所学学科包括理学、管理学、经济学、工学、文学、艺术学、教育学、法学、医学、哲学、农学、历史学和军事学；学位层次包括博士、硕士和学士。下面具体介绍2023年留学回国人员的留学经历情况。

1.留学目的地

图2-4中报告了2023年留学回国人员的主要留学目的地情况。可以看出，欧美地区是我国留学回国人员的主要留学目的地，在欧洲留学的留学回国人员占比最多，达到了37.97%；接下来是亚洲和北美洲，占比分别是31.3%和18.73%；来自大洋洲的留学回

国人员占比较少，为11.93%。从非洲和南美洲留学回国的人员最少，占比分别是0.06%和0.02%。

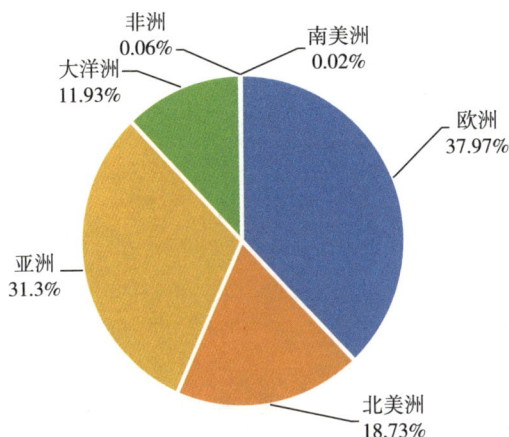

图2-4 留学回国人员的留学目的地

具体而言，2023年留学回国人员的留学目的地包括116个国家或地区以及到我国的香港特别行政区、澳门特别行政区和台湾地区。图2-5报告了占比超过1%的留学回国人员的主要留学目的地情况，可以看出英国、美国、澳大利亚、中国香港、韩国、日本、加拿大、马来西亚、新加坡、俄罗斯、法国、泰国、中国澳门、德国、菲律宾、西班牙和白俄罗斯是留学回国人员的主要留学目的地，来自以上17个国家或地区的留学回国人员占总人数的93.75%。

同时可以发现，英国是最热门的留学国家，24.75%的留学认证人员在英国留学。美国和澳大利亚次之，占比分别为14.73%和11.02%，来自这三个国家的留学回国人员占比超过50%，为

50.5%，相较2022年降低约4个百分点（相较2021年来自这三个国家的留学回国人员占比已经降低了8个百分点），主要降低的是从澳大利亚的留学回国人员。

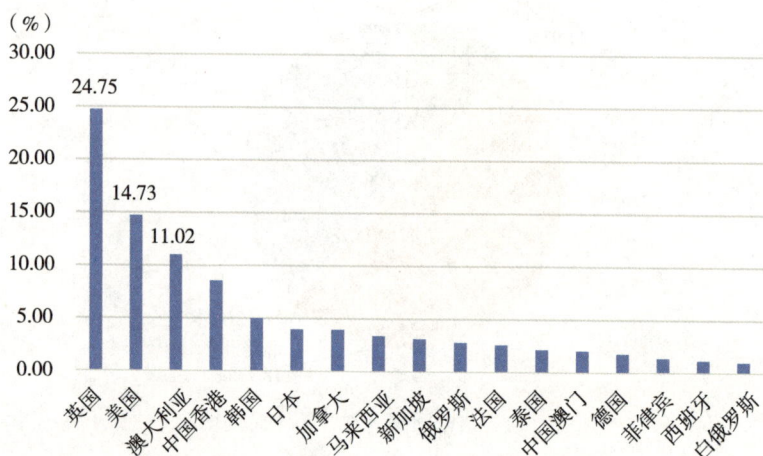

图2-5　留学回国人员的主要留学目的地情况

2.学位分布情况

2023年留学回国人员在海外攻读包括博士学位、硕士学位、学士学位和高等教育文凭4类，图2-6中报告了留学回国人员的学位构成情况。可以看出，有63.09%的留学回国人员在海外获得了硕士学位（相较2022年上升约1.8个百分点）；30.18%的人员获得了学士学位（相较2022年降低约2个百分点）；获得博士学位的只有5.88%（相较2022年增加约0.5个百分点）；大部分留学回国人员具有硕士学位。

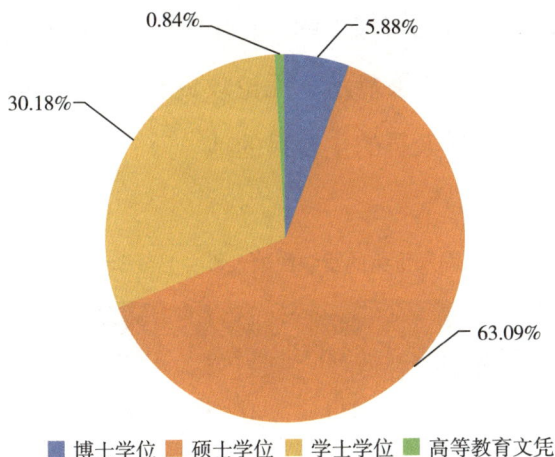

图2-6 留学回国人员的学位构成情况

　　进一步分析不同学位组的留学回国人员主要留学大洲分布，从表2-1可以看出，在具有博士学位的留学回国人员中，从亚洲获得博士学位的人员占比最多，有53.07%（相较2022年增加7个百分点，相较2021年增加了15个百分点）；从欧洲和北美洲获取博士学位人员占比次之，分别为26.64%和16.32%；从非洲和南美洲获得博士学位的人员占比最少，只有0.12%和0.01%。具有硕士学位的留学回国人员中从欧洲获得硕士学位的人员占比最多，为43.24%（相比2022年降低约2个百分点）；从亚洲获得硕士学位的人员占比为31.70%（相较2022年增加约6个百分点，相较2021年增加约11个百分点）；从北美洲获得硕士学位的人员占比为13.73%（相比2022年降低1个百分点，相较2021年降低约6个百分点）。具有学士学位的留学回国人员中从欧洲回国的人员占比最多，达到了29.64%；从亚洲、北美洲和大洋洲获得学士学位的人员占比分别为26.31%、29.23%和14.69%；相较2022年，从欧洲获得学士学位人员的占比增加了约3个百分点，大洋洲的占比降低了约2个百分点。以上结果显示，无论攻读什么层次的学位，欧洲、北美洲都是我国留学人员的主要目的地。

表2-1　不同学位组的留学回国人员主要留学大洲分布

学位组	亚洲（%）	南美洲（%）	北美洲（%）	欧洲（%）	非洲（%）	大洋洲（%）
博士学位	53.07	0.01	16.32	26.64	0.12	3.85
硕士学位	31.70	0.01	13.73	43.24	0.03	11.29
学士学位	26.31	0.02	29.23	29.64	0.10	14.69
高等教育文凭	33.93	0.10	33.80	18.72	0.26	13.20

表2-2中报告了不同学位组的留学回国人员主要留学国家或地区分布。在具有博士学位的人员中，从美国获得博士学位的人员占比最多，为14.54%；其次是韩国，占比为13.94%。在具有硕士学位的人员中，从英国获得学位的人员占比最高，有29.08%；从美国和中国香港特别行政区获得学位的人员占比次之，分别是12.28%和11.15%。在具有学士学位的人员中，从美国获得学位的人员占比最高，有20.16%；从英国和澳大利亚获得学位的人员占比次之，分别是19.53%和12.96%。以上结果显示，美国、英国和澳大利亚在不同学位组的留学回国人员中都是主要留学国。同2022年相比，变化较大的是博士学位组，从美国获得博士学位的人数继续下降，相较2022年下降约3.5个百分点，相较2021年下降约10个百分点。

表2-2　不同学位组的留学回国人员主要留学国家或地区分布

博士学位组		硕士学位组		学士学位组	
国家或地区	占比（%）	国家或地区	占比（%）	国家或地区	占比（%）
美国	14.54	英国	29.08	美国	20.16
韩国	13.94	美国	12.28	英国	19.53
英国	7.85	中国香港	11.15	澳大利亚	12.96
中国香港	7.74	澳大利亚	10.81	加拿大	9.05
日本	7.31	马来西亚	4.52	韩国	7.51
德国	4.62	新加坡	3.42	日本	4.82
泰国	4.23	法国	3.20	中国香港	3.58
俄罗斯	3.41	日本	3.12	俄罗斯	3.49
澳大利亚	3.36	韩国	3.04	中国澳门	2.68
中国澳门	3.25	俄罗斯	2.36	新加坡	2.50
法国	2.61	泰国	2.16	泰国	1.87
荷兰	1.86	德国	1.79	新西兰	1.72
新加坡	1.74	中国澳门	1.72	马来西亚	1.52
加拿大	1.73	西班牙	1.71	法国	1.39
马来西亚	1.48	加拿大	1.43	德国	1.35

3.学科分布情况

留学回国人员在海外学习的学科包括理学、管理学、经济学、工学、文学、艺术学、教育学、法学、医学、哲学、农学、历史学和军事学等13个学科。图2-7中报告了学科分布的基本情况。

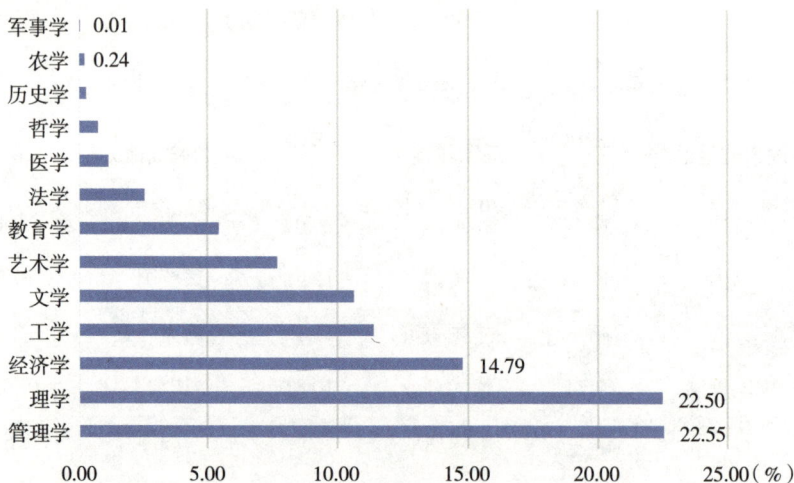

图 2-7　学科分布情况

从图 2-7 的结果可以看出，留学回国人员占比最多的三个学科分别为管理学、理学和经济学，占比分别为 22.55%、22.50% 和 14.79%，学习军事学和农学的人员占比最少，分别为 0.01% 和 0.24%，2023 年学习管理学的留学回国人员占比首次超过学习理学的留学回国人员。

从区分获得学位的学科分布情况可以看出（图 2-8），拥有博士学位的留学回国人员中，学习工学和理学的人数最多，占比分别是 25.36% 和 17.35%；学习历史学和农学的人数较少，占比分别是 0.53% 和 1.19%。同 2022 年相比，获得工学和理学博士学位的留学回国人员占比分别降低了 4 个百分点和 2 个百分点，相应地，获得教育学博士学位的海外留学人员占比增加了约 5 个百分点。

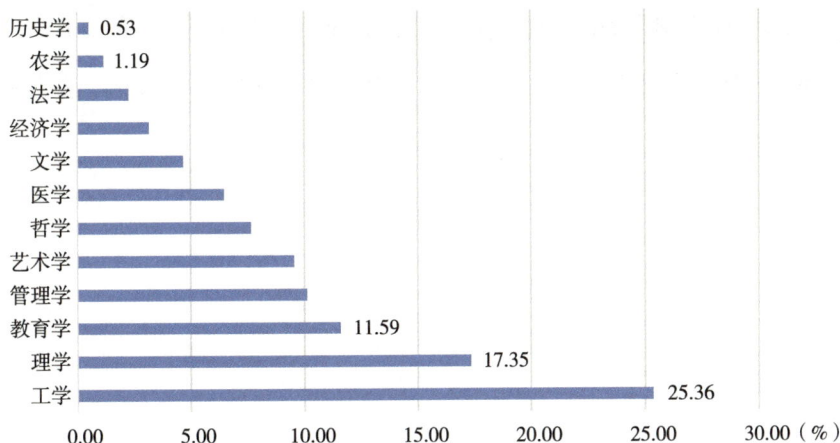

图2-8 具有博士学位留学回国人员的学科分布情况

从图2-9中可以看出,具有硕士学位的留学回国人员学习理学、管理学和经济学的人数较多,占比分别是24.73%、24.16%和12.09%;学习历史学、农学和军事学的人数占比较少,占比分别为0.28%、0.15%和0.01%。同2022年相比,获得管理学硕士学位的留学回国人员增长了约3%;其他学科的占比情况变化不大。

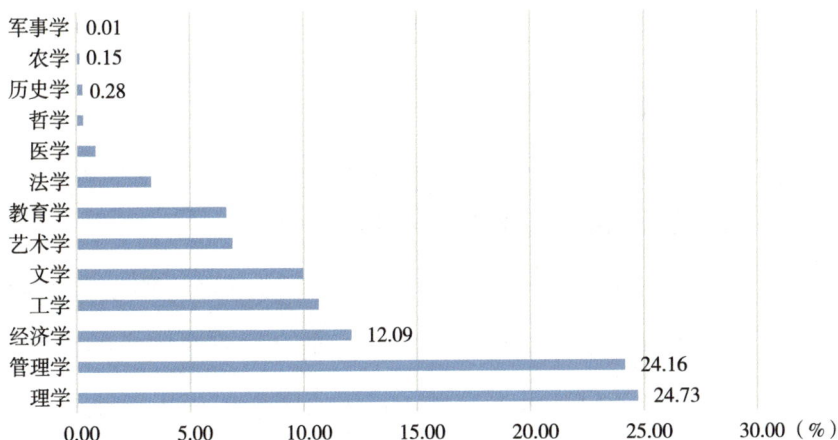

图2-9 具有硕士学位留学回国人员的学科分布情况

结合图 2-8 和图 2-9 的结果可以发现，具有研究生及以上学历的海外留学回国人员中，学习理工科（理学和工学）和经济管理学科（经济学和管理学）的人数较多。

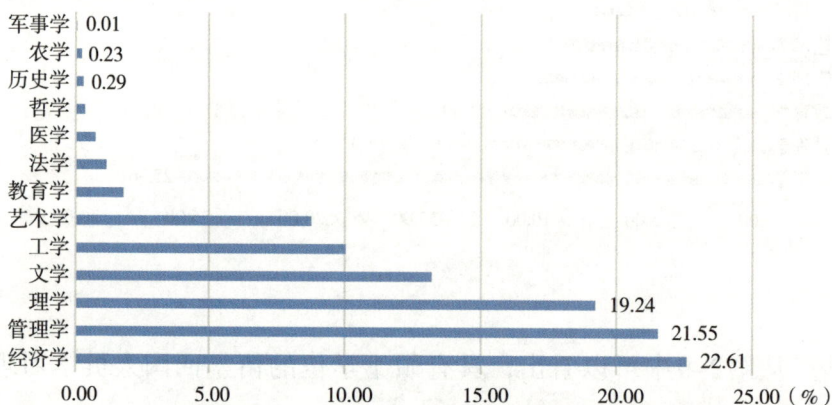

图 2-10　具有学士学位留学回国人员的学科分布情况

从图 2-10 的结果可以看出，具有学士学位的留学回国人员学习经济学、管理学和理学的人数较多，占比分别为 22.61%、21.55% 和 19.24%；学习军事学、农学和历史学的人数较少，占比只有 0.01%、0.23% 和 0.29%。

本章使用教育部留学服务中心认证系统数据库分析了 2023 年中国留学回国人员的基本情况和留学经历情况，总结研究发现：

第一，留学回国人员体现出女多男少的特点。

第二，欧洲和北美洲是我国留学人员的主要目的地，英国、美国和澳大利亚是主要的留学国家，但来自这三个国家的留学回国人员占比逐年下降，2023 年有 50.5% 的留学回国人员来自这三个国家，相较 2022 年降低约 4 个百分点；主要降低的是从澳大利亚的留学回国人员。

第三，硕士是留学回国人员的主力军，2023年有63.09%的留学回国人员具有硕士学位，相较2022年增长约1.8个百分点。

第四，在具有博士学位的留学回国人员中，从亚洲学校获得学位的占比进一步增加（达到了53.07%，相较2022年增加7个百分点）；从北美洲学校获得学位的占比进一步下降（2023年为16.32%，相较2022年降低4个百分点）。从美国获得博士学位的人数继续下降，相较2022年下降了约3.5个百分点，相较2020年下降约10个百分点。

第五，留学回国人员主要在海外学习理学、管理学、经济学和工学相关专业，学习管理学的人数首次超过理学，成为占比最高的学科。

三、2020年以来留学回国人员趋势分析

（一）总体变化趋势

1.认证人数变化情况

2020—2023年在留学服务中心认证就业人数和变化幅度情况见表3-1。可以发现近4年在留学服务中心进行认证的留学回国人员保持在33万人左右，总体规模稳定上升。相比2022年，2023年在留学服务中心认证的留学回国人员增加了约30000人，同2021年的认证规模接近。从变化幅度来看，2022年认证人数降低了7.27%，2021年和2023年增幅分别为12.61%和8.98%，相较2020年，2023年在留学服务中心认证的留学回国人员增长了13.79%。

表3-1　2020—2023年留学服务中心认证系统数据库人数变化情况

年份	认证人数（人）	变化幅度（%）
2023	366380	8.98
2022	336205	-7.27
2021	362559	12.61
2020	321974	—

2.认证人员的性别比例变化情况

从表3-2的数据可以看出，2020—2023年留学回国人员的性别占比变化不大，男性占比约为43%，女性占比约为57%；女性留学人员占比高于男性留学人员。

表3-2　2020—2023年留学回国人员性别比例变化情况

年份	女性（%）	男性（%）
2023	55.03	44.97
2022	56.16	43.84
2021	56.57	43.43
2020	58.52	41.48

3. 认证人员的年龄变化情况

表3-3中报告了2020—2023年留学回国人员的年龄变化情况。可以发现，留学回国人员的平均年龄在2020年为26.52岁，2023年为27.47岁，4年间增长了约1岁。区分性别来看，女性留学回国人员的年龄略低于男性留学人员，但区别并不明显。

表3-3　2020—2023年留学回国人员年龄变化情况

年份	全样本（岁）	女性（岁）	男性（岁）
2023	27.47	27.91	27.13
2022	26.9	26.47	26.61
2021	26.84	26.45	27.35
2020	26.52	27.1	27.1

4. 认证人员的学位构成变化情况

图3-1中绘制了2020—2023年留学回国人员的获取学位的变化情况。可以发现：第一，留学回国人员的学历水平较高，约有65%的留学回国人员具有研究生学历（包括博士研究生和硕士研

究生）。第二，拥有硕士学位的留学回国人员占留学回国人员的绝大部分（约60%）；拥有学士学位的留学回国人员占比次之，约为30%；拥有博士学位的留学回国人员占比只有约5%；获得高等教育文凭的留学回国人员占比最小。第三，具有博士学位的留学回国人员占比逐年提升，从2020年的4.41%增加到2023年的5.88%（增长约1.5个百分点）。

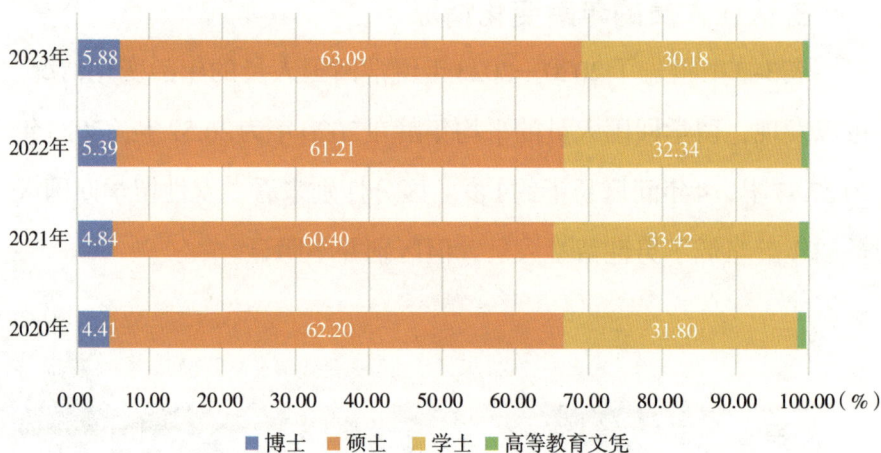

图3-1　2020—2023年留学回国人员的获取学位变化情况

5. 认证人员的学科分布变化情况

表3-4中报告了2020—2023年留学回国人员学科分布变化情况。可以发现，留学回国人员在海外所学的学科分布较为稳定，学习理学、管理学和经济学的人数最多，学习这三个学科的留学回国人员占比接近60%。值得注意的是，2023年学习管理学的留学回国人员占比首次超过理学，成为留学回国人员占比最多的学科。

表3-4 2020—2023年留学回国人员学科分布变化情况

年份	第一	占比（%）	第二	占比（%）	第三	占比（%）
2023	管理学	22.55	理学	22.5	经济学	14.79
2022	理学	22.25	管理学	21.19	经济学	16.97
2021	理学	22.71	管理学	21.30	经济学	17.42
2020	理学	22.54	管理学	22.21	经济学	17.96

6. 主要留学目的地变化情况

图3-2中报告了2020—2023年留学回国人员留学大洲变化情况。可以发现，在亚洲的留学回国人员占比逐年提高，从2020年的21.61%增长到2023年的31.35%。在北美洲的留学回国人员占比逐年下降，从2020年的25.62%降低到2023年的18.73%。在欧洲和大洋洲的留学回国人员占比基本保持稳定，分别约为37%和15%，但值得注意的是，2023年在大洋洲的留学回国人员占比相较平均水平下降了约4个百分点，只有11.89%。

图3-2 2020—2023年留学回国人员留学大洲变化情况

进一步考察留学回国人员的主要留学国家或地区变化情况（见表3-5）。可以发现，主要的留学目的地是英国、美国和澳大利亚，来自这三个主要留学国家的留学回国人员占比在2020—2023年的占比均超过了50%，但其占比在逐年下降，2020年，来自英国、美国和澳大利亚的留学回国人员占比为62.13%，2023年降低到50.5%，降低了约12个百分点。占比排名第四和第五的主要留学国家或地区来自亚洲，包括中国香港特别行政区和韩国等。同时可以发现，虽然从美国留学回国的人员相比其他国家仍很多，但其绝对占比在逐年下降，从2020年的21.43%降低到2023年的14.73%，下降约6%。

表3-5 2020—2023年留学回国人员主要留学国家或地区变化情况

年份	第一	占比（%）	第二	占比（%）	第三	占比（%）	第四	占比（%）	第五	占比（%）
2023	英国	25.75	美国	14.73	澳大利亚	11.02	中国香港	8.56	韩国	5.02
2022	英国	24.68	美国	15.64	澳大利亚	14.22	中国香港	6.71	韩国	5.55
2021	英国	24.15	美国	19.6	澳大利亚	14.29	中国香港	6.11	加拿大	5
2020	英国	26.96	美国	21.43	澳大利亚	13.74	中国香港	7.09	韩国	4.37

7. 留学院校情况

图3-3中报告了2021—2023年在国际排名前50位院校就读的留学回国人员占比变化情况。可以看出，在国际排名前50位院校就读的留学回国人员占比保持稳定，分别有约20%、10%和13%的留学回国人员就读于QS排行、软科排行和泰晤士排行世界排名前50位的大学。

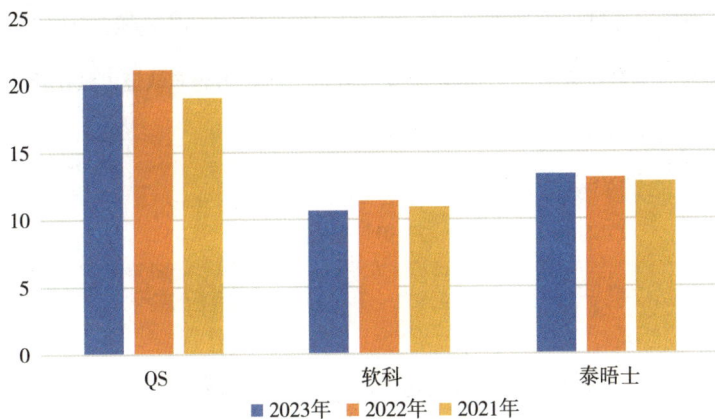

图3-3　2021—2023年在国际排名前50位院校就读的
留学回国人员占比变化情况

（二）具有博士学位的高层次人才变化趋势

1.总体情况

2020—2023年具有博士学位的高层次留学人才回国人数和变化幅度情况见表3-6。可以发现，近年来具有博士学位的海外高层次人才总体规模稳定上升，2020年具有博士学位的留学回国人员只有14234人，2023年已经有21574人。相较2020年，具有博士学位的留学回国人员增长了约7000人，涨幅达到了51.56%。从变化幅度来看，具有博士学位的留学回国人员人数一直在增加，但增速波动较大，2021年和2023年的增幅分别为23.3%和19.31%，但2022年增幅只有3.04%。以上数据显示，具有博士学位的高层次留学人才回国人数持续增加。

表3-6　2020—2023年具有博士学位的高层次人才回国人数及变化情况

年份	人数（人）	变化幅度（%）	占当年认证人数比重（%）
2023	21574	19.31	5.88
2022	18083	3.04	5.39
2021	17550	23.30	4.84
2020	14234	—	4.41

2.高层次人才的学科和专业分布情况

表3-7显示，在获得博士学位的留学回国人员中，学习工学、理学、管理学、教育学和医学的较多。从占比第三的学科看，2020年中获得医学博士的留学回国人员较多，2021年和2022年获得管理学博士学位的留学回国人员超过医学，2023年获得教育学博士学位的海外留学人员占比超过了管理学，成为占比第三的学科。从占比规模来看，获得工学和理学博士学位的留学回国人员占比逐年下降，2020年两类学科的博士学位留学回国人员占比分别为34.15%和24.14%，2023年分别下降到25.36%和17.35%，分别下降了约9个百分点和6个百分点。

表3-7　2020—2023年获得博士学位留学回国人员学科分布变化情况

年份	第一	占比（%）	第二	占比（%）	第三	占比（%）
2023	工学	25.36	理学	17.35	教育学	11.59
2022	工学	29.22	理学	19.79	管理学	8.94
2021	工学	33.09	理学	23.53	管理学	6.77
2020	工学	34.15	理学	24.14	医学	6.95

进一步考察高层次人才所学专业的变化情况。图3-4中报告了2020—2023年高层次人才所学专业类型占比变化情况可以发现，学习STEM类专业①的博士留学回国人员占比从2020年的58%下降到2023年的36.83%，4年来下降了约21个百分点。相应的，除STEM类和商科类②的其他专业人员占比从35.64%增长到57.14%。获得商科类专业博士学位的海外留学人员占比保持稳定，约为6%。

图3-4　2020—2023年高层次人才所学专业类型占比变化情况

表3-8中报告了2020—2023年学习STEM博士学位留学回国人员专业分布情况。可以发现，STEM类专业中四类专业的占比总体保持稳定，学习工程类和科学类的高层次留学回国人员占比较多，

① STEM类专业包括：科学（生物学、物理学、化学、环境科学、大气科学、地球科学等科学类专业）、技术（计算机技术、信息技术、信息管理等技术类专业）、工程（机械工程、电气工程、土木工程、化学工程、航天航空工程、医学生物工程等工程类专业）、数学（数学、统计学、应用数学、数据类专业）。

② 商科类专业包括：管理类（工商管理、人力资源管理、市场营销、项目管理、战略管理等）、金融类（金融学、会计学、金融工程、保险和国际金融等专业）和经济类（包括经济学、应用经济学、国际经济与贸易类专业）。

占比基本超过了40%。技术类和数学类的占比较少，占比分别约为9%和6%。

表3-8　2020—2023年学习STEM博士学位留学回国人员专业分布情况

年份	科学类占比（%）	技术类占比（%）	工程类占比（%）	数学类占比（%）
2023	41.52	10.08	42.50	5.90
2022	41.59	8.97	43.66	5.78
2021	40.06	8.59	45.15	6.20
2020	39.93	7.75	46.56	5.75

3.高层次人才的留学目的地变化情况

图3-5中报告了2020—2023年具有博士学位的留学回国人员留学大洲变化情况。可以发现在亚洲获得博士学位的留学回国人员占比逐年提高，从2020年的35.42%增长到2023年的53.07%。在北美洲获得博士学位的留学回国人员占比逐年下降，从2020年的27.29%降低到2023年的16.32%，降低了约11个百分点。在欧洲获得博士学位的留学回国人员占比略有下降，从2020年的30.92%降低到2023年的26.64%。以上数据显示了高层次人才的留学目的地从欧洲、北美洲转向亚洲的总体趋势。

进一步区分考察留学国家或地区的变化情况，表3-9中报告了2020—2023年具有博士学位留学回国人员主要留学国家或地区变化情况。可以发现：第一，美国、韩国、中国香港、英国、日本、德国等国家或地区是具有博士学位留学回国人员的主要目的

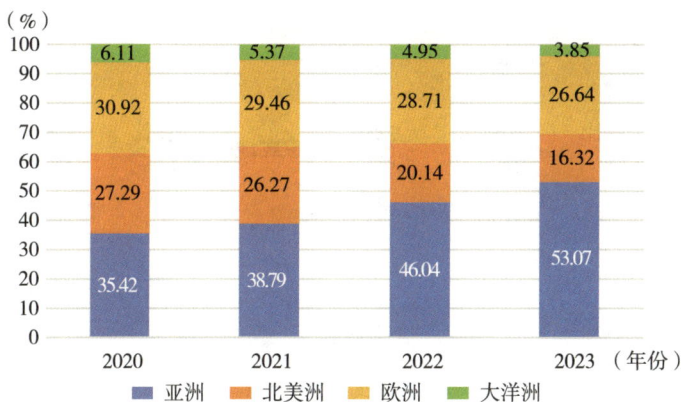

图 3-5　2020—2023 年具有博士学位的留学回国人员留学大洲变化情况

地。第二，美国仍是获得博士学位的留学回国人员的主要留学国家，但其占比在逐年下降，2020 年与 25% 的博士从美国获得博士学位，2023 年下降到 14.54%，4 年来降低了约 11 个百分点。第三，从韩国获得博士学位的留学回国人员近年来占比及增长速度一直在上升，2020 年只有 8% 的留学回国人员从韩国获得博士学位，排到主要留学国家或地区的第四名。从 2021 年开始，韩国成为获得博士学位的留学回国人员主要留学国家或地区占比的第二名，占比也超过了 11%，并在 2021—2023 年保持稳定。

表 3-9　2018—2023 年具有博士学位留学回国人员
主要留学国家或地区变化情况

2023 年		2022 年		2021 年		2020 年	
国家或地区	占比（%）	国家或地区	占比（%）	国家或地区	占比（%）	国家或地区	占比（%）
美国	14.54	美国	17.99	美国	23.74	美国	25
韩国	13.94	韩国	15.56	韩国	11.44	中国香港	10

续表

2023年		2022年		2021年		2020年	
国家或地区	占比（%）	国家或地区	占比（%）	国家或地区	占比（%）	国家或地区	占比（%）
英国	7.85	中国香港	8.36	中国香港	9.38	英国	10
中国香港	7.74	日本	8.26	英国	8.26	韩国	8
日本	7.31	英国	8.06	日本	7.76	日本	8
德国	4.62	德国	5.18	德国	5.26	德国	6

4. 留学院校情况

表3-10中报告了2023年获得博士学位的留学回国人员就读院校国际排名情况。可以发现，约有20%的博士生从主流排行榜中前100名的院校获得博士学位。进一步看，分别有10%、6.27%和12.86%的留学回国人员从泰晤士、软科和QS排名中国际排名前50位获得博士学位，相应的有11.82%、6.89%和9.57%的留学回国人员从三大排行榜中51—100名的院校获得博士学位。

表3-10 2023年获得博士学位的留学回国人员就读院校国际排名情况

就读院校国际排名	泰晤士（%）	软科（%）	QS（%）
前50	10	6.27	12.86
51—100	11.82	6.89	9.57
101—150	5.81	7.02	4.79
151—200	4.83	4.91	4.47
>200	67.54	74.92	68.3

进一步考察就读院校排名的变化情况，图 3-6 的数据显示，2021—2023 年在国际排名前 100 位院校获得博士学位的留学回国人员占比持续下降。在 QS 排名下，2021 年有 28.8% 的博士从前 100 名的院校获得博士学位，2023 年下降到 22.43%。在软科排名中，2021 年有 17.73% 的博士从前 100 名的院校获得博士学位，2023 年下降到 13.16%。在泰晤士排名中，2021 年有 28.45% 的博士从前 100 名的院校获得博士学位，2023 年下降到 21.82%。

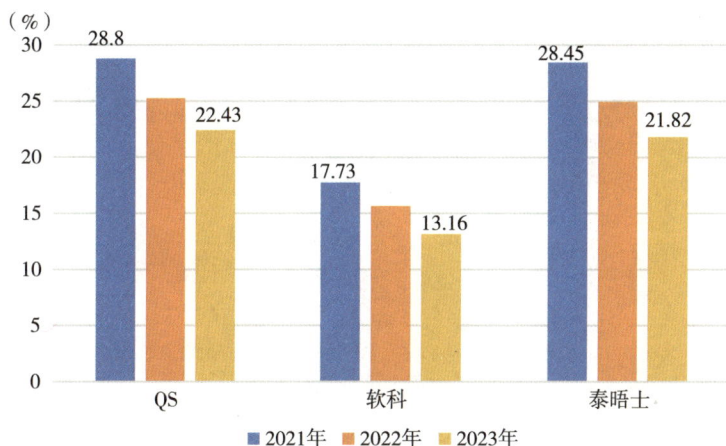

图 3-6　2021—2023 年在国际排名前 100 位院校获得博士学位的留学回国人员占比变化情况

相应的，毕业于 200 名之后院校的博士占比逐年增加，2021 年，分别有 59.7%、67.57% 和 58.26% 的博士毕业于 QS、软科和泰晤士排名中 200 名之后的院校；2023 年分别增长到 68.3%、74.92% 和 67.54%。

四、留学回国人员就业状况分析

本章使用2023年教育部留学服务中心就业服务系统数据库，对2023年留学回国就业人员的基本特征、学历专业、学科背景和就业情况并对主要变量的变化进行了时序分析，研究发现：第一，绝大多数的留学回国就业人员具有研究生学历（包括博士研究生和硕士研究生，占比超过95%），其中每6名回国就业的留学人员就有1位具有博士学位。第二，留学回国就业人员的工作单位集中在国有企业、事业单位和民营企业。其中，博士研究生的主要工作单位为事业单位，硕士研究生和本科生则集中在国有企业。

本章分析使用数据主要来自2023年教育部留学服务中心的就业服务系统数据库，该数据库中记录了2023年在教育部留学服务中心登记就业的留学回国人员，共有9399个有效样本，同第二章相比，本章聚焦于分析2023年在教育部留学服务中心登记就业留学回国人员的基本信息、学历专业、留学经历、就业情况等方面，对我国留学回国就业人员的组成、特点和就业现状等进行分析。在基本信息方面，主要分析了留学回国人员的性别、年龄、出生地分布等情况；在学历专业方面，主要分析了留学回国就业人员的学历、学科和专业分布等；在留学经历方面，主要分析了留学回国人员的留学国家或地区以及留学院校；在就业状况方面，主要分析了留学回国就业人员的工作地情况、落户情况和就业类型情况等。此外，本章还对一些重要变量的变化进行了时序分析。

（一）留学回国就业人员基本信息

1.不同性别留学回国就业人员的年龄分布

图4-1是不同性别留学回国就业人员的年龄分布。从不同性别留学回国就业人员的年龄分布来看，男性和女性年龄在23—28岁的比例最多，且留学回国就业人员男性的平均年龄大于女性，分别为28.03岁和27.12岁。从图中可以发现，留学回国就业人员中，24岁及以下女性的比例高于男性，而25岁及以上男性的比例高于女性。

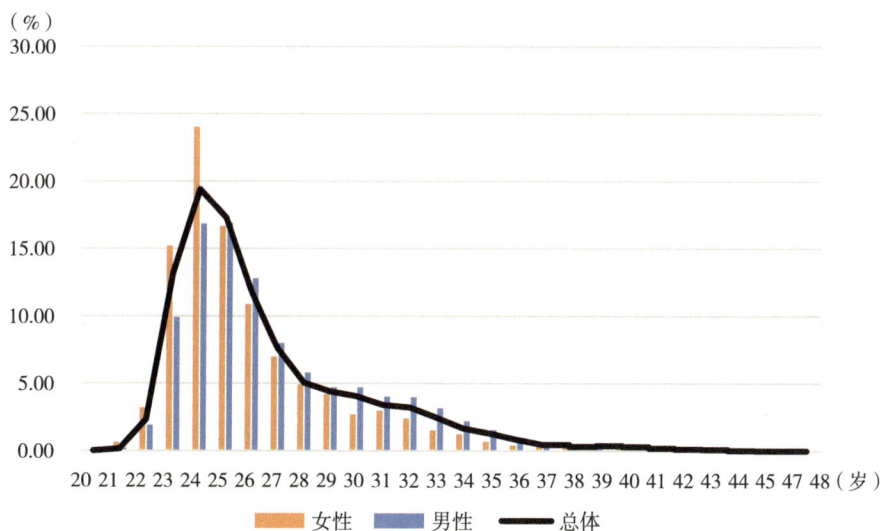

图4-1　不同性别留学回国就业人员的年龄分布

2.不同学历留学回国就业人员的年龄分布

图4-2是不同学历留学回国就业人员的年龄分布。具体来看，拥有本科和硕士研究生学历的留学回国就业人员的年龄分布相似，

但硕士研究生的年龄分布相较本科的更为集中，博士研究生的年龄分布则较分散，且更右偏，表明博士研究生的年龄更大；其中，本科、硕士研究生和博士研究生留学回国就业人员的平均年龄分别是 26.46 岁、26.97 岁和 32.57 岁。

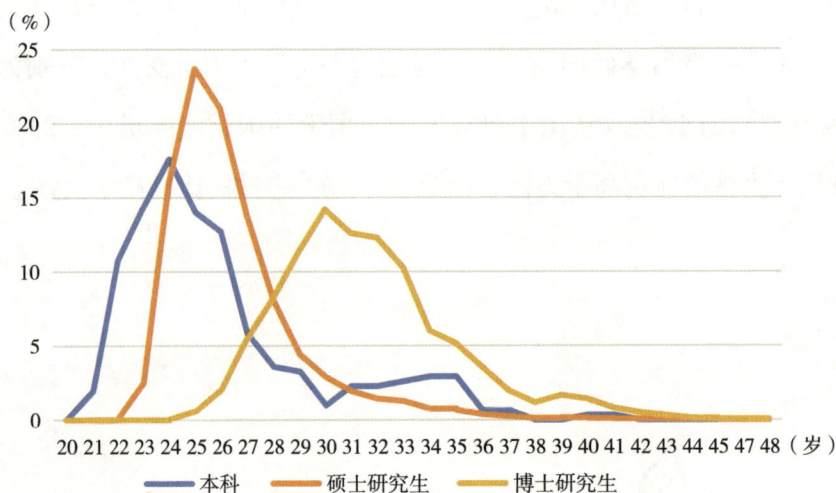

图4-2　不同学历留学回国人员的年龄分布

　　图4-3、图4-4和图4-5分别是具有博士、硕士和学士学位的留学回国就业人员分性别的年龄分布情况。具体来看，具有博士学位的留学回国就业人员中，男性和女性的年龄分布相似，男性的分布相较女性更加右偏，男性和女性峰值均在30岁左右，平均年龄为男性32.75岁，女性32.34岁；在具有硕士学位人群中，25岁及以下女性占比高于男性，25岁及以上男性高于女性，男性、女性的平均年龄分别为26.71岁、26.27岁；在具有学士学位人群中，男性和女性的分布情况相似，在24岁之前女性比例高于男性，

24—27岁之间男性比例高于女性，大于27岁后男性和女性的比例基本相同，男性和女性的平均年龄分别为26.92岁、27.02岁。

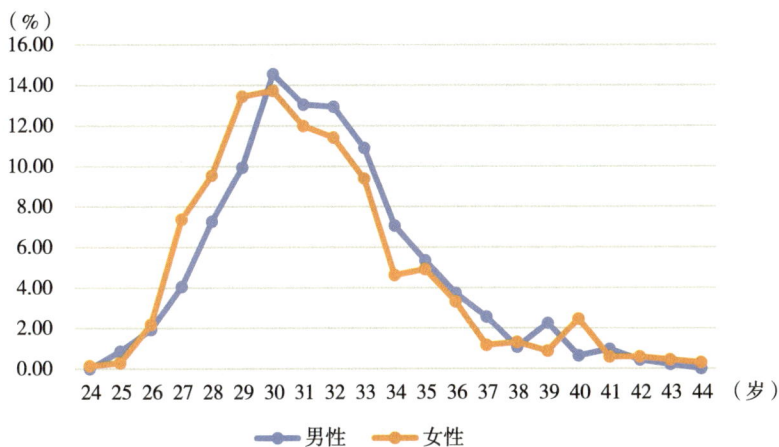

图4-3 具有博士学位的不同性别留学回国就业人员年龄分布

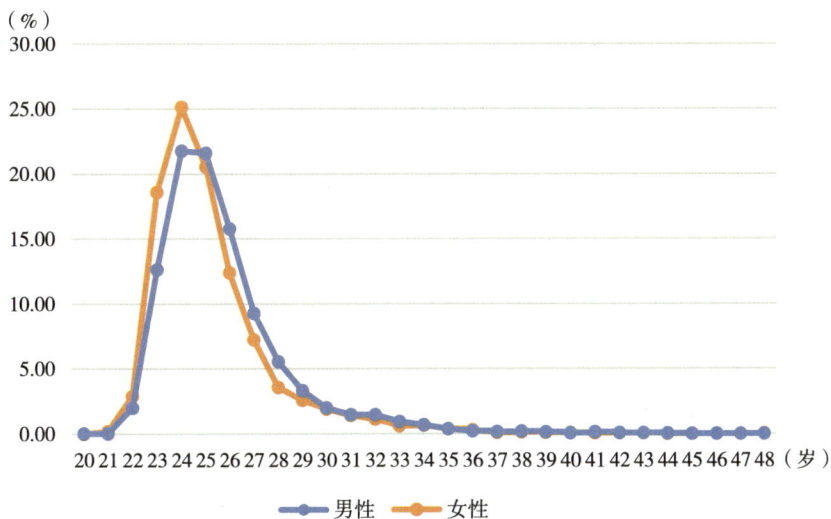

图4-4 具有硕士学位的不同性别留学回国就业人员年龄分布

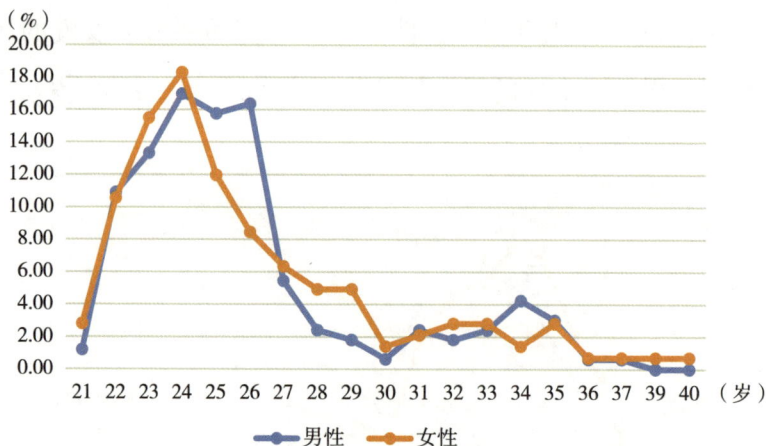

图4-5　具有学士学位的不同性别留学回国就业人员年龄分布

3.留学回国就业人员的出生地分布情况

图4-6是留学回国就业人员的出生地分布情况。可以看出，出生地为北京、山西和河北的留学回国就业人员占比较多（分别为14.04%、12.29%和12.29%）；来自上海、海南和西藏的人数较少（占比分别是0.14%、0.11%和0.01%）。

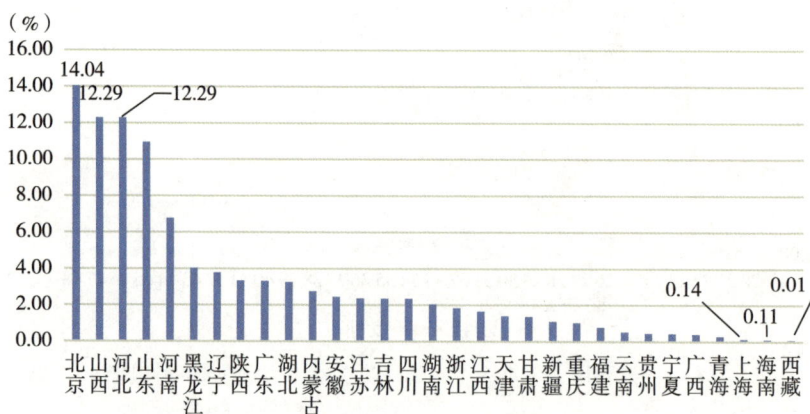

图4-6　留学回国就业人员的出生地分布

图4-7报告了出生于部分省份留学回国就业人员的性别分布情况。总体来看，各个省份中男性的占比约为40%，女性占比约为60%。分性别来看，出生地在上海的男性留学回国就业人员最多，占比达到了76.92%。出生地在江苏、江西、广西、陕西、新疆、甘肃、河南和安徽的男性留学回国就业人员占比接近，均在50%左右；女性留学回国就业人员占比最多的省份是广东，占比为60.7%；其次是云南和浙江，占比分别是59.18%和58.14%。

图4-7 不同出生地留学回国就业人员的性别分布

图4-8是不同学历留学回国就业人员的出生地分布情况。总体来看，人数占比最多是北京市，具有学士、硕士和博士学位的留学回国就业人员分别有26.38%、15.84%和3.44%来自北京市；其次是山东省和山西省。具体来看，具有学士学位的留学回国就业人员比例最多的是北京市、山西省和山东省，占比分别是26.38%、16.94%和12.7%。在具有硕士学位的人群中，来自北京市、山西

省和河北省较多，占比分别是15.84%、13.28%和13.19%。在具有博士学位的人群中，来自山东省、河南省和河北省，占比分别是16.96%、9.47%和9.4%。

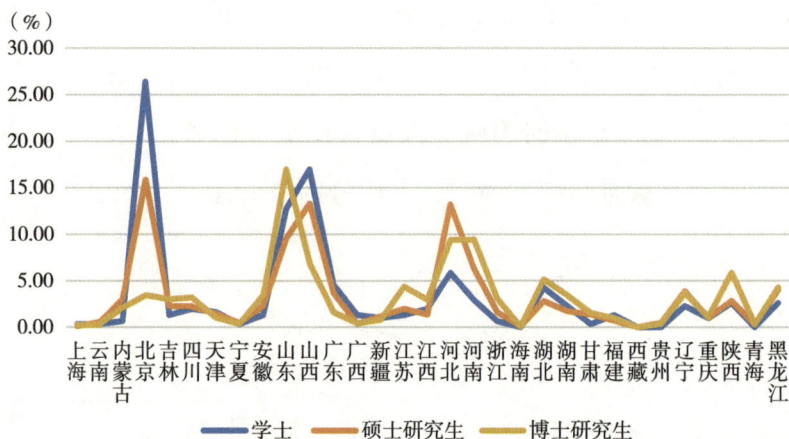

图4-8 不同学历留学回国就业人员的出生地比例

（二）留学回国就业人员的学位、学历、学科和专业情况

1.学位、学历情况

图4-9报告了不同性别留学回国人员的学历构成情况。从图的结果中可知，留学回国就业人员中大多数具有硕士学位（79.39%），其次是博士学位（17.31%），占比最少的是学士学位（3.3%）。分性别的结果显示，男博士的数量超过女博士（分别为21.75%和13.57%）。相较2022年，具有博士学位的留学回国就业人员占比增加约1.1个百分点，拥有硕士学位的留学回国就业人员占比上升约1.2个百分点。同时可以发现占绝大多数的留学回国就

业人员具有研究生学历（包括博士研究生和硕士研究生，占比超过95%），其中每6名回国就业的留学人员就有1位具有博士学位。

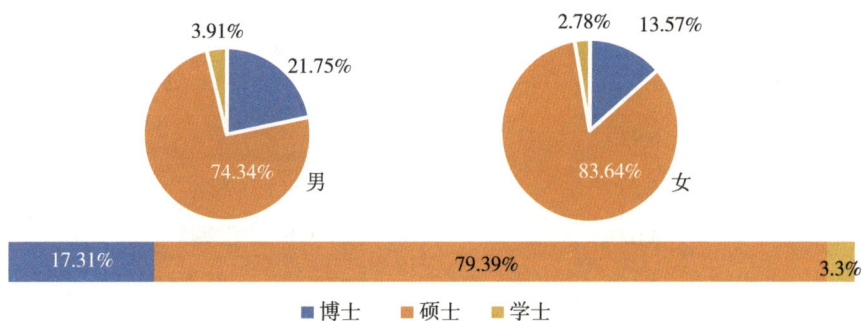

图4-9　不同性别留学回国就业人员的学历构成情况

进一步分析具有不同学位组留学回国就业人员的留学目的地，表4-1中报告了不同学位组回国就业留学人员的留学国家或地区分布情况。可以发现，拥有博士学位的回国就业人员中，28.6%的在美国获得博士学位，其次是英国（9.2%）、韩国（8.98%）和日本（7.6%）。在硕士学位组中，主要获取学位的国家或地区是英国（38.09%）、其次是澳大利亚（17.8%）、美国（17.65%）和中国香港（5.92%）。学士学位组中回国就业人数较少，主要留学地为美国（17.39%）、韩国（15.76%）和加拿大（12.77%）。

表4-1　不同学位组的回国就业人员留学国家或地区分布
（占比前十的国家或地区）

博士学位组		硕士学位组		学士学位组	
国家或地区	占比（%）	国家或地区	占比（%）	国家或地区	占比（%）
美国	28.6	英国	38.09	美国	17.39
英国	9.2	澳大利亚	17.8	韩国	15.76

博士学位组		硕士学位组		学士学位组	
国家或地区	占比（%）	国家或地区	占比（%）	国家或地区	占比（%）
韩国	8.98	美国	17.65	加拿大	12.77
日本	7.6	中国香港	5.92	澳大利亚	11.68
中国香港	6.93	德国	2.57	英国	11.28
德国	6.88	新加坡	2.27	日本	5.71
新加坡	4.07	日本	2.05	俄罗斯	3.94
澳大利亚	3.84	法国	1.92	泰国	3.53
加拿大	3.71	俄罗斯	1.73	新西兰	3.4
法国	3.04	韩国	1.7	中国澳门	2.85

2.学科分布情况

图4-10报告了留学回国就业人员的学科分布情况。可以发现，留学回国就业人员的学科方向涉及了绝大多数学科类别，理学是留学回国就业人员人数最多的方向，占30.95%；其次是工学（17.64%）、管理学（15.53%）和经济学（15.36%）。

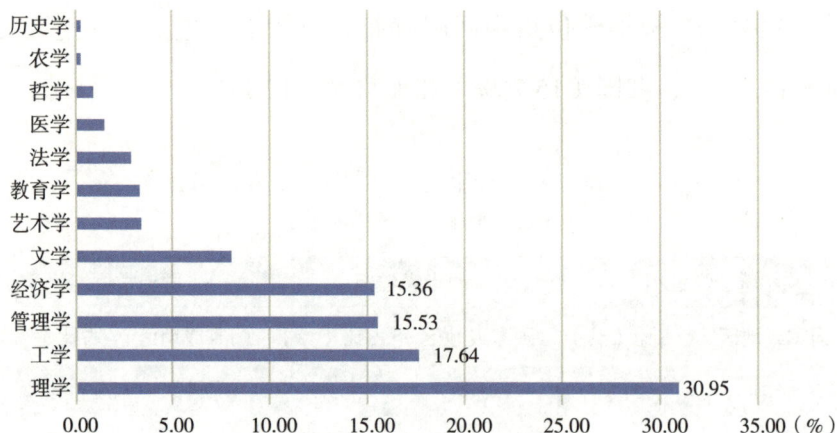

图4-10　留学回国就业人员的学科分布

图4-11报告了留学回国就业人员按照学位分组的学科分布情况。对比分析博士和硕士分组可以发现，具有博士学位的回国就业人员中，工学和理学的人数最多，分别有36.57%和22.93%；其次是医学（5.96%）和管理学（5.47%）。具有硕士学位的留学回国就业人员学科分布最多的是理学和经济学，分别占33.33%和17.3%；其次是管理学（17.28%）和工学（13.89%）。

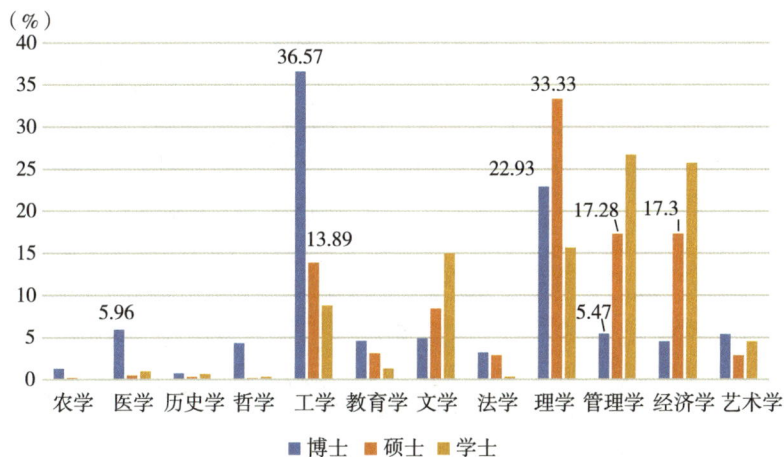

图4-11　留学回国就业人员按照学位分组的学科分布

继续分析不同学科的留学回国就业人员的留学国家或地区（表4-2），可以发现在大多数的学科中，英国都占有较高的毕业生比例，在理学（48.86%）、文学（40.13%）、教育学（36.66%）、法学（33.46%）、管理学（32.9%）、艺术学（26.65%）、历史学（24%）中具有优势；澳大利亚在经济学（31.11%）专业中占比较高；美国则在农学（36%）、工学（22.35%）毕业生所占比例较高。

表4-2　留学回国就业人员按学科分组的留学国家或地区分布

艺术学		经济学		管理学	
国家／地区	比例（%）	国家／地区	比例（%）	国家／地区	比例（%）
英国	26.65	澳大利亚	31.11	英国	32.9
韩国	21.63	英国	27.85	澳大利亚	16.45
美国	16.93	美国	16.39	美国	15.34
澳大利亚	10.34	新加坡	4.1	中国香港	5.94
俄罗斯	4.08	中国香港	3.68	韩国	4.84
意大利	4.08	韩国	2.71	新加坡	3.94
中国澳门	2.51	加拿大	1.88	加拿大	2.83
德国	2.51	日本	1.81	泰国	2.21
日本	2.51	法国	1.81	中国澳门	2.14
理学		法学		文学	
国家／地区	比例（%）	国家／地区	比例（%）	国家／地区	比例（%）
英国	48.86	英国	33.46	英国	40.13
美国	26.74	美国	24.16	中国香港	14.93
中国香港	7.25	中国香港	6.69	美国	10.53
新加坡	4.14	中国澳门	5.95	澳大利亚	6
德国	2.76	日本	5.58	韩国	5.73
澳大利亚	2.14	澳大利亚	4.46	日本	3.87
加拿大	1.24	俄罗斯	3.35	俄罗斯	3.33
法国	0.93	新加坡	2.6	德国	3.2
荷兰	0.86	韩国	2.6	中国澳门	2.4

续表

教育学		工学		哲学	
国家／地区	比例（%）	国家／地区	比例（%）	国家／地区	比例（%）
英国	36.66	美国	22.35	英国	23.53
美国	13.18	澳大利亚	19.75	美国	22.35
中国香港	10.29	英国	18.96	中国香港	10.59
韩国	8.68	日本	7.45	澳大利亚	7.06
澳大利亚	4.5	德国	4.66	中国澳门	5.88
俄罗斯	3.54	中国香港	4.18	泰国	5.88
中国澳门	3.22	新加坡	4.18	日本	4.71
日本	3.22	加拿大	3.82	韩国	4.71
白俄罗斯	2.25	韩国	2.42	德国	3.53
历史学		医学		农学	
国家／地区	比例（%）	国家／地区	比例（%）	国家／地区	比例（%）
英国	24	日本	19.71	美国	36
中国香港	16	美国	14.6	日本	16
日本	16	德国	13.87	比利时	16
美国	16	澳大利亚	9.49	荷兰	16
俄罗斯	12	英国	8.76	澳大利亚	8
西班牙	8	中国香港	6.57	加拿大	4
加拿大	4	韩国	6.57	韩国	4
中国澳门	4	瑞典	5.84	—	—
—	—	荷兰	2.92		

进一步分析具有博士学位的留学回国就业人员按学科的留学国家或地区分布（表4-3）。可以看出，具有博士学位的高端人才中，主要就读于美国院校，美国毕业的人数占有绝对优势，在经济学、理学、法学、工学和农学等学科中，从美国获得博士学位的人数较之占比第二的国家人数多一倍。此外，从韩国毕业的艺术学、管理学和教育学博士占比较多，从日本毕业的文学、医学博士较多，历史学博士中从俄罗斯获得学位的占比最多。

表4-3 留学回国人员按学科分组的留学国家或地区分布（具有博士学位人员）

艺术学		经济学		管理学	
国家／地区	比例（%）	国家／地区	比例（%）	国家／地区	比例（%）
韩国	57.95	美国	40.54	韩国	24.72
美国	13.64	韩国	13.51	中国香港	13.48
俄罗斯	9.09	英国	12.16	美国	11.24
中国澳门	3.41	法国	8.11	新加坡	8.99
德国	3.41	荷兰	5.41	英国	7.87
日本	3.41	中国香港	4.05	中国澳门	5.62
中国香港	1.14	西班牙	4.05	加拿大	3.37
乌克兰	1.14	俄罗斯	2.7	法国等[①]	2.25

---

① 法国和新西兰占比均为2.25%。

续表

理学		法学		文学	
国家/地区	比例（%）	国家/地区	比例（%）	国家/地区	比例（%）
美国	37.8	美国	38.46	日本	17.5
德国	10.46	英国	15.38	韩国	17.5
英国	7.24	中国香港	9.62	美国	11.25
中国香港	5.63	德国	9.62	俄罗斯	10
新加坡	5.09	韩国	9.62	德国	8.75
澳大利亚	4.29	中国澳门	3.85	西班牙	7.5
加拿大	4.02	意大利	3.85	中国澳门	6.25
日本	3.75	日本	1.92	法国	6.25
教育学		工学		哲学	
国家/地区	比例（%）	国家/地区	比例（%）	国家/地区	比例（%）
韩国	30.67	美国	29.85	美国	25.35
中国香港	8	日本	10.79	英国	21.13
美国	8	英国	10.62	中国香港	12.68
俄罗斯	6.67	澳大利亚	7.25	泰国	7.04
日本	6.67	中国香港	6.41	澳大利亚	7.04
英国	4	加拿大	5.4	中国澳门	5.63
中国澳门	2.67	新加坡	4.38	韩国	5.63
澳大利亚等①	1.33	德国	4.22	法国	4.23

① 澳大利亚、泰国、意大利、新西兰、乌克兰、荷兰和西班牙的占比均为 1.33%.

续表

历史学		医学		农学	
国家／地区	比例（%）	国家／地区	比例（%）	国家／地区	比例（%）
俄罗斯	25	日本	23.71	美国	42.86
日本	16.67	德国	18.56	比利时	19.05
美国	16.67	美国	14.43	荷兰	19.05
英国	16.67	瑞典	8.25	日本	9.52
中国香港	8.33	韩国	8.25	加拿大	4.76
加拿大	8.33	中国香港	6.19	韩国	4.76
西班牙	8.33	英国	4.12	—	—
—	—	荷兰	4.12	—	—

（三）留学回国就业人员留学经历情况

1. 主要留学国家或地区

留学回国就业人员的留学地点包括六个大洲、51个国家和地区，以及中国香港、中国澳门两个特别行政区。图4-12是留学回国就业人员留学地区分布情况。可以看出，有44.64%的留学回国就业人员在欧洲留学，占比最高；其次是北美洲，占比为22.37%；然后是亚洲，占比为19.58%；从非洲和南美洲留学回国的就业人员，占比分别是0.04%和0.02%。

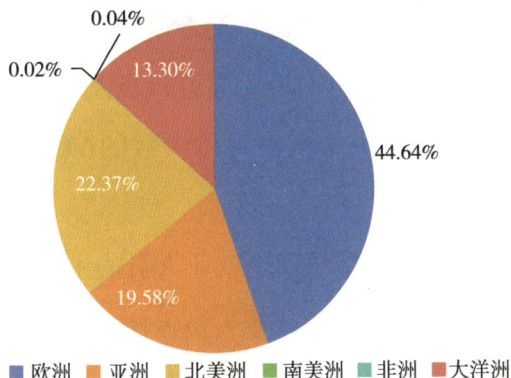

图4-12　留学回国就业人员留学地区分布

　　进一步分析留学回国就业人员的留学国家或地区分布情况，图4-13的结果显示，英国、美国、澳大利亚、中国香港、新加坡、韩国、日本、德国、加拿大、俄罗斯、法国、中国澳门、荷兰、西班牙、马来西亚、新西兰、泰国、白俄罗斯、意大利、瑞典等国家或地区是留学回国就业人员的主要留学目的地，来自上述国家或地区的留学回国就业人员占总人数的97.84%。

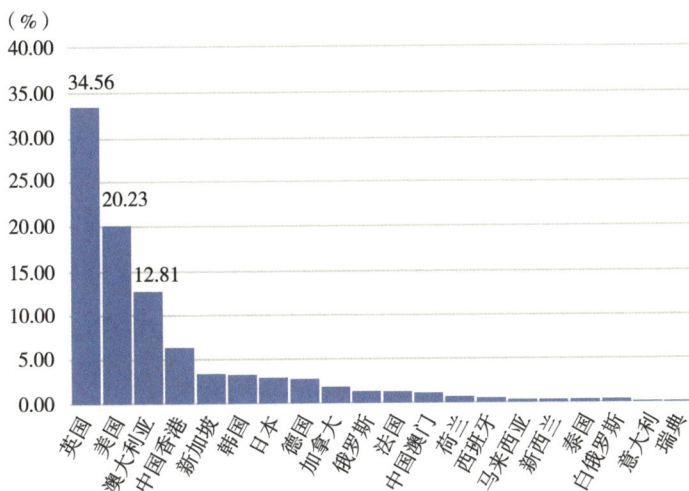

图4-13　留学回国就业人员留学国家或地区分布

英国是最热门的留学目的地，34.56%的留学回国就业人员在英国进行留学；其次是美国（20.23%）和澳大利亚（12.81%），来自这三个国家的留学归国人员占到总人数的67.6%（相较2022年上升约1个百分点）。

以下是主要留学国家留学回国就业人员的主要特征。

英国：从英国留学回国的就业人员占比最高，达到了34.56%。毕业于英国的留学回国就业人员中，拥有博士学位的占4.42%（N=143）、硕士学位占94.53%（N=3057）、学士学位或其他占1.05%（N=34）。从留学回国就业人员所学的学科分布来看，学习理学的人员最多，为43.78%（N=1416）；其次为管理学（14.72%，N=476）、经济学（12.4%，N=401）和文学（9.31%，N=301）。

在英国留学的回国就业人员的就读院校有110所，就读人数超过总人数1%的院校包括格拉斯哥大学、曼彻斯特大学、谢菲尔德大学、伦敦大学学院、南安普顿大学、伦敦国王学院、利兹大学、爱丁堡大学、伯明翰大学、布里斯托大学、诺丁汉大学、华威大学、约克大学、卡迪夫大学、纽卡斯尔大学、帝国理工学院、伦敦玛丽女王大学、埃克斯特大学、杜伦大学、伦敦政治经济学院、利物浦大学和莱斯特大学等。

美国：毕业于美国的留学回国就业人员比例占总人数的20.23%，其中23.67%（N=448）的人员获得博士学位，74.12%（N=1403）的人员具有硕士学位，2.22%（N=42）的人员具有学士学位或者其他。从学科分布来看，留美回国就业人员的学科专业以理工科为主，超过60%的留美回国就业人员在美国学习理工科相关专业

（理学40.94%、工学19.49%）；其次是经济学（12.74%）、管理学（11.73%）和文学（4.17%）。

留美回国就业人员的毕业院校分散在全美的243所高等院校中，占比超过总留美人数1%的院校有：哥伦比亚大学、约翰斯·霍普金斯大学、纽约大学、南加利福尼亚大学、波士顿大学、东北大学、圣路易斯华盛顿大学、宾夕法尼亚大学、伊利诺伊大学香槟分校、康奈尔大学、卡内基–梅隆大学、西北大学、密歇根大学、芝加哥大学、加利福尼亚大学洛杉矶分校、杜克大学、加利福尼亚大学圣地亚哥分校、马里兰大学帕克分校、佛罗里达大学、史蒂文斯理工学院和罗切斯特大学。

澳大利亚：从澳大利亚院校毕业的留学回国就业人员占总人数的12.81%，其中具有博士学的人数比例为6.01%（N=72）、硕士学位人数比例为91.58%（N=1098）。从学科分布来看，从澳大利亚留学回国人员主要学习学科为经济学（37.36%）、工学（27.19%）、管理学（19.85%）和理学（5.17%）。

毕业于澳大利亚的留学回国就业人员就读院校集中在33所院校中，毕业人数占比超过1%的院校包括悉尼大学、新南威尔士大学、莫纳什大学、昆士兰大学、墨尔本大学、澳大利亚国立大学、悉尼科技大学、皇家墨尔本理工大学、西澳大利亚大学、麦考瑞大学和阿德莱德大学。

2.留学院校

总体来说，留学回国就业人员毕业院校分布于1065所高等院校，表4-4中报告了留学回国就业人数比例较高的前50所院校，其中有20所英国大学，12所美国大学，7所澳大利亚大学，7所中国香港大学，2所中国澳门大学和2所新加坡大学。毕业人数最多的前10所院校分别是悉尼大学、格拉斯哥大学、曼彻斯特大学、谢菲尔德大学、伦敦大学学院、新南威尔士大学、南安普顿大学、伦敦国王学院、莫纳什大学和利兹大学。

表4-4 留学回国就业人数比例较高的50所院校名单

排名	院校	国家或地区	人数（人）	占比（%）
1	悉尼大学	澳大利亚	305	3.26
2	格拉斯哥大学	英国	269	2.87
3	曼彻斯特大学	英国	256	2.74
4	谢菲尔德大学	英国	223	2.38
5	伦敦大学学院	英国	219	2.34
6	新南威尔士大学	澳大利亚	206	2.2
7	南安普顿大学	英国	186	1.99
8	伦敦国王学院	英国	176	1.88
9	莫纳什大学	澳大利亚	154	1.65
10	利兹大学	英国	150	1.6
11	哥伦比亚大学	美国	150	1.6
12	新加坡国立大学	新加坡	150	1.6
13	爱丁堡大学	英国	147	1.57
14	伯明翰大学	英国	133	1.42
15	昆士兰大学	澳大利亚	132	1.41

续表

排名	院校	国家或地区	人数（人）	占比（%）
16	南洋理工大学	新加坡	131	1.4
17	墨尔本大学	澳大利亚	121	1.29
18	布里斯托大学	英国	116	1.24
19	香港大学	中国香港	115	1.23
20	诺丁汉大学	英国	114	1.22
21	约克大学	美国	113	1.21
22	香港城市大学	中国香港	107	1.14
23	香港理工大学	中国香港	106	1.13
24	约翰斯·霍普金斯大学	美国	105	1.12
25	华威大学	英国	104	1.11
26	卡迪夫大学	英国	91	0.97
27	香港中文大学	中国香港	91	0.97
28	东北大学	美国	89	0.95
29	纽约大学	美国	89	0.95
30	南加利福尼亚大学	美国	88	0.94
31	纽卡斯尔大学	英国	86	0.92
32	波士顿大学	美国	73	0.78
33	帝国理工学院	英国	72	0.77
34	伦敦玛丽女王大学	英国	71	0.76
35	澳大利亚国立大学	澳大利亚	69	0.74
36	香港科技大学	中国香港	68	0.73
37	澳门科技大学	中国澳门	66	0.71
38	圣路易斯华盛顿大学	美国	63	0.67

续表

排名	院校	国家或地区	人数（人）	占比（%）
39	埃克斯特大学	英国	62	0.66
40	杜伦大学	美国	60	0.64
41	悉尼科技大学	澳大利亚	44	0.47
42	香港浸会大学	中国香港	44	0.47
43	伦敦政治经济学院	英国	41	0.44
44	利物浦大学	英国	41	0.44
45	宾夕法尼亚大学	美国	41	0.44
46	澳门大学	中国澳门	39	0.42
47	莱斯特大学	英国	39	0.42
48	伊利诺伊大学香槟分校	美国	38	0.41
49	康奈尔大学	美国	36	0.38
50	岭南大学	中国香港	34	0.36

（四）留学回国人员的就业情况

图4-14中报告了留学回国就业人员的工作单位性质分布情况。可以发现在国有企业（包括央企、北京市属国企和非北京市属国企两类）工作的留学回国人员最多，占比达到了50.85%（相较2022年增加了0.5个百分点）；工作在事业单位（包括高等院校、科研院所和其他事业单位三类）的人数占比为34.45%（相较2022年增加了约2个百分点）。工作在民营经济单位（包括民营企业、民办非企业两类）的留学回国人员占比为6.21%（相较2022

年降低约1个百分点）。其他占比较高的单位分别是外（合）资企业（2.01%）、会计师事务所（0.48%）和律师事务所（0.34%）。

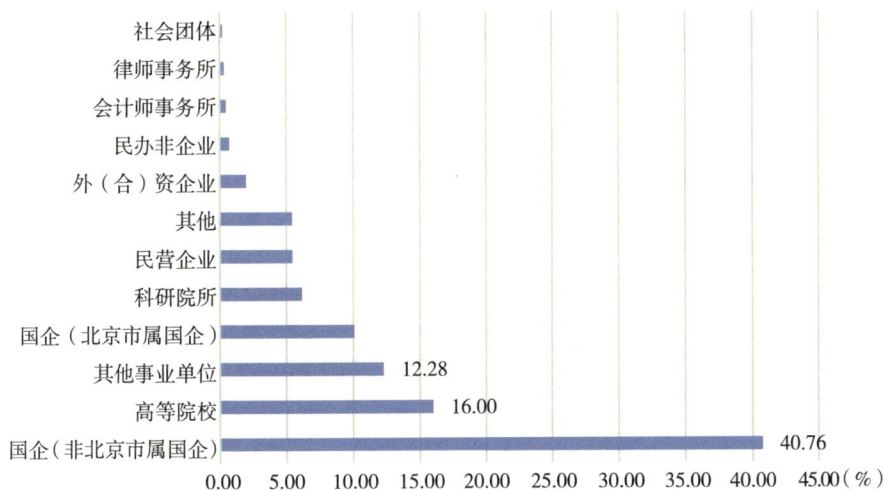

图4-14　留学回国就业人员的工作单位性质分布

分析不同学历水平的留学回国就业人员的分布情况可以发现（见图4-15），博士研究生的主要工作单位为事业单位，占比高达93.1%（相较2022年增加约1个百分点），其中高等院校、科研院所和其他事业单位的占比分别是65.2%、18.3%和9.6%。此外，其他就业人数占比较高的单位是非北京市属国有企业（3.6%）。硕士研究生的主要工作单位则集中在国有企业（62.63%，相较2022年增加约4个百分点）、事业单位（20.4%）和民营企业（5.98%）。本科生的主要工作单位为国有企业（60.62%，相较2022年降低约8个百分点）、民营企业（13.7%，相较2022年增加4个百分点）和事业单位（12.66%，相较2022年增加4个百分点）。

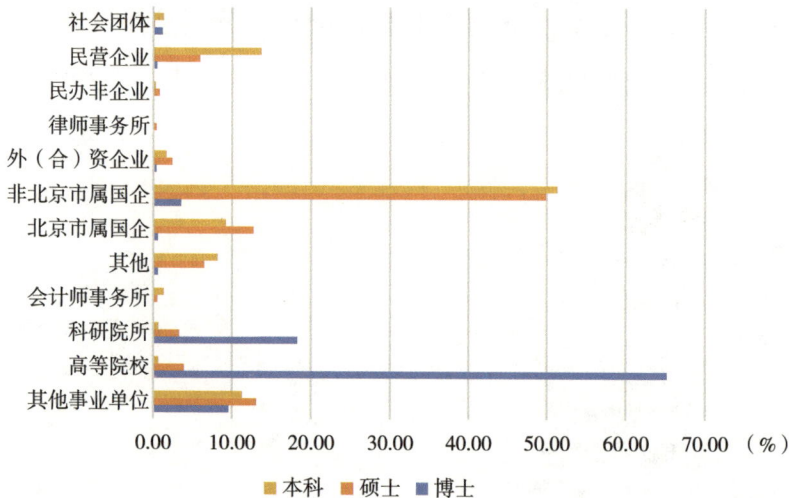

图4-15　分学历的留学回国就业人员的工作单位性质分布

（五）主要变量的时序分析

1.认证人数和就业人数

2018—2023年在留学服务中心认证就业人数情况见表4-5。可以发现，2023年通过留学服务中心派遣就业的人数为近五年来最低的一年，只有9399人，相较2022年降低了4434人，降幅为32.05%，相较2019年降低4143人，降幅为30.59%。

表4-5　2018—2023年留学服务中心就业数据库人数

年份	就业数据库人数（人）
2023	9399
2022	13833

续表

年份	就业数据库人数（人）
2021	11088
2020	14374
2019	13542
2018	12974

2.留学回国就业人员的性别比例变化

从表4-6的数据可以看出，2018年到2023年留学回国就业人员的性别占比变化不大，女性占比约为55%，男性占比约为45%，女性留学人员占比高于男性留学人员。

表4-6　2018—2023年留学回国就业人员性别比例变化情况

年份	男性（%）	女性（%）
2018	41.85	58.15
2019	—	—
2020	41.48	58.52
2021	43.98	56.02
2022	44.74	55.26
2023	45.74	54.26

3.留学回国就业人员的年龄变化情况

图4-16中绘制了2018—2023年留学回国就业人员的年龄变化情况。可以发现，留学回国就业人员的平均年龄在逐年降低，从

2018年的28岁降低到2023年的27.54岁。此外，男性留学回国就业人员的平均年龄高于女性留学回国就业人员。

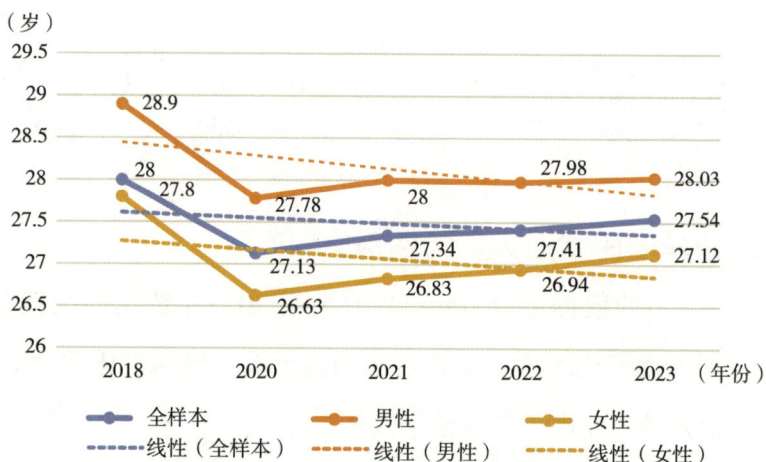

图4-16　2018—2023年留学回国就业人员的年龄变化

4.留学回国就业人员的学位变化情况

图4-17中绘制了2018—2023年留学回国就业人员的获取学位变化情况。可以发现，拥有硕士学位的留学回国就业人员仍占留学回国就业人员的绝大部分（约80%）。此外，拥有博士学位的留学回国就业人员占比有所增加，从2018年的12.5%增加到2023年的17.31%。

5.留学回国就业人员主要留学国家或地区变化情况

表4-7中报告了2018—2023年留学回国就业人员主要留学国家或地区变化情况。可以发现主要的留学目的地是英国、美国和澳大利亚，来自这三个主要留学国家在2018—2023年的占比均超

过了60%，并保持稳定。占比排名第四和第五的主要留学国家或地区来自亚洲，包括中国香港特别行政区和韩国、新加坡等。

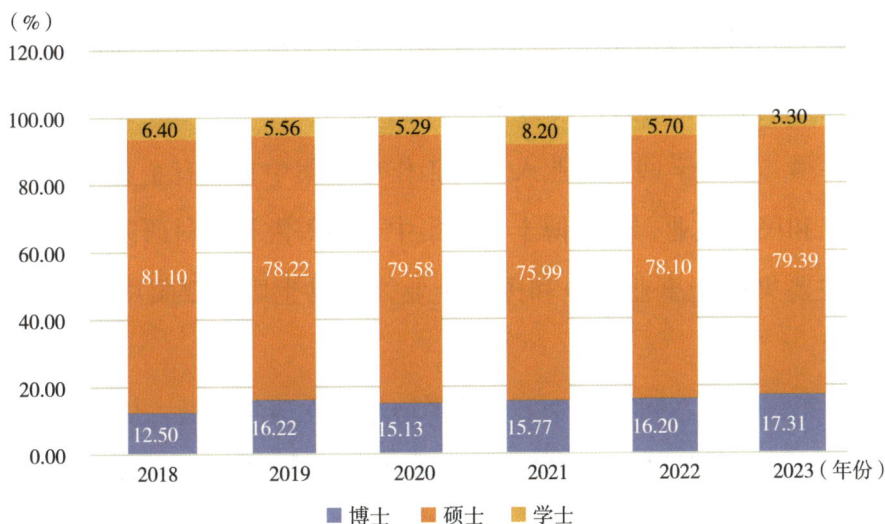

图4-17　2018—2023年留学回国就业人员的获取学位变化情况

表4-7　2018—2023年留学回国就业人员主要留学国家或地区变化情况

年份	第一	占比（％）	第二	占比（％）	第三	占比（％）	第四	占比（％）	第五	占比（％）
2018	英国	34.10	美国	23.90	澳大利亚	8.3	中国香港	4.60	韩国	4
2019	英国	31.32	美国	24.77	澳大利亚	11.80	中国香港	5	德国	4
2020	英国	31.54	美国	23.09	澳大利亚	15.07	中国香港	6	韩国	3
2021	英国	30.77	美国	21.10	澳大利亚	13.89	中国香港	6	韩国	4
2022	英国	31.91	美国	19.40	澳大利亚	15.16	中国香港	5.82	韩国	3.64
2023	英国	34.56	美国	20.23	澳大利亚	12.81	中国香港	6.49	新加坡	3.52

经过对2023年教育部留学服务中心回国留学人员就业数据库的分析得出以下主要结论：

第一，每6个回国就业的留学回国人员中就有1个具有博士学位，同时拥有博士学位的留学回国就业人员占比有所增加，从2018年的12.5%增加到2023年的17.31%。

第二，留学回国就业人员的工作单位集中在国有企业、事业单位和民营企业，其中博士主要集中于高等院校和科研院所，硕士主要集中于事业单位和国有企业，本科生则主要集中于国有企业。

第三，留学回国就业人员的平均年龄在逐年降低，从2018年的28岁降低到2023年的27.54岁。此外，男性留学回国就业人员的平均年龄高于女性留学回国就业人员。

五、留学人才回国就业状况调查报告

2024年12月，中共中央组织部、人力资源和社会保障部等10部门印发《关于进一步做好留学人才回国服务工作的意见》（以下简称《意见》）。《意见》指出，留学人才是我国人才资源的重要组成部分，是实现高质量发展、推进中国式现代化的重要力量。要吸引更多留学人才回国工作、创业和为国服务。本章通过对留学人才回国就业状况的调查与分析，有助于精准把握留学人才回国就业的实际情况及面临的挑战，为未来制定更加有效的留学人才政策，鼓励更多留学人才回国提供现实基础与参考依据。

（一）总体发现

留学人才海外学习特征。留学人才在海外学习的平均时长为2.83年。大多数个体倾向于在本科教育阶段结束后，赴海外攻读硕士学位。多数个体出国前最高学历就读学校层次较高，为省属一流学科建设高校或普通省属院校。在选择留学地点时，个体主要考虑因素包括留学学位对找工作的帮助较大，以及当地的教育、经济水平，而就读院校QS排名大体靠前。从其留学期间的费用支出来看，大部分处于在10万—50万元之间，留学支出也多由个体自行承担。虽然近年来留学费用大体降低，但对于农村家庭仍是较大的投资支出。数据也显示，农业户口在留学回国人员中占比较少。

留学人才回国就业状况。留学人才选择回国的三大主要原因是国内人才政策的吸引力、国内经济的稳健运行以及亲朋好友在国内。在就业方面，约20%的留学回国人员尚未具有国内工作经历，大多数人工作年限不超过3年，与他们的学历背景和年龄分布相吻合。约两成个体处于失业状态。当前没有工作的主要原因是缺乏实习或实践经验，以及招聘信息渠道的限制。在求职过程中，超过半数的留学回国人员依赖专业化的招聘网站／APP；其次是人才交流会、学校资源和国家／组织调配。留学归国人员的工作地点主要分布在北京、上海和广东等地，所处的行业主要分布在金融业、信息传输、软件和信息技术服务业、教育等热门行业，更偏向选择中小型企业就业，主要工作单位为国有企业、事业单位和三资企业。留学归国人员在单位中多担任基层及中层管理者职位，平均年薪在20万元左右，日平均工作时间约为8小时。并且，多数留学归国人员对于工作满意程度较高。

留学人才回国就业总体预期情况。工作地点方面，国内核心城市及主要一线城市对留学归国人才具有较大吸引力。期望行业方面，留学归国人才的选择主要集中在金融业、信息技术领域和教育业。期望单位类型方面，留学归国人才的选择更为多元。期望职位方面，留学归国人才更愿意成为管理者。薪酬水平方面，留学归国人才的期望值较高但处于合理区间。择业要素方面，留学归国人才更重视职业发展空间和薪资福利。

（二）调查样本的描述

　　课题组设计了关于留学人才回国就业状况调查问卷，主要涵盖了六个部分的内容：一是受访者基本特征；二是留学人员海外学习情况；三是留学人才回国就业意愿和期望；四是留学人才回国就业的现状；五是留学人才的回国意愿变动原因；六是国际人才流动限制对留学人员的影响。2024年10月，课题组借助问卷星平台，以链接和二维码的形式发放并回收了问卷。为确保数据质量，我们仅保留了填写时长超过3分钟的答卷，并筛选出已学成归国、年龄处于18—55岁且在海外学习时间、回国时间及工作时间等关键信息的填写上逻辑自洽的样本，最终共获得有效样本6002个。对这些个体人口学特征的描述统计结果显示，参与调查的个体平均年龄为25.74岁，其中男性占比达71.06%，女性占比为28.94%；约有22.02%的受访者处于已婚状态。

表5-1　调查样本与总体样本分布特征比较

变量	类别	调查数据	认证数据	就业数据
性别	男性占比（%）	71.06	44.97	45.74
	女性占比（%）	28.94	55.03	54.26
年龄	平均年龄（岁）	25.74	28.48	28.54
婚姻状况	有配偶占比（%）	22.02	—	14.78

（三）留学回国人才海外学习特征

本部分主要对留学回国人才的海外学习特征进行分析，包括出境前最高学历状况、留学地点选择、海外学习时长与学习形式、就读学校与所获学位，以及留学费用和支出等内容。

1.出境前最高学历状况

图5-1显示，留学回国人才中，选择在本科阶段出国接受教育的个体占据了最大的比例，高达54%。通常他们期望以此来拓宽视野、丰富教育背景，为未来的职业发展取得优势。在硕士、博士研究生阶段选择出国的群体分别占总数的21.28%、5.25%。他们可能是在国内已经完成了一部分前期的学习，为了进一步深化研究或者寻求更广阔的学术平台，而选择了赴海外攻读更高的学位。9.71%的个体选择在高中/中专/技校教育阶段结束后出国留学，这部分个体可能更早地意识到了海外教育的重要性，因此选择在较为年轻的阶段就走出国门，接受国际化的教育熏陶。相比之下，选择在初中阶段就出国的留学回国人员比例极低，仅为0.68%。这可能是由于初中阶段的学生年龄较小，出国留学的难度和成本都相对较高。

图5-2显示，留学归国人员在出国前的最高学历所在学校层级分布呈现出多元化的特点。其中双一流建设高校占比较大，这表明有不少留学归国人员在出国前就已经拥有了国内顶尖学府的学习背景，学习能力和学习平台都相对较好。因此他们更容易满足

赴海外高校留学的条件，也就更容易获得留学机会。同时，普通省属院校的比例也相当可观，达到31.74%。这部分学生在国内的学历背景相对较弱，因此可能有着更强的内驱力，希望通过留学来弥补与国内一流学府之间的差距，提升自身学历背景。

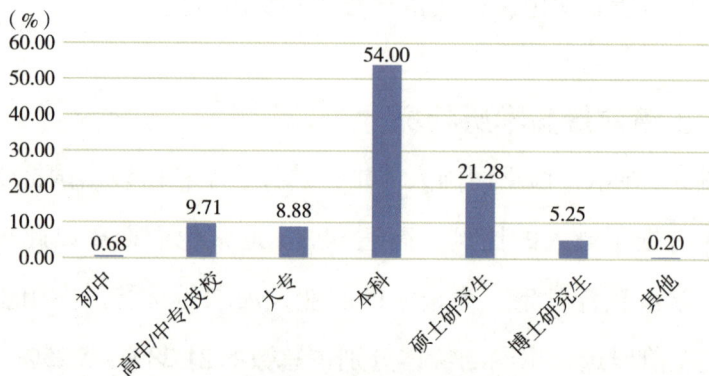

图5-1 留学回国人员出国前最高学历分布

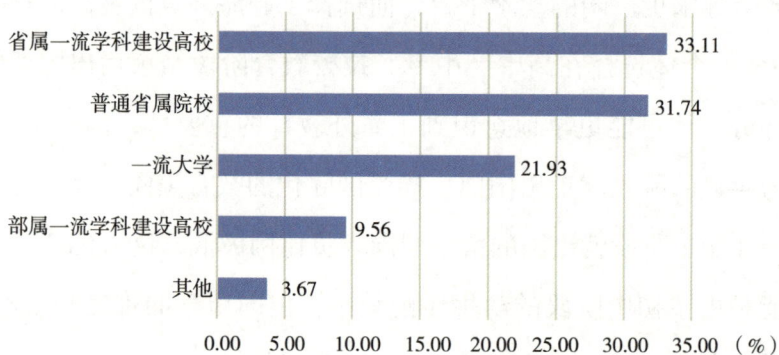

图5-2 留学回国人员出国前最高学历就读学校层次分布

2.留学地点选择

图5-3显示，在留学地点的分布上，位居选择榜首的是美国和

英国，仅此前两名就占比过半，为50.29%；其次是澳大利亚和加拿大，分别占比13.28%、6.81%；随后是亚洲地区的中国香港、韩国、日本和新加坡等地。

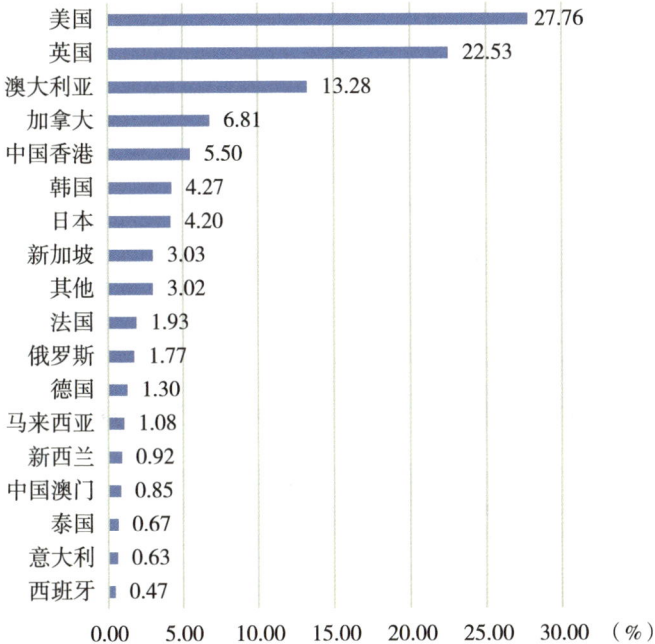

图5-3 留学回国人员留学地点分布

国家/地区	占比(%)
美国	27.76
英国	22.53
澳大利亚	13.28
加拿大	6.81
中国香港	5.50
韩国	4.27
日本	4.20
新加坡	3.03
其他	3.02
法国	1.93
俄罗斯	1.77
德国	1.30
马来西亚	1.08
新西兰	0.92
中国澳门	0.85
泰国	0.67
意大利	0.63
西班牙	0.47

图5-4显示，就留学地点的选择原因而言，过半数的留学回国人员选择特定留学地点是因为，获得当地学位对今后找工作有帮助及当地的教育水平高。其次考虑的是当地经济发展水平、语言文化、社会关系等。由此可见，教育和发展前景仍是个体选择留学的首要追求目标，此外也会兼顾语言、文化等因素。

获得该国家/地区的学位
对将来找工作有很大帮助　56.45
当地教育水平高　52.93
当地经济发达　47.35
对当地文化感兴趣　32.54
学好当地语言对将来就业有很大帮助　21.98
有亲戚朋友在当地，便于寻求帮助　18.18
有奖学金　9.00
学校容易申请　7.23
移民难度低　6.25
学时短　4.05
学位比较容易获得　3.60
签证比较容易　2.65
其他　1.07

0.00　10.00　20.00　30.00　40.00　50.00　60.00（%）

图5-4　留学回国人员选择留学地点的原因

3.海外学习时长与学习形式

图5-5显示，整体上，留学回国人员的平均留学时长约为3年，留学时长在1—3年左右的个体占比将近一半。前文提到，许多留学回国人员出国是为了取得硕士或博士学位，此类研究生学制通常在3年左右，与这一现象的特征相符，可以一定程度上解释其原因。留学时长在1年以下的个体较少，推测是因为时间过短，取得学历学位较为困难，获得的教育质量和水平也难以保证。3年以后随着留学时间增长，相应时段的留学回国人员占比大体呈下降趋势。留学时长在5年及以上的个体就很少了，究其原因可能出于两个方面：一方面是留学成本较高，筛选出较少家庭或个体能够长时间投资于留学教育；另一方面是在海外留学时间越长，个体对于国外的生活工作环境越为熟悉和适应，因而更有可能选择在国外工作定居，而非回国发展；另外，基于大多个体在本科阶

段之后赴海外留学的特征，留学人员完成最高学历学习的时限一般也不会过长。而留学时间较短，就读院校QS排名较低的个体相对更难适应外国的学习和生活，于是更可能选择回国发展。

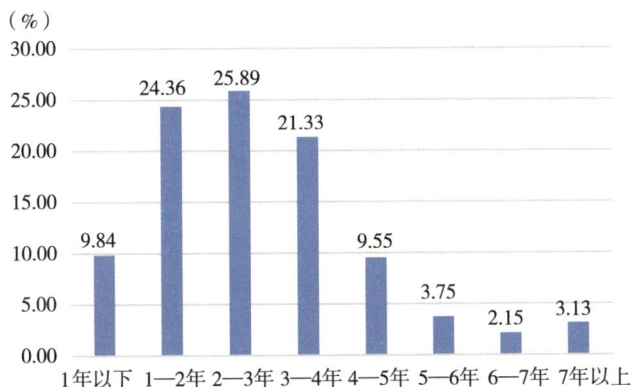

图5-5　留学回国人员海外学习时长分布

　　图5-6显示，国外线下学习作为留学回国人员海外学习形式的主体，占比约44%。其次是国外线下与国内线上相结合，占31.57%。除16.79%的个体采取国外线上上课形式外，也有6.83%的个体在国内线上远程上课。

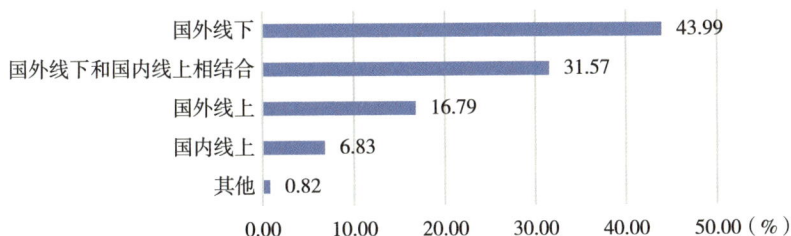

图5-6　留学回国人员海外学习形式分布

4.就读学校与所获学位

图5-7显示，从留学回国人员选择的海外留学高校层次来看，其QS排名都比较靠前，除去最为顶尖的QS排名前100的学校可能因有着较高的入学条件而占比较低，其余部分而随着排名的降低，留学人员选择此类学校的概率也随之下降。这是因为就读学校层次越高，留学所能带来的收益也就越多。在留学成本相对较高的情况下，个体显然会以就读于更高等级的学校作为追求。

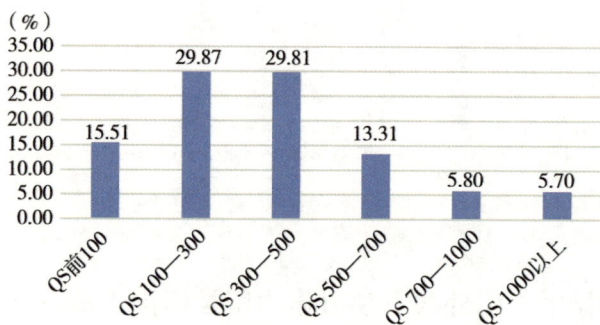

（%）

图5-7 留学回国人员留学院校层次分布

图5-8显示，首先就留学回国人员在海外所获的最高学位而言，超过半数的个体在海外攻读并取得硕士学位；其次是学士学位，占19.51%；最后是博士学位，占19.36%。由此可见，对于追求海外教育经历的个体，硕博研究生学位是其主要目标，特别是硕士学位。

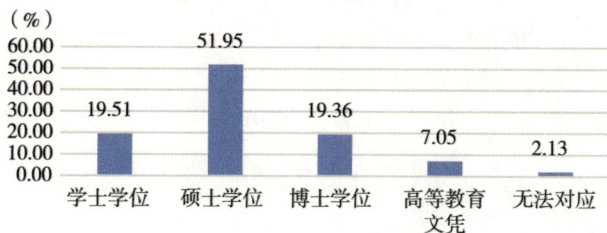

（%）

图5-8 留学回国人员所获海外最高学位分布

5.费用支出

图5-9显示，关于留学回国人员在留学期间的费用支出问题，开销在10万—49万元的个体为大部分，其中分布在10万—29万元的占比最高，为33.54%；其次的是分布在30万—49万元的个体，占比为25.36%。其他支出金额的个体均较少，推测是因为过高的费用会超出一般家庭所能承担的教育费用支出额度，过低的费用支出则难以保证在海外学习的基本需求。

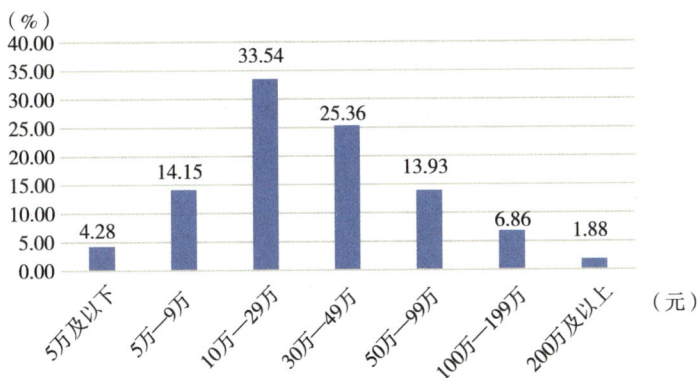

图5-9　留学回国人员留学费用情况

图5-10显示，留学回国人员中自费承担留学支出是主体，但不少个体也获得了奖学金的支持。自费仍是海外学习期间最主要的资金来源，占据66.93%的比例。若个体表现优异，则更能获得公费奖和奖学金的支持，但大多数时候只是作为学费的覆盖和生活费的补充，无法满足留学回国人员全部的资金需要，占比较低。

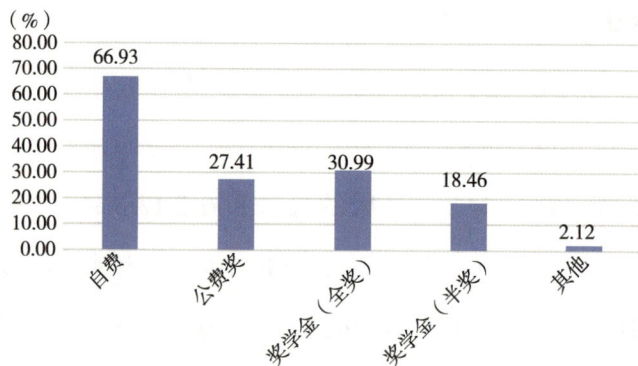

图5-10　留学回国人员留学资金来源

出国留学对于留学个体或家庭而言是一笔较大的费用支出。尤其是农村家庭，负担留学支出的压力尤甚。调查结果显示（图5-11），在留学回国人员中，户口类型不是农业户口的个体占比超过70%。这表明在高层次人力资本费用支出尤其是留学教育费用支出中，城乡之间存在着巨大的差异，许多乡村人口没有接触高层次教育的渠道。此外，农村的教育资源往往更为缺乏，基础教育质量的

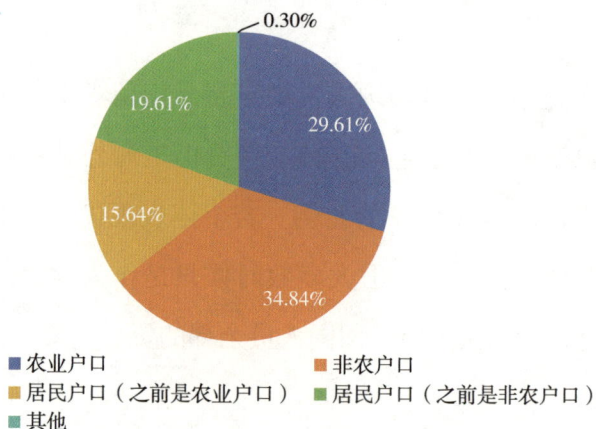

■农业户口　　　　　　　　　　　　■非农户口
居民户口（之前是农业户口）　　　居民户口（之前是非农户口）
■其他

图5-11　留学回国人员户口类型

差异会影响学生获得高等教育机会的能力，使他们即使碰到机会也很难在竞争中胜出、争取到资源。另外，农村居民的收入水平也相对较低，教育费用支出尤其是高等教育费用支出对农村居民而言，成本较高。综上，农业户口个体出国留学的可能性较低。

（四）留学人才回国就业特征

本部分通过对留学回国人员的回国原因、工作经历、当前工作状态、工作的搜寻转换、户籍迁移及其他就业特征进行分析，还包括创业情况、自我评价和就业预期等内容。

1.回国原因

调查结果显示（见图5-12），国内人才政策具有吸引力、亲朋好友在国内、国内经济运行恢复良好是留学人员选择回国的最主要的三个原因，均有超过40%的个体选择了这些因素。近年来，我国为了吸引和鼓励海外人才回流，出台了一系列优惠政策，使得归国留学生在经济上得到了实质性的支持，为他们在国内的生活和工作提供了便利。亲情、友情始终是影响留学人员回国的重要因素之一，许多留学生选择回国，是由于渴望与家人团聚。国内经济的稳健运行态势也是吸引留学人员回国的关键因素，随着国内经济的持续增长和恢复，留学生对国内市场的信心增强，看到了更多的职业发展机会。此外，国内良好的创新创业环境也是吸引留学生回国的重要因素，我国在推动创新创业文化及新兴产业的发展方面做出了积极努力，为归国留学生提供了广阔的发展空间。同时，许多留学生所学专业在国内具有良好的发展前景，这为他们的职业规划提供了明确的方向。最后，为国奉献的意愿也是驱动留学生回国的重要动力。这些因素共同作用，促使越来越多的留学生选择回国发展。

图5-12　留学回国人员选择回国的原因

2.工作经历

图5-13显示，调查留学回国人员样本中，大约23%的受访者尚未在国内就业，有国内工作经历的个体工作年限普遍较短，大多数不超过3年。这一现象与受访者的学历背景和年龄分布相吻合，因为大多数人正处于获得硕士学位后不久的阶段，因此具有较短的工作年限。

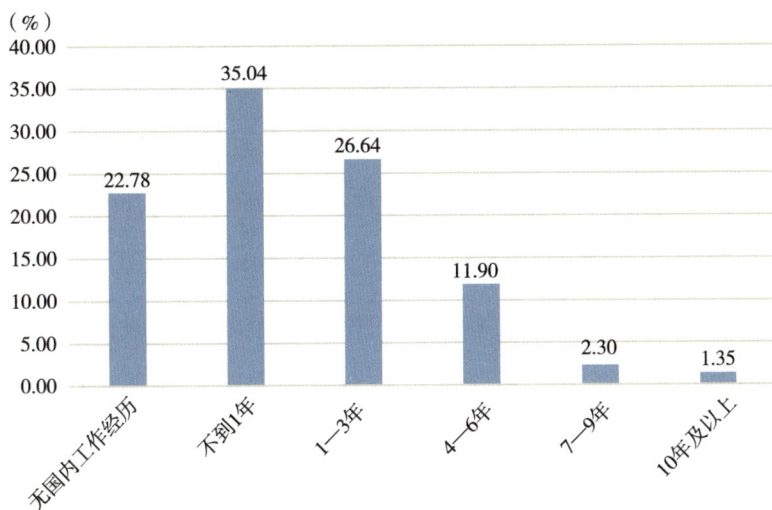

图5-13 留学回国人员国内工作经历

3.当前工作状态

图5-14显示，从留学回国人员的当前工作状态来看，约68.83%的个体处于在业状态，22.33%的个体处于失业状态，8.85%的个体处于退出劳动力市场状态。

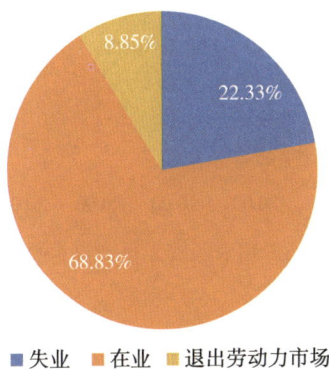

图5-14 留学回国人员当前工作状况

图5-15显示，在探究失业或退出劳动力市场的原因时，可关注到超过半数的失业人群未能就业的主要原因是缺少实习或实践经历。留学生在海外的学习时间通常较短，加之语言和文化差异以及身份的限制，降低了获得实习机会的可能，或者使其难以积累符合国内企业需求的实习经验；其次是招聘信息渠道的限制，由于留学生身处海外，在获取国内招聘信息时常常遇到延迟和沟通不畅等问题。另外，留学人员自身专业受限、招聘企业或岗位无自己感兴趣的以及自身知识储备不足等也是留学人员未就业的重要原因。除此以外，留学生选择继续深造或参与公务员考试等备考活动同样是导致就业难的一个重要原因，持续的备考占用了实习和求职的时间，并且有可能错过招聘高峰期，进而影响就业机会。

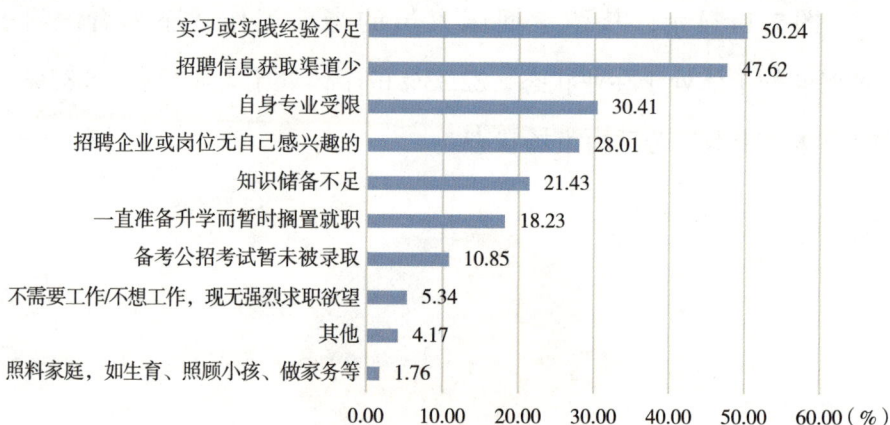

图5-15　留学回国人员未在业的原因

下面将以留学回国人员当前的工作或最近一份工作为基础，对个体工作搜寻、转换、工作地点、户籍迁移、创业情况及其他主要工作特征进行分析，因此考虑的是4635个具有国内工作经历的留学回国人员子样本。

4.工作搜寻与工作转换

（1）搜寻时长

图5-16显示，从留学回国人员的工作搜寻时长分布来看，有国内工作经历的个体中大约30%的人在不到1个月的时间内找到了当前或最近的工作，近40%的人求职过程持续了1—3个月，这意味着近70%的归国留学生能够在3个月的时间内成功找到工作，显示出归国留学生在国内就业市场上具有相对较短的工作搜寻过程。首先，归国留学生普遍拥有较高的人力资本水平，如熟练掌握语言技能、熟悉海外市场环境，这使得该群体在劳动力市场中占据竞争优势。其次，从归国留学生的基本特征和海外学习经历来看，许多人在个人能力、家庭背景和校友网络等方面表现出较强的优势，这为其提供了更广泛的信息渠道，并增强了他们的求职能力。

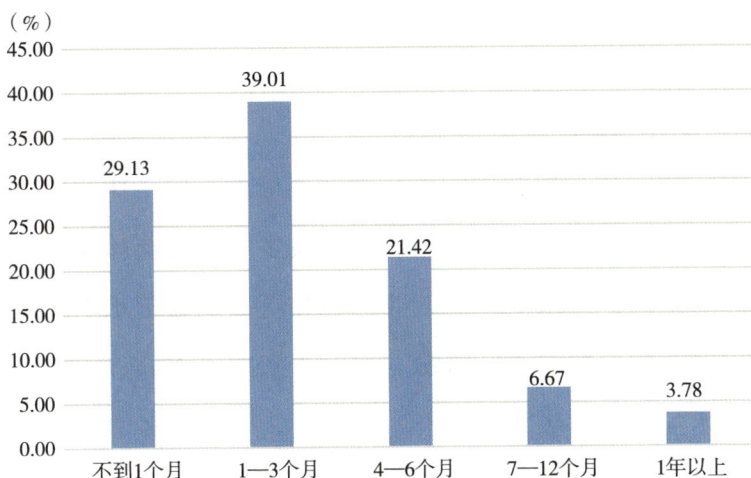

（%）

29.13	39.01	21.42	6.67	3.78
不到1个月	1—3个月	4—6个月	7—12个月	1年以上

图5-16　留学回国人员工作搜寻时长分布

（2）搜寻途径

图5-17显示，超过半数的留学回国人员在进行工作搜寻时使用了专业化的招聘求职网站／APP；其次是人才交流会或招聘会，接着是直接向雇主申请、通过学校资源以及通过国家或组织的调配。此外，高校的双选会和社会人脉网络也是求职途径之一。总体来看，求职活动主要依赖于专业化的网络信息渠道。

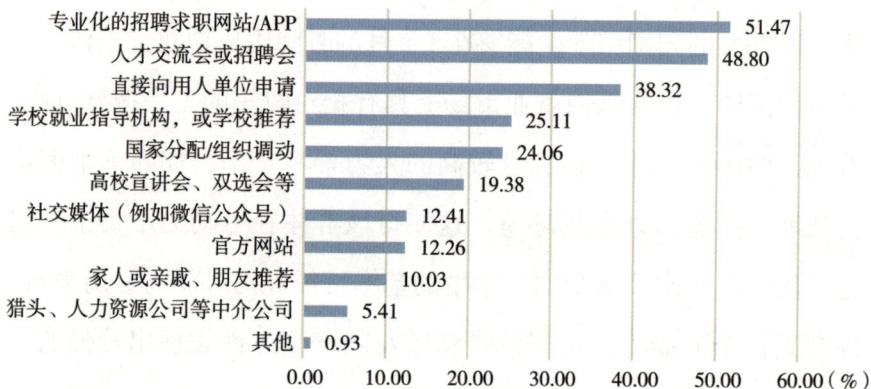

途径	百分比
专业化的招聘求职网站/APP	51.47
人才交流会或招聘会	48.80
直接向用人单位申请	38.32
学校就业指导机构，或学校推荐	25.11
国家分配/组织调动	24.06
高校宣讲会、双选会等	19.38
社交媒体（例如微信公众号）	12.41
官方网站	12.26
家人或亲戚、朋友推荐	10.03
猎头、人力资源公司等中介公司	5.41
其他	0.93

图5-17 留学回国人员工作搜寻途径

5.主要工作特征

（1）工作地点

图5-18显示，留学回国人员当前或最近一份工作的地点多分布在北京、上海、广东和天津等地。大多个体会选择经济发展水平较高的地区，追求更多的就业机会和更高的薪资水平，还可充分利用就业的经验和人脉资源。相对于初次工作地点，北京占比显著性增加，约达到50%。国际局势变化导致更多留学人员选择

回国发展，北京作为归国首选地具有较强的吸引力。2024年是中国经济复苏的关键期，北京作为核心经济发展区，可以为留学归国人员提供更多的岗位与薪资支持。

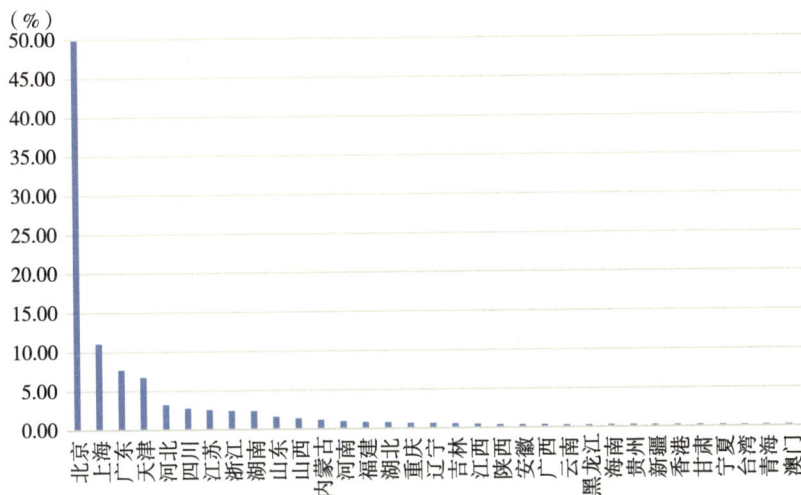

图5-18　留学人才回国就业地点分布

（2）行业分布

图5-19显示，留学回国人员主要工作所处的行业中，金融业超过信息传输、软件和信息技术服务业人数占比，成为最热门行业。这一变化与金融业的数字化转型密切相关，人工智能、大数据的发展为金融行业带来了新的增长点，同时也加大了对于留学归国人员的吸引力。金融业和信息产业因其发展潜力所带来的较高薪酬和岗位需求，在留学归国人员行业选择中多年保持着领跑地位。

金融业　28.16
信息传输、软件和信息技术服务业　20.60
教育　11.02
科学研究和技术服务业　7.70
文化、体育和娱乐业　5.22
建筑业　3.71
房地产业　3.37
公共管理、社会保障和社会组织　2.78
电力、热力、燃气及水生产和供应业　2.16
租赁和商务服务业　1.94
水利、环境和公共设施管理业　1.92
住宿和餐饮业　1.83
制造业　1.68
其他　1.51
卫生和社会工作　1.40
农林牧渔业　1.06
批发和零售业　1.01
居民服务、修理和其他服务业　0.97
交通运输、仓储和邮政业　0.97
采矿业　0.56
国际组织　0.41

0.00　5.00　10.00　15.00　20.00　25.00　30.00（%）

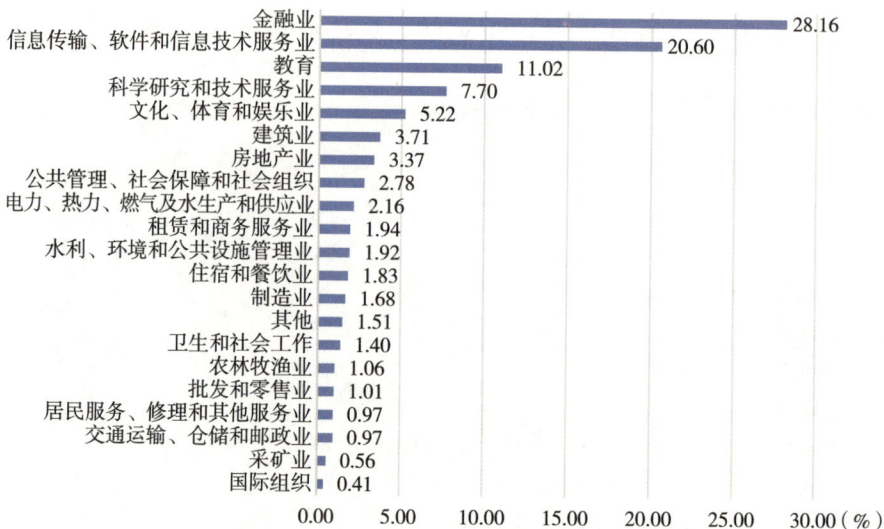

图5-19　留学回国人员所在行业分布

（3）单位规模

图5-20显示，留学归国人员中有22.46%的个体所在单位从业人员数为100—200人，有20.41%的个体所在单位从业人员数为50—100人。与往年相比，留学归国人员更偏向中小型企业。2024年受到经济复苏的结构性调整，大型及中大型企业的扩张性需求减弱，而中小企业具有更高的灵活性，能够快速适应经济结构的变化，提供更多的就业机会。传统行业如房地产、制造业等吸引力出现下滑的情况，人工智能、绿色能源等新型行业往往由中小企业引领。留学归国人员具备国际化视野和前沿的专业能力，更容易寻找到匹配的岗位。

图5-20 留学回国人员所在单位规模状况

（4）单位类型

图5-21显示，留学归国人员中有22.11%的个体选择在国有企业就业；其次是事业单位、三资企业；然后为高校或科研机构。国有企业因其较高的薪酬福利和稳健性使其成为理想选择。2023年，所在单位类型分布最多的是高校或科研机构；2024年其吸引力大幅下降。近年来受到经济压力和政策变化的影响，高校和科研机构的科研资金和项目支持出现相对收紧的情况。同时，有限的晋升机会及高竞争力的竞争通道，也导致留学归国人员偏好资金更充裕、资源更丰富的行业。

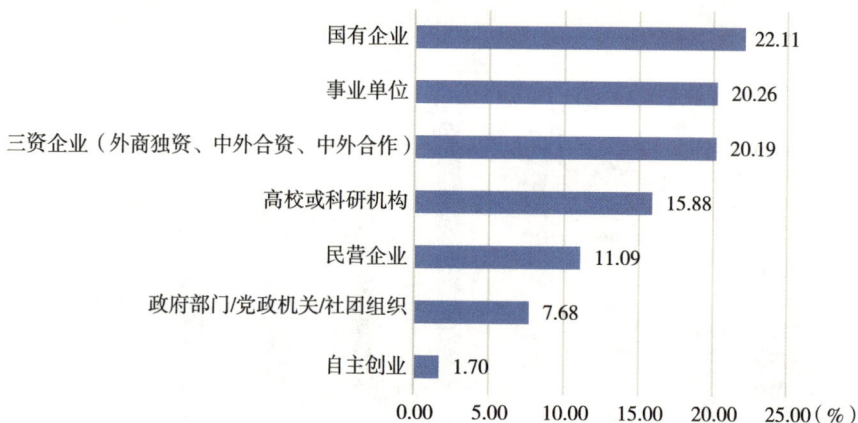

图5-21 留学回国人员所在单位类型

（5）所处职位

图5-22显示，从留学回国人员在单位中所处的职位分布来看，21.81%的个体处于普通员工的职位，31.43%的个体晋升成了基层管理者，30.2%的个体晋升到中层管理者，12.69%的个体晋升到高层管理者。相比于2023年高层管理者占比最多的现象，今年普通职员、基层、中层管理者占更多数。随着留学归国人员向中小企业聚拢的趋势，由于中小企业具有较少的企业层级，导致更多归国人员集中在基层或中层管理者职位。同时，企业在战略选择及发展上更加保守，相比于从海外引进高层次人才，更倾向于内部培养。

（6）薪酬状况

图5-23显示，留学回国人员中，35.56%的个体税前年薪在20万—29万元，31.74%的个体税前年薪为10万—19万元，30万—49万元区间占13.33%，年薪超过50万元的个体占6.08%。13.29%的个体税前年薪在10万元以下。薪酬分布情况与职位分布特征相符

合，与往年相比，留学归国人员的薪资水平更趋于平均。

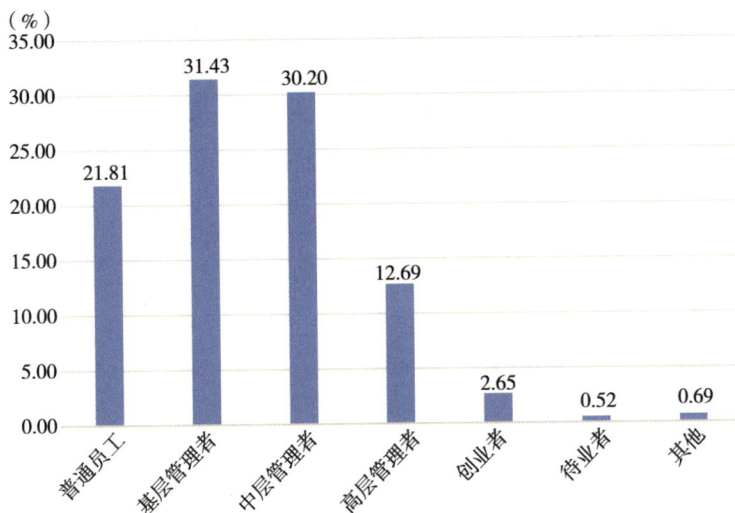

（%）

图5-22 留学回国人员所处职位分布

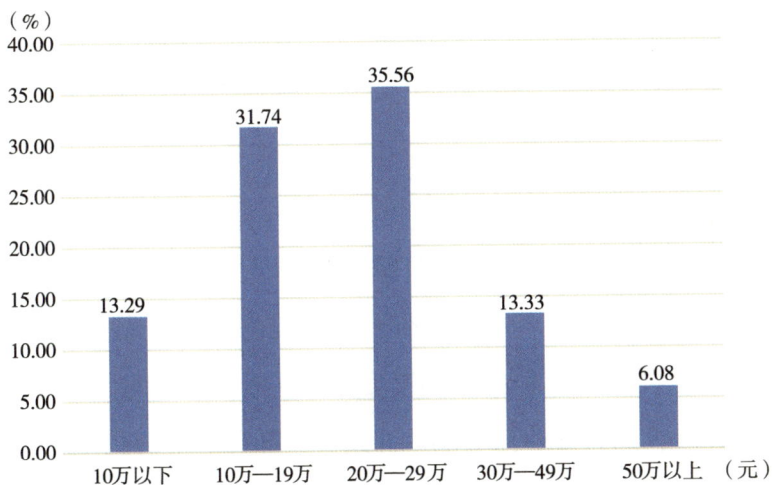

（%）

图5-23 留学回国人员薪酬水平

图5-24显示，分性别来看，男性与女性之间薪资差异在不断

减小，打破了传统男性薪酬平均水平较高的现象。10万—29万元的薪资水平区间人数最多，符合总体趋势。社会对性别平等的关注日益增加，特别是对于高学历人群，这使得女性在谈薪时拥有更多的话语权。留学经历赋予女性更强的跨文化能力，改变市场和企业对于女性价值的传统认知，性别差距自然缩小。

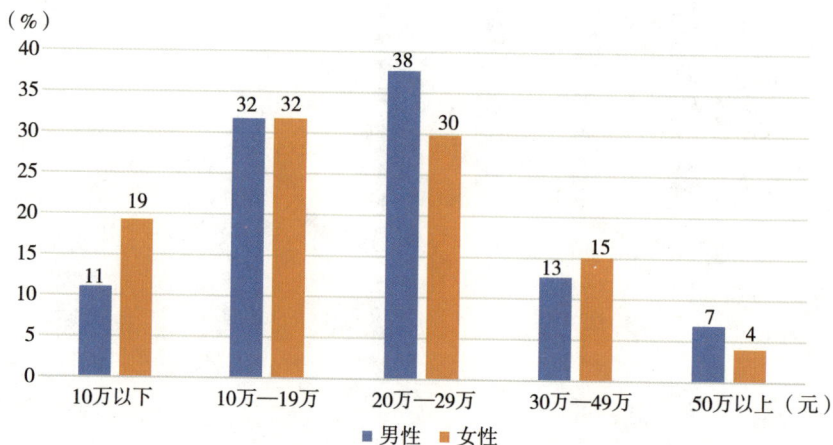

图5-24 分性别的留学回国人员薪酬水平

（7）工作时长

图5-25显示，约65.39%的留学回国人员的周工作天数为5天，23.06%的个体平均每周工作六天。这与当前一些企业的工作制度有关，多数企业根据其制度安排和工作强度制定单休或双休的工作模式，随着就业压力的不断增大，周休息天数趋于减少。

图5-26显示，根据日工作时长的分布情况，51.93%的个体的日工作时长在8—10小时之间，约6.5%的个体工作时长超过10小时，而日工作时长不超过8小时的个体占比约为40%。由此可见，

大多数个体的工作时间已超出了传统的8小时工作制要求。考虑到留学归国人员多数从事金融和信息技术服务等行业，这些行业普遍存在较大的工作压力，通常要求较长的工作时间，以适应高强度的工作环境。

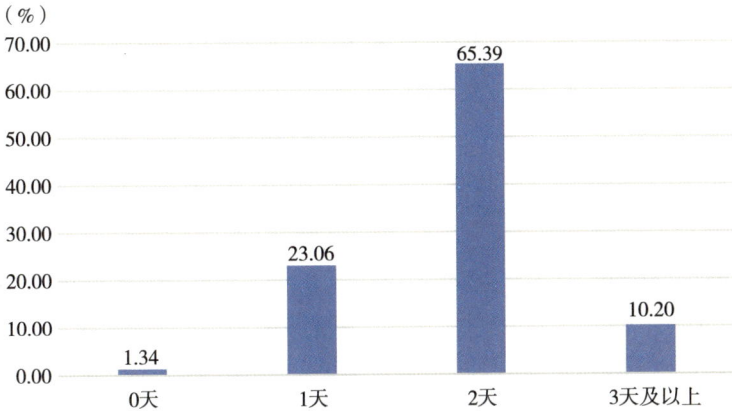

图5-25　留学回国人员周休息天数

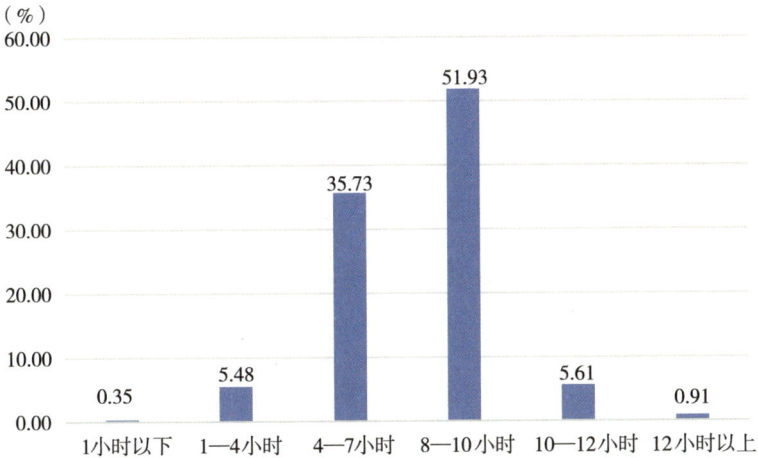

图5-26　留学回国人员日工作时长

（8）工作满意度

图5-27显示，在留学归国人员中，38.45%的个体对主要工作感到非常满意，34.93%的个体认为工作比较满意，21.94%的人对工作持一般态度，约5%的个体对主要工作表示不满意。总体来看，大多数归国人员对自己的工作现状持较为满意的态度。

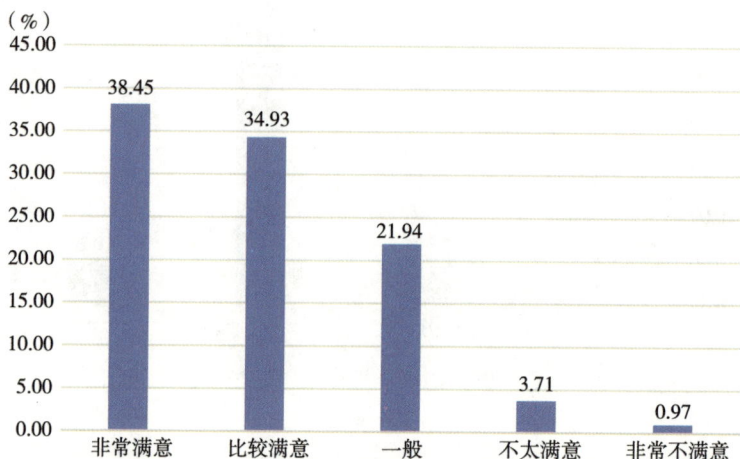

图5-27 留学回国人员工作满意度

6.收入状况

图5-28显示，根据2024年的数据，留学回国人员的收入水平分布与2023年调查相比，整体薪酬水平有所下降。具体而言，年收入水平处于10万元以下的占近30%，10万—19万元之间的占四分之一左右，处于20万—29万元的占23.81%，处于30万—49万元的占12.48%，50万元以上的占9%左右。

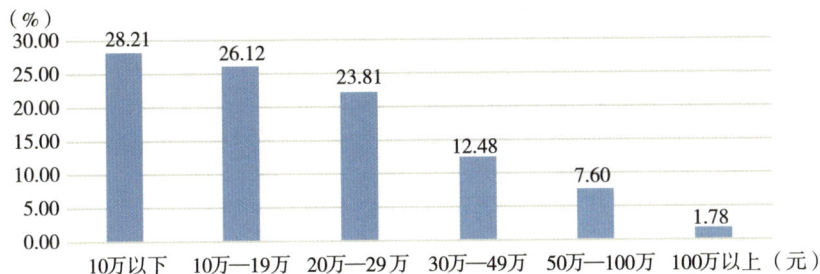

图5-28 留学回国人员2023年总收入

（五）留学人才回国就业预期

本部分聚焦于留学归国人员的就业预期进行多维度解析，具体涵盖期望工作地点、期望行业、期望单位类型、期望职位、期望薪酬水平以及择业要素等核心板块，旨在深入洞察这一群体在就业规划方面的整体态势与关键诉求。

1.期望工作地点

图5-29显示，留学归国人员中，57.30%的个体期望在北上广深工作；29.27%的个体期望在成都、天津、杭州、青岛、南京和重庆等新一线城市工作；8.36%的个体期望在中国其他地区工作。期望在留学国工作的个体占4.45%，期望在其他国家工作的占0.62%。北上广深等一线城市和国内新一线城市是留学归国人员的首选工作地点，期望工作地点与留学归国人员的实际工作地点分布特征相似。

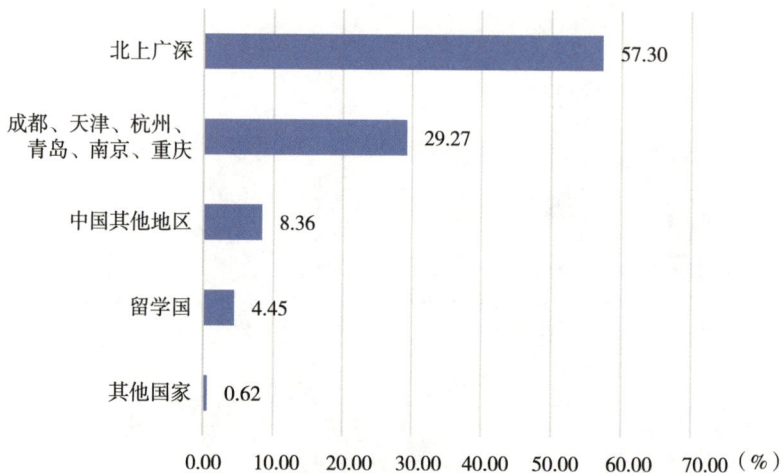

图5-29　留学回国人员期望工作地点分布

2. 期望行业

图5-30显示，留学归国人员期望从事的热门行业为金融业，信息传输、软件和信息技术服务业，占比约50%；其次是教育、

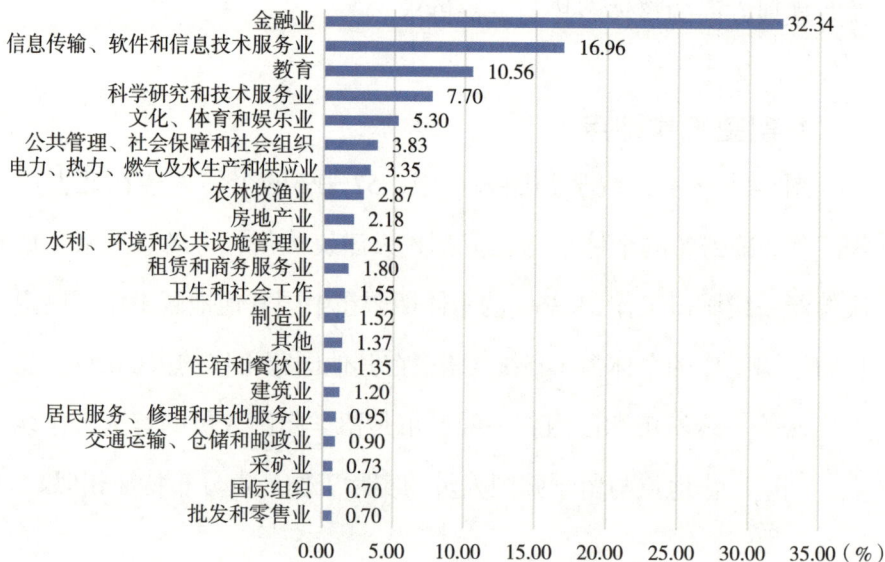

图5-30　留学回国人员期望从事行业的分布

科学研究和技术服务业。未就业留学人员期望行业与已经就业的留学归国人员的热门行业基本类似，主要集中在金融、信息技术、教育和科技产业。热门行业的发展潜力较大，与留学归国人员的背景契合度高，能够提供较高的薪资。

3.期望单位类型

图5-31显示，留学回国人员约有20.49%的个体期望进入国企工作；20.03%的个体偏好未来能够进入三资企业工作，包括外商独资、中外合资、中外合作企业。各有约18%的个体期望能够进入事业单位、高校或科研机构工作，15.29%的个体期望进入政府部门／党政机关／社团组织工作。约有4.75%的留学回国人员期望进入民营企业工作，2.10%的个体期望能够自主创业。

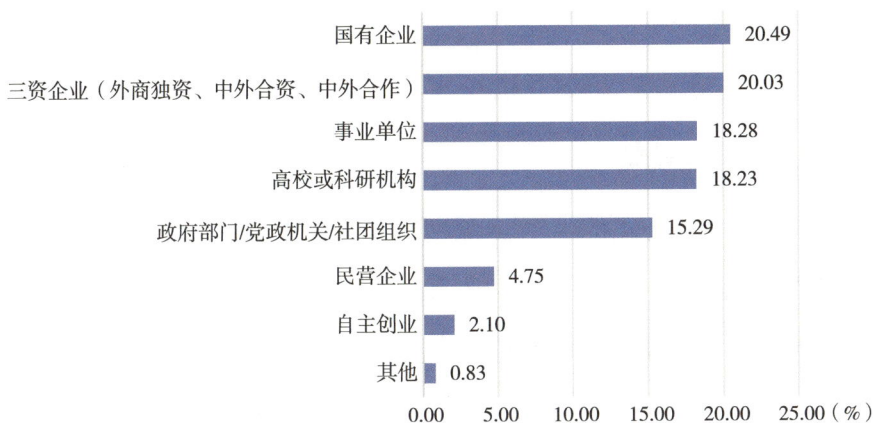

图5-31 留学回国人员所期望的单位类型

4.期望职位

图5-32显示，留学回国人员中，有6.56%的个体期望的职

位是普通员工，17.53%的个体期望在公司中担任基层管理者，37.50%的个体期望担任中层管理者，30.09%的个体期望担任高层管理者。7.31%的个体期望创业。总体来看，更多的留学回国人员期望的职位是中高层管理者。

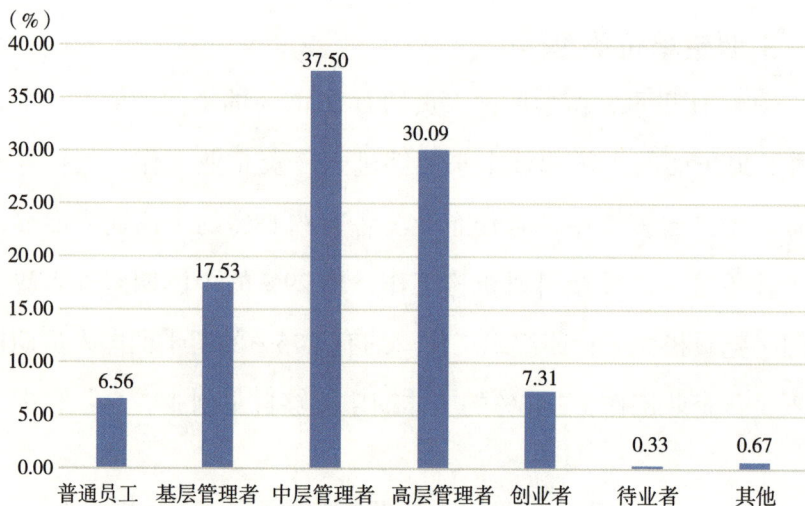

图5-32　留学回国人员的期望职位

5.期望薪酬水平

图5-33显示，留学归国人员期望薪资整体较高，约80%的个体期望薪酬主要集中在10万—49万元。与已经就业的留学归国人员薪资状况相比，留学人员的期望薪资高于实际水平。预期薪资在10万元以下的个体占5.18%，22.58%的个体期望薪资在10万—19万元，35.40%的个体期望薪资在20万—29万元区间，22.41%的个体期望薪资在30万—49万元区间，约15%的个体期望薪资在50万元以上。

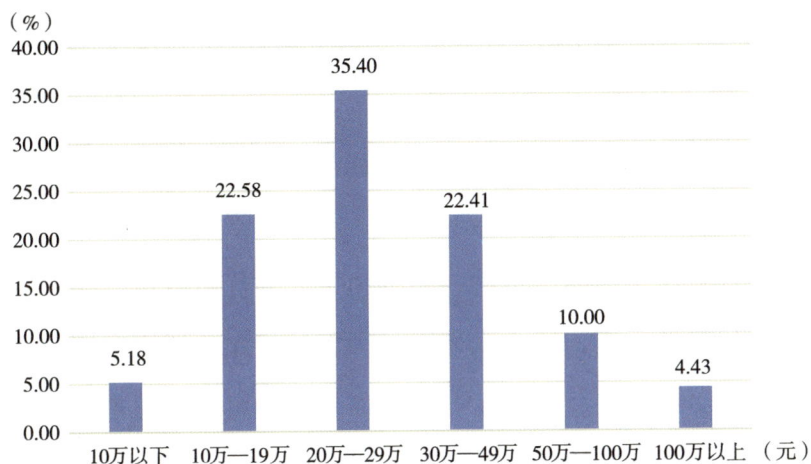

图5-33 留学回国人员的期望薪酬水平

6.择业要素

图5-34显示，留学回国人员最为看重的择业要素是职业发展空间，占比36.3%；其次是薪资福利，占比32.94%；较少个体关注所在城市、专业专长、单位性质等因素。留学人员更关注个人发展与收益，而对地域和专业的限制性要求有所降低。

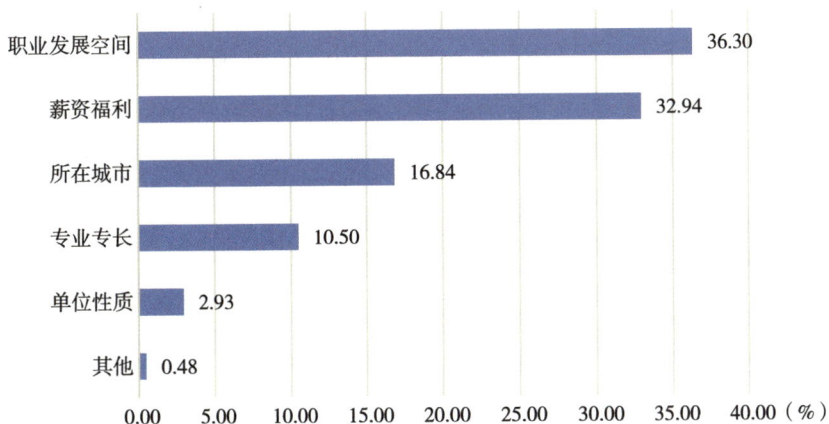

图5-34 留学回国人员的择业要素

（六）留学人才回国意愿变动原因

图5-35显示，2024年留学人才回国意愿增强的原因主要在于国内经济的恢复和就业机会的增多、家庭因素以及对国内发展机会的积极看法。国内出台的一系列引进人才优惠政策，提供了有竞争力的待遇，成为留学人才选择回国的最主要原因。同时，良好的经济运行态势、国内专业发展前景以及留学报国意愿和国内创新创业环境的吸引力也是促使留学人才回国的重要因素。

回国意愿增多的主要原因为国内经济运行恢复，发展预期较好，这大幅度增加了留学人才选择回国的意愿。

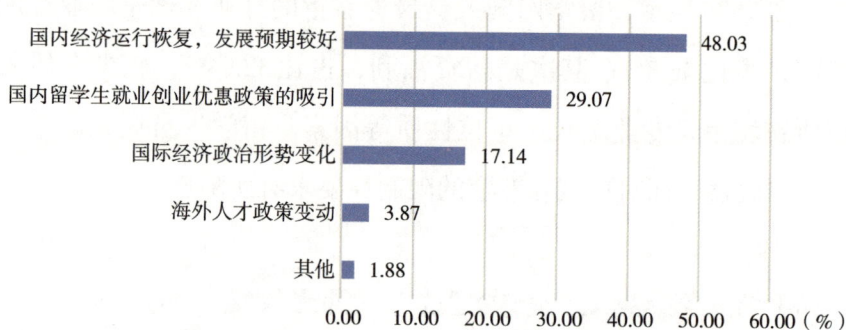

图5-35　留学人才回国意愿变动原因

（七）国际人才流动限制的影响

图5-36显示，约有59.10%的中国留学生遭遇到签证的限制，说明海外对中国留学生办理签证回国有一定的主观阻止倾向，但

是这一数据相较于2023年的67.25%有一定的降低趋势。

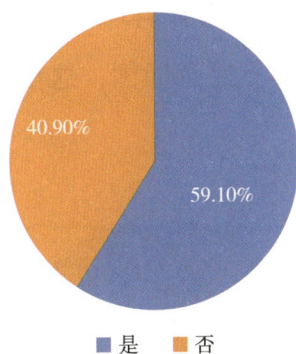

图5-36　留学人员遭遇签证限制情况

图5-37显示，有79.42%的留学生认为海外签证限制对于国内同学出海深造没有太大影响。出海深造可以接触到不同的文化体系，自身学习领域的丰富知识等，海外签证的限制对于上述可以提升自我的机会影响不大。

图5-38显示，有52.80%的留学人员回国时遭遇过海外阻碍人才输出，部分国家对知识产权和技术转让有严格的法规和监管，可能会阻碍留学人员回国后将其在海外获得的技术和知识应用于国内。

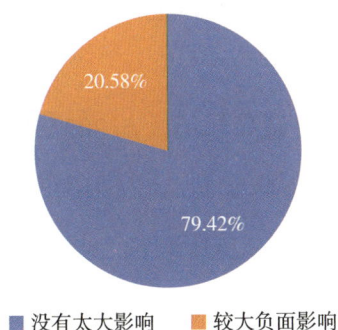

图5-37　留学人员对海外签证限制对于国内同学出海深造的看法

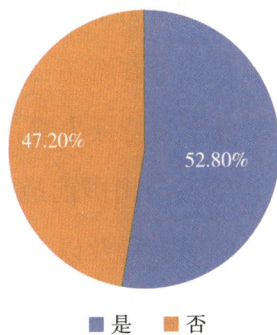

图5-38　留学人员遭遇海外阻碍人才输出的情况

图5-39显示，有76.96%的留学人员认为海外阻碍人才输出的限制对于人才回国没有较大影响，一些留学人员可能因为家庭、文化情感或个人愿望而更愿意回国，这使得限制对他们的影响较小。

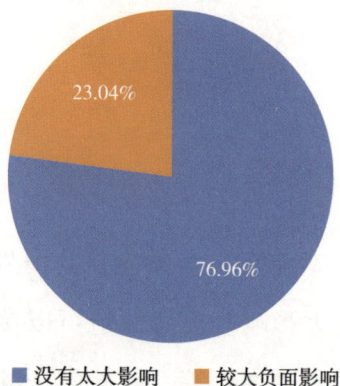

23.04%

76.96%

■ 没有太大影响　　■ 较大负面影响

图5-39　留学人员对海外阻碍人才输出的限制对于人才回国影响的看法

（八）留学人才回国就业特征的年度变化

与2023年相比，2024年留学人才回国就业特征呈现出的变化体现在以下几个方面。

从海外学习特征来看，一是出国前最高学历。与2023年相比，2024年留学人员出国前最高学历呈现下降趋势，出国留学人员出国前最高学历本科及以下的比例由57.06%上升至73.28%，而博士研究生比例明显降低，由21.85%下降至5.25%。二是海外获得最高学位。2024年留学人员海外获得的最高学位是学士或硕士学位的比例为71.46%，与2023年56.77%的数据相比有明显提高，更少的留学人员选择在海外攻读博士学位。三是留学费用大体降低。2024年留学支出分布在50万—100万元的占比较2023年有所下降，而处于30万—49万元之间的占比则有所上升，整体留学费用支出有所下降。

从回国就业特征来看，一是留学回国人员的当前工作状态。与2023年相比，2024年留学回国人员处于在业的比例有所下降，而处于失业的比例则有所上升。二是薪酬水平。与2023年相比，2024年留学回国人员总体薪酬水平分布中，税前年薪在20万以下群体占比上升，整体薪酬水平有所下降。三是单位类型。与2023年相比，2024年留学回国人员就业于高校或科研机构就业的占比下降。

从就业期望变动来看，一是留学人员期望从事的行业。与2023年相比，2024年留学回国人员期望从事行业占比次序仍为金融业、科学研究和技术服务业、信息传输软件和信息技术服务业。但是金融业占比明显降低，由2023年的44.01%下降至32.34%。二是期望工作单位类型和地点。留学人员前三大期望的工作单位类型由2023年的政府部门／党政机关／社团组织（28.94%）、国有企业（17.74%）、三资企业（16.68%）转变为2024年的国有企业（20.49%）、三资企业（20.03%）、事业单位（18.28%），而政府部门／党政机关／社团组织仅占比15.29%。2024年期望在留学国工作的留学人员比例较2023年略微下降，而北上广深作为期望工作地点的比例则由48.25%上升至57.30%。

　　从择业看重事项来看，2023年留学回国人员择业最看重项目是薪资福利；2024年则转变为职业发展空间。这种变化反映了留学回国人员对国内就业市场薪酬水平期望的现实调整，和对长期职业规划的关注。

六、留学回国人员创新创业情况调查报告

　　促进留学人员回国创新创业是留学人才为国服务的重要组成部分，本章主要报告了留学回国人员创新创业的主要情况和机遇挑战。分析发现，留学归国人员中超半数个体有过创业经历。国内创业满意度整体较高，创业者面临的主要困境为技术成果难以转化、研发水平有限、融资困难。北京、广东和天津等地为创业者主要选择的创业地点。金融业，教育，信息传输、软件和信息技术服务业为留学归国自主创业人员中最热门的三个行业，整体趋势符合留学归国人员热门行业。创业者所在单位多为小型企业，平均税前年薪为20万元。与之前年份相比，有过创业经历的个体比例整体呈上升趋势；融资困难、技术成果难以转化、人力成本高一直是留学归国创业者面临的主要困难；留学归国创业人员主要从英国、美国、澳大利亚、中国香港等热门留学国家或地区归来；归国创业者多数是海外硕士；北京一直是留学归国创业地点的首要选择；近四年创业热门行业为金融业，教育，信息传输、软件和信息技术服务业，科学研究和技术服务业四个行业。近年来，留学归国创业情况整体良好，国内创业环境不断得到改善和优化。

（一）留学回国人员创新创业基本情况

1.创业经历

图6-1显示，54.22%的留学回国人员曾经创过业或当前正在

创业。一方面，归国留学生通常具备较强的个人能力、雄厚的家庭经济背景、丰富的校友资源等社会网络优势，以及更为开放的思维模式和创新思考能力，这使得他们在创业方面拥有较强的能力和潜力。另一方面，国家对创新创业活动的鼓励和支持政策也激发了更多留学生回国创业的意愿。因此，与国内毕业生相比，归国留学生中选择创业的比例相对较高。

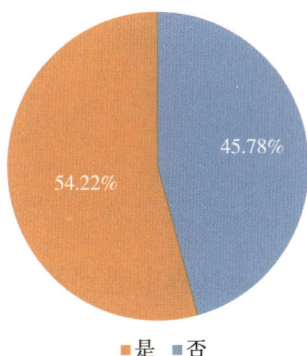

图6-1　留学回国人员国内创业经历

2.创业环境满意度

图6-2显示，在对拥有创业经历的留学回国人员进行调查时发现，大约一半的个体对国内创业环境的评价为非常满意，四分之一左右的个体持满意的态度，认为国内创业环境一般的个体占16.64%，5%左右的个体对国内的创业环境持不满意的态度。总体来看，留学回国人员对国内创业环境的满意度较高，显示出国内创业环境的积极评价和良好的创业氛围。

（%）

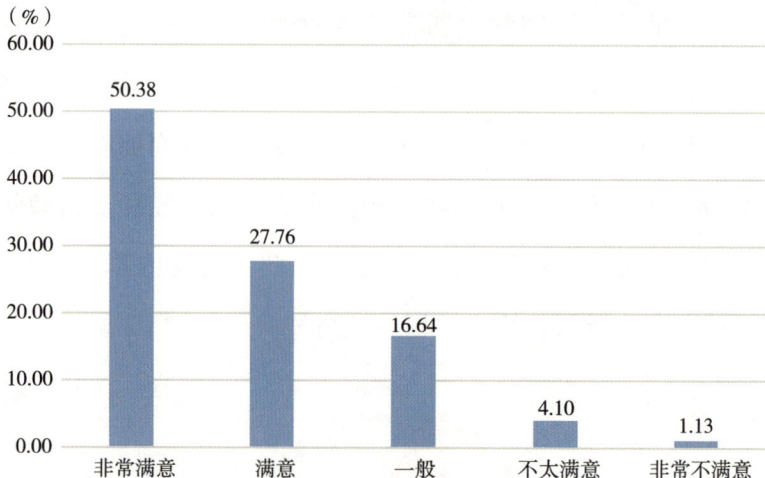

图6-2　留学回国人员对创业环境的满意度

3.创业困难

从留学回国人员在创业过程中遇到的困难分布可以反思当前国内创业环境的不足，进而加以改善。具体而言，图6-3显示，技术成果难以转化、研发水平有限、融资困难是使创业人员感到困难最主要的三个因素；其次是创业服务不到位、人力成本高、行业竞争激烈；然后是企业税务成本高、市场拓展困难、缺乏创业经验等因素。综上所述，为了进一步提升国内创业环境，可以从以下几个方面入手：一是促进技术成果的转化和鼓励研发创新；二是完善服务体系，提供更到位的创业服务；三是便利化融资渠道和贷款服务，降低融资难度。

技术成果难以转化 ▬▬▬▬▬▬▬▬▬▬▬▬ 42.79
研发水平有限 ▬▬▬▬▬▬▬▬▬▬▬ 38.93
融资困难 ▬▬▬▬▬▬▬▬▬▬▬ 37.56
创业服务不到位 ▬▬▬▬▬▬▬▬▬▬ 36.24
人力成本高 ▬▬▬▬▬▬▬ 26.86
行业竞争激烈 ▬▬▬▬▬▬ 21.91
企业税务成本高 ▬▬▬▬▬ 17.81
市场拓展困难 ▬▬▬ 10.51
缺乏创业经验 ▬▬ 8.06
企业国际化发展困难 ▬ 2.03
其他 ▬ 1.04

0.00 5.00 10.00 15.00 20.00 25.00 30.00 35.00 40.00 45.00（%）

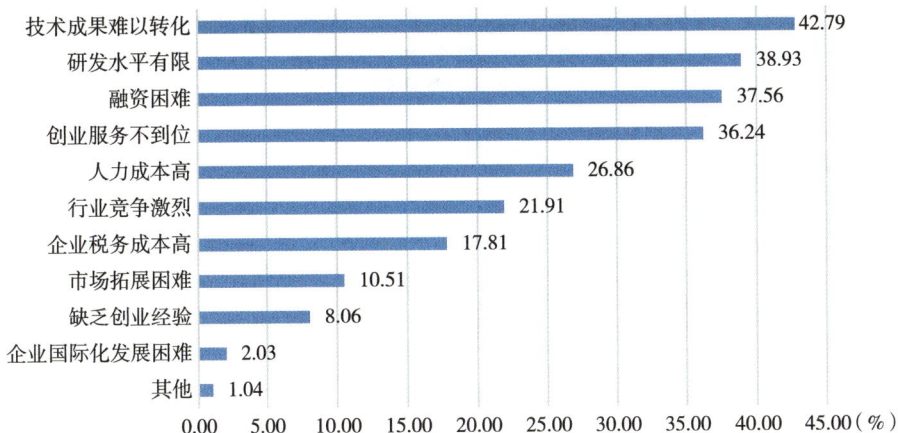

图6-3　留学回国人员所遇创业困难

4.创业主要特征

（1）留学地点选择

图6-4显示，留学归国的创业者多数从美国留学归来，占全部创业者的27.85%。在英国留学的创业者占22.78%，澳大利亚留学归国的创业者占16.46%，此外也有较多的创业者曾在加拿大、中国香港留学。整体上热门留学国家或地区的创业者也相对较多，由于热门国家或地区的留学生基数较大，且教育资源优质，能够更好地培养留学人员的创新创业精神。

（2）就读学校与所获学位

图6-5显示，较多的留学归国创业者就读院校为QS 100—300名的院校，占比29.11%。与留学归国人员就读学校整体情况相比较，留学归国的创业人员就读院校的QS排名较低。创业人员就读院校为QS 500名外院校的占比为37.97%，而全部留学归国人员中仅有不到25%的个体就读于QS 500名之外的学校。

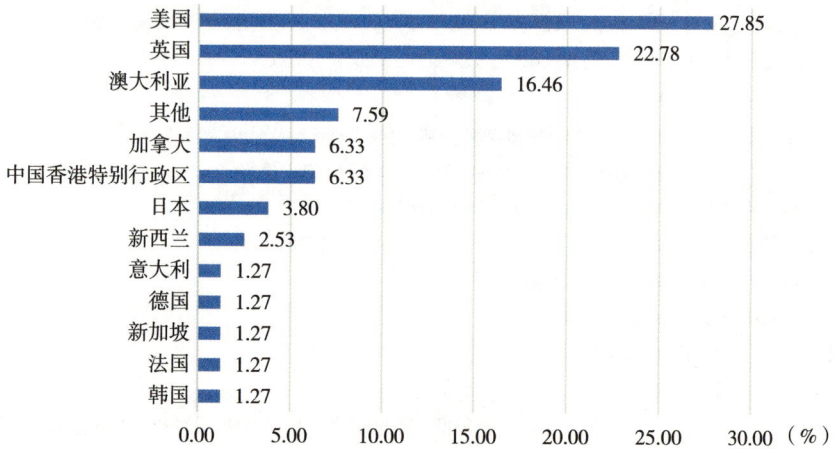

图6-4 留学回国创业者留学地点

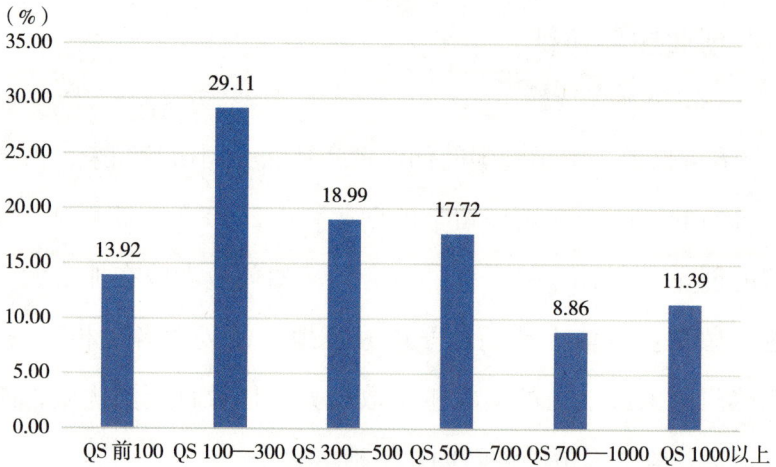

（美国 27.85、英国 22.78、澳大利亚 16.46、其他 7.59、加拿大 6.33、中国香港特别行政区 6.33、日本 3.80、新西兰 2.53、意大利 1.27、德国 1.27、新加坡 1.27、法国 1.27、韩国 1.27）

图6-5 留学回国创业者院校层次分布

（QS 前100 13.92、QS 100—300 29.11、QS 300—500 18.99、QS 500—700 17.72、QS 700—1000 8.86、QS 1000以上 11.39）

图6-6显示，留学归国的创业者中，有40.51%的个体在海外取得硕士学位后回国创业；27.85%的个体取得学士学位后回国创业。与留学归国人员平均所获学位相比，创业者获得学位的平均水平较低，其中7.05%的留学归国人员获得高等教育文凭，而有10.13%的创业者在海外取得的最高学位是高等教育文凭。创业者中获得硕士

学位和博士学位的个体占比也显著低于留学归国人员的整体水平。

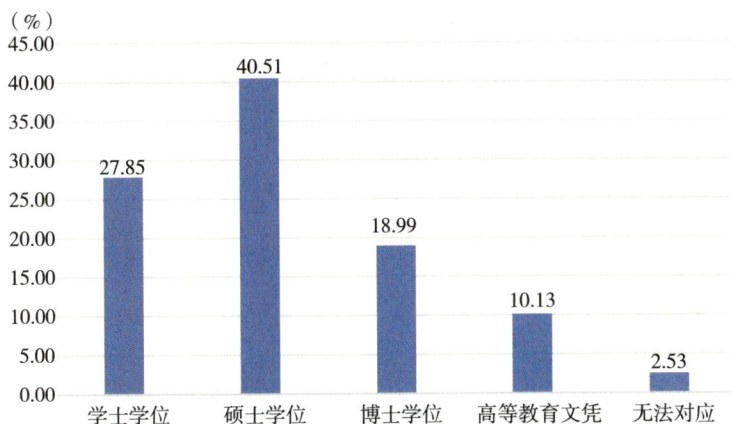

图6-6　留学回国创业者所获海外最高学位分布

（3）工作地点

图6-7显示，多数创业者选取国内超一线城市和经济发展较好的省份进行创业，其中选取在北京创业的个体占32.91%，在广东和天津创业的个体分别占8.86%，同时有部分创业者选择在河北、上海、四川进行创业。

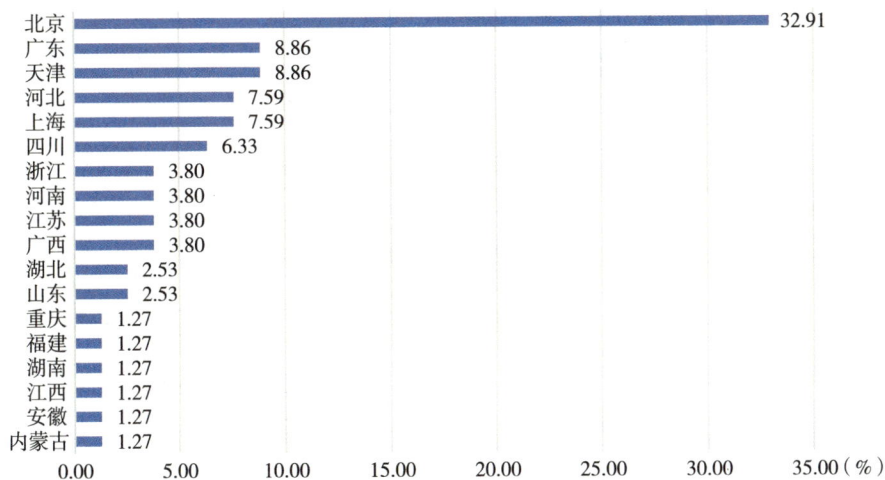

图6-7　留学回国创业者工作地点

（4）行业分布

图6-8显示，留学归国的创业者主要所处的行业中，金融业占比最多，达24.05%；其次为教育，占17.72%；从事信息传输、软件和信息技术服务业的创业者占比11.39%。与历年来留学归国人员从事的四个热门行业相比，科学研究与技术服务业的创业人员较少。由于科学研究与技术服务业具有较高的技术和资金门槛，需要一定的政策倾斜作为辅助，个体创业面临的困难较大。

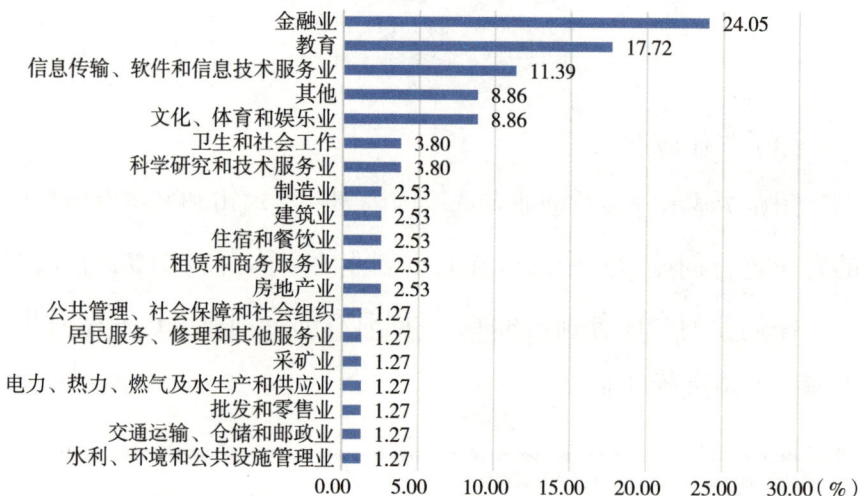

图6-8　留学回国创业者所在行业分布

（5）单位规模

图6-9显示，留学归国的创业者中有36.71%的个体所在单位规模为20人以下，18.99%的个体所在单位规模为20—50人，18.99%的个体所在单位规模为50—100人，15.19%的个体所在单位规模为100—200人，200人以上规模企业的创业者占10.13%。

（％）

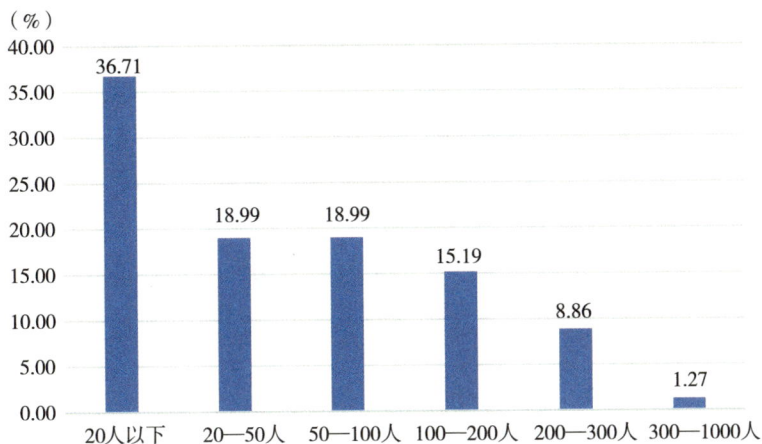

图6-9　留学回国创业者所在单位规模状况

（6）薪酬状况

图6-10显示，留学归国创业者中，22.78%的个体税前年薪在10万元以下，25.32%的个体税前年薪在10万—19万元之间，20万—29万元区间的个体占31.65%，30万—49万元区间的个体占11.39%，收入50万元及以上的个体占8.86%。与留学归国人员整体情况相比，创业人员高收入和低收入的个体占比均较高。

（％）

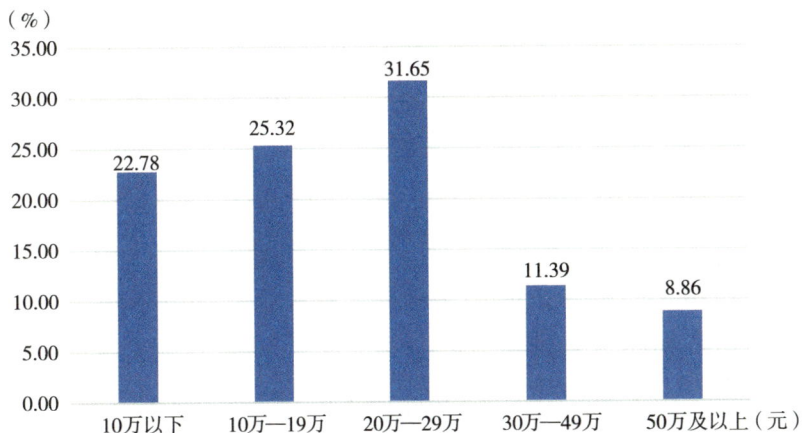

图6-10　留学回国创业者薪酬水平

（二）留学回国人员创新创业情况的年度变化特征

1.创业经历变化

图6-11显示，留学归国人员中有过创业经历的个体比例整体呈上升趋势。从2021年的19.37%上升至2023年的57.65%。2024年，曾创过业或正在创业的个体比例减少至留学归国人员的45.78%。

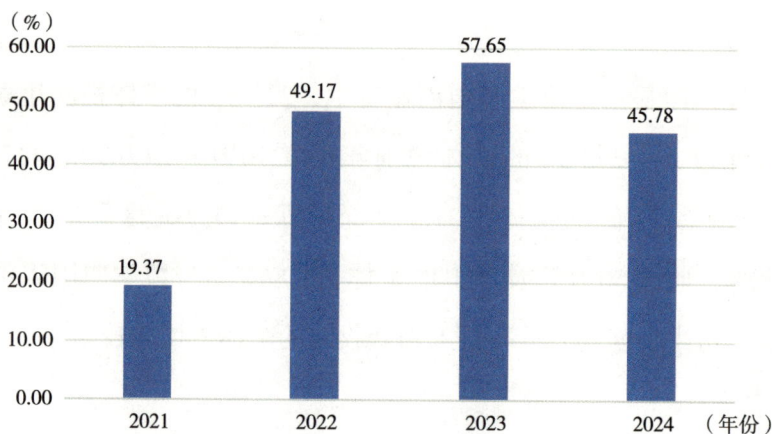

图6-11 留学回国创业者创业经历变化

2.创业期望

图6-12显示，2024年留学归国人员期望创业的个体占7.31%。近四年，留学归国人员的创业意愿浮动较大，2021年留学归国人员期望成为创业者的比例为8.34%；2022年留学归国人员期望成为创业者的比例为7.40%；2023年期望成为创业者的个体占比4.78%。

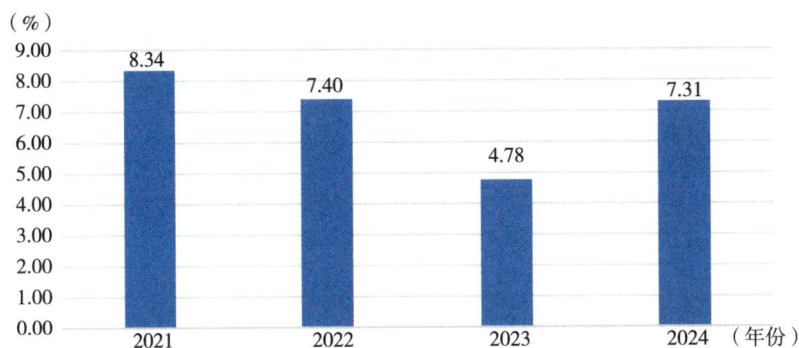

图6-12　留学回国创业者创业期望变化

3.创业环境满意度变化

图6-13显示，历年来，留学归国的创业者对国内创业环境满意度较高。2021年对国内创业环境非常满意／满意的个体占比50.13%，到2022年和2023年升至近85%；2024年对国内创业环境非常满意／满意的个体占比78.14%。

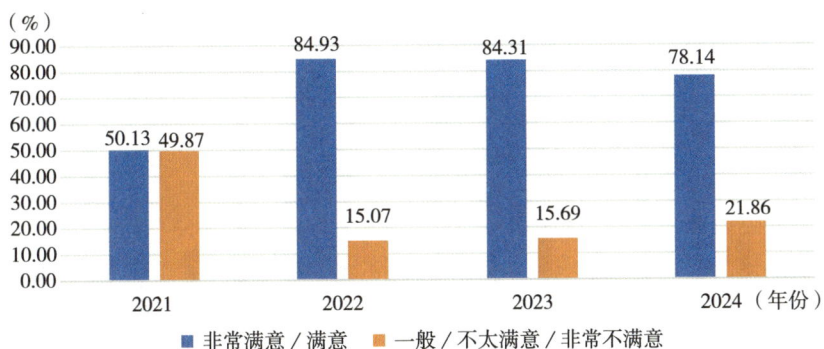

图6-13　留学回国创业者创业满意度变化

4.创业困难变化

融资困难、技术成果难以转化、人力成本高一直是近四年来留学归国创业者面临的主要困难。2021年，国内竞争激烈、缺乏创业经验制约着国内创业环境的发展，而这两个因素在此后三年得到了一定程度上的改善。创业服务不到位成为2023年创业者面临的最大困境，该问题在一年后得到了较大程度的缓解。

5.创业主要特征变化

（1）留学地点选择

图6-14显示，留学归国的创业人员主要留学地点为英国、美国、澳大利亚、中国香港等热门留学国家或地区。自2022年后，美国超越英国成为最受欢迎的留学国家或地区榜首，历年在美国留学的创业人员占比均超26%。2021年，有8.54%的个体在韩国、澳大利亚留学。2023年，5.06%的创业人员在法国、加拿大、中国香港留学。2024年，排名靠前的留学国家或地区除英美澳港外，加拿大也位列其中。

图6-14 留学回国创业者留学地点变化

（2）就读学校与所获学位

图6-15显示，2021年，多数归国创业者在QS排名前100的院校就读，占比34.15%。2022年，多数归国创业者在QS排名300—500的院校就读，占比33.37%，而在QS前100名院校毕业的创业者仅占11.18%。2023年，各院校层次的创业者占比相近，均超过20%。2024年，多数创业者的毕业院校排名QS100—300名。

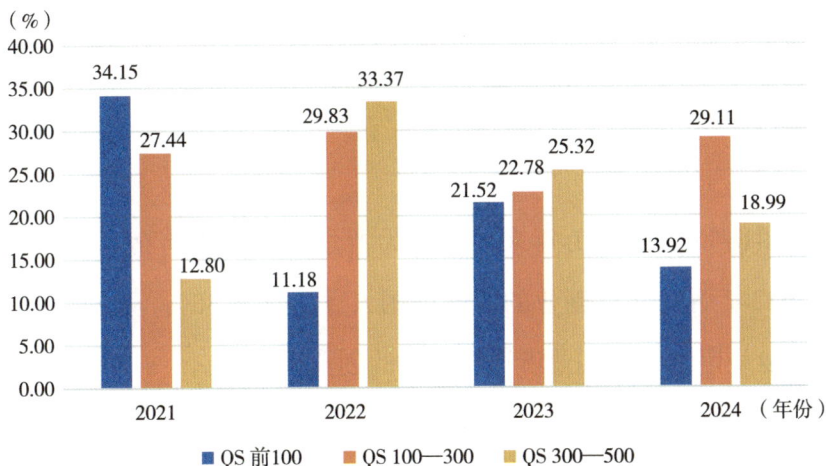

图6-15 留学回国创业者院校层次变化

图6-16显示，归国创业者多数在海外取得硕士学位，2022—2024年占比约40%。对于海外归国的博士创业者，其比例逐年递减。博士创业需要考虑较大的沉没成本以及教育回报率问题。应当加强对于海外高层次人才的引进。

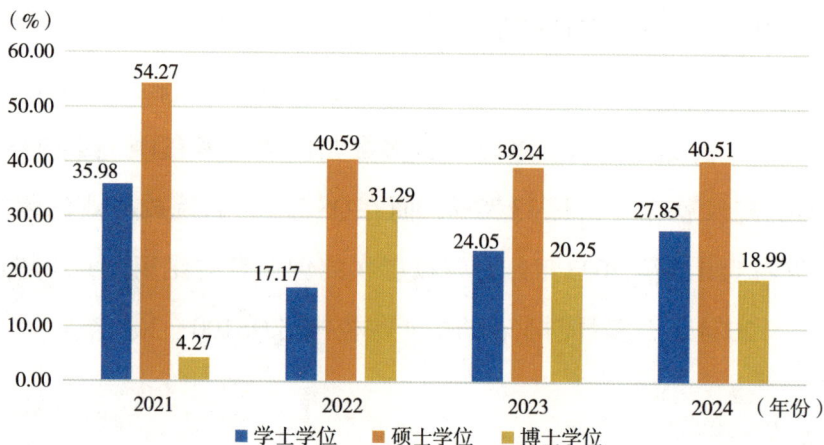

图6-16 留学回国创业者所获最高学位变化

（3）工作地点

图6-17显示，历年来，北京为留学归国创业者的首要选择，自2022年后在北京创业的留学归国人才占比超30%。此外，广东等地也是留学归国创业者选择较多的创业地点。

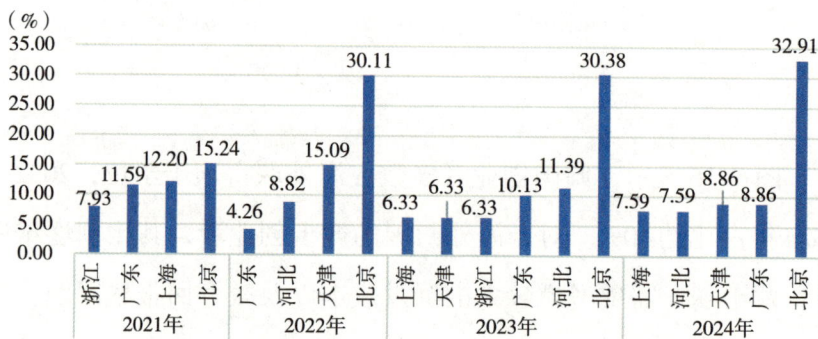

图6-17 留学回国创业者工作地点变化

（4）行业分布

图6-18显示，近四年创业热门行业为金融业，教育，信息传

输、软件和信息技术服务业，科学研究和技术服务业四个行业，与留学归国就业人员所处热门行业相符。金融业整体上占比最多，在2023年和2024年均为最热门行业。科学研究和技术服务业与其他三个热门行业相比占比较少，但呈现上升的趋势。

图6-18　留学回国创业者所在行业分布变化

（5）单位规模

2021年，多数创业者所在单位规模为20人以下和2000人以上，分别约占留学归国创业者的20%。2022年，多数创业者所在单位规模为50—200人，约占留学归国创业者的50%。2023年和2024年，多数创业者所在单位为100人以下的小型企业，占比超留学归国创业者的70%。

（6）薪酬状况

图6-19显示，历年来多数归国创业者的年薪集中在10万—29

万元区间，约占全部留学归国创业者的60%。2022年创业者整体薪资水平较高，与2021年相比提升较大，39.77%的个体年薪水平在20万—29万元区间。2024年创业者薪资水平较历年相比更为平均。

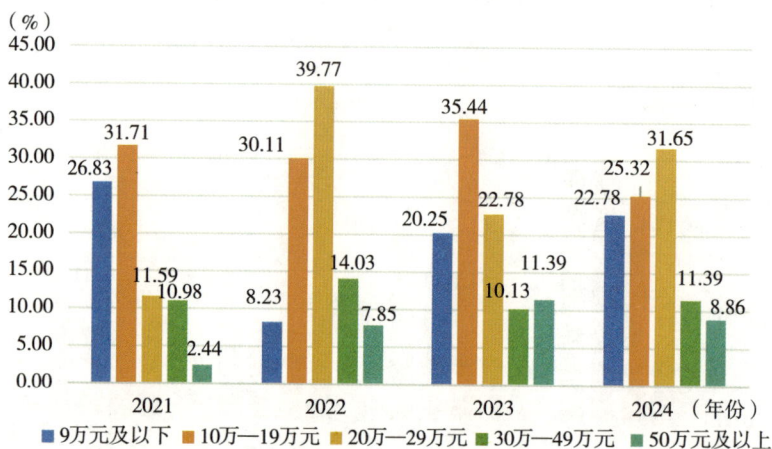

图6-19　留学回国创业者薪酬状况变化

（三）留学人员海外创新创业基本情况及国内外对比

1.创业情况

约有41.56%的海外留学人员曾经或正在创业。图6-20显示，有海外创业经历的留学人员中，有43.65%对于创业环境非常满意，36.89%对于创业环境持满意态度，认为海外创业环境一般的个体占16.75%。

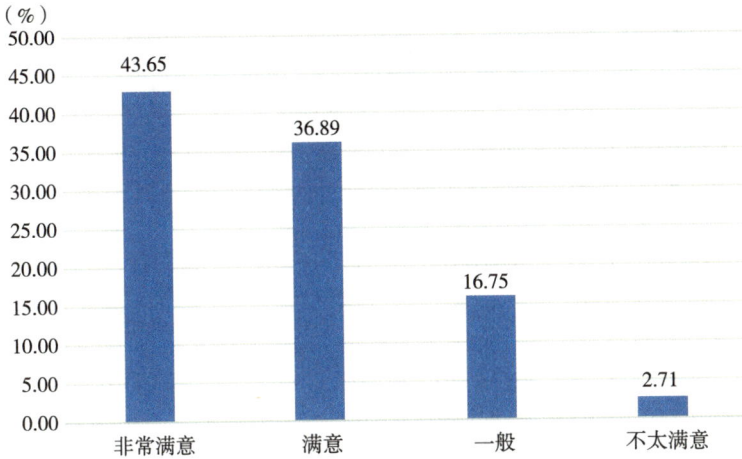

图6-20 海外留学创业者创业满意度

图6-21显示，对于创业过程中遇到的困难而言，技术成果难以转化为最主要的困境，其次是融资困难以及创业服务不到位。与此同时，人力成本高、研发水平有限、企业税务成本高、行业竞争激烈这四个因素也制约着海外留学人员创业的发展。

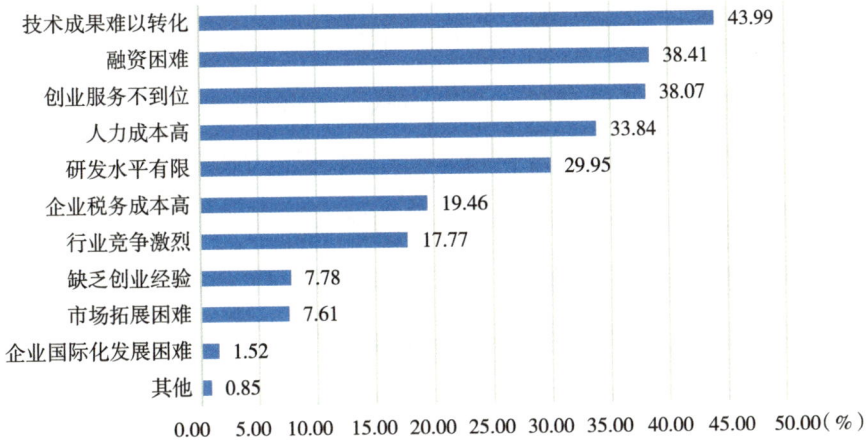

图6-21 海外留学创业者所遇创业困难

2.海内外对比

留学归国人员中有创业经历的个体比例较海外留学人员较高。对国内创业环境非常满意的个体比例占比约50%，超海外7%。整体上，留学人员对国内创业环境满意度略高于海外。海内外留学人员面临的创业最主要困境均为技术成果难以转化。同时，创业服务不到位、融资困难也是制约海内外创业人员发展的主要因素。对于海外创业来说，相对国内更高的人力成本限制留学人员创业的发展。而国内相对海外滞后的研发水平使得多数留学归国创业人员会面对研发水平有限的困境。

（四）留学回国人员创新创业的机遇和挑战

1.留学回国人员创新创业的机遇

留学生在国外工作学习期间积累的知识和经验可以为创业积累诸多裨益。对国际环境以及国际市场的了解可以帮助他们解构外贸行业的市场空白空间，这包括双向的贸易、国内企业国际化发展，或者国际化的商品和商业模式的引进。抑或是对一些此前引进或"走出去"失败的行业存在的壁垒障碍的破除。留学生普遍熟练掌握至少一门外语以及熟悉部分国家的文化习俗，在开展涉及跨境业务、国际合作等创业活动时更得心应手。减少因语言和文化差异导致的沟通障碍，能够更好地拓展海外客户资源，融入国际产业链。在留学过程中会结识来自世界各地的同学、教授以及行业专家等，这些人脉关系对于创业来说是宝贵的资源。比如想要开展国际教育交流项目的创业者，其留学期间积累的国外教育界的人脉，可以促成与国外知名院校的合作，引进优质教育资源，为项目推广提供助力。

2.留学回国人员创新创业的挑战

部分欧美国家对留学生的专业选择做出了限制，前沿的科学工程技术通过政策手段不对中国留学生开放，留学生通过技术创新创业的方式受到诸多限制。此外还有国内市场环境适应问题。尽管留学生熟悉国外的市场规则，但国内的市场环境有着自身独特之处，包括政策法规细节、消费习惯、行业竞争格局等。需要花时间深入调研国内消费者偏好，对产品或服务做出相应调整，才能更好地契合本土市场需求。留学生创业同样面临着融资问题，团队组建与管理挑战是所有创业者必须面对的问题，即使是管理学专业的学生在实践的时候也会遭遇困难。要找到志同道合、能力互补且价值观相符的创业团队成员并非易事。在国内组建团队，需要融合有国内工作经验的人员以及留学生群体自身带来的海外经验，协调不同背景人员的思维方式、工作习惯差异，建立高效协作的团队文化和管理机制。还要维持团队在面临逆境时的凝聚力，才能保证创业项目稳步发展，不然容易导致团队执行力不足，创业半途而废等问题。留学生回国创业时面临多重融资难题。首先，由于银行抵押对固定资产有要求，获取贷款困难；其次，国内信用体系与留学生海外经历不匹配，导致信用评分低，难以获得基于信用的小额贷款。此外，留学生可能不熟悉国内市场规则和政策，导致商业计划与市场脱节，难以吸引投资者。留学生缺乏资源和资金进行前期验证，难以说服投资者。投资者对留学生项目信息，存在认知差异和风险顾虑。留学生在国内行业资源和社交网络有限，难以获得融资。

3.留学回国人员创新创业的对策建议

提高固定资产抵押贷款额度上限，并建立风险补偿机制，当金融机构因支持留学回国人员创业项目出现坏账时，由政府专项资金给予补偿，以提高金融机构放贷和留学生创业的积极性。同时，出台税收优惠和财政补贴政策，鼓励天使投资和风险投资关注并投资留学回国人员的创业项目，如税收返还和表彰奖励，以拓宽融资渠道。在场地与设施支持方面，各地根据需求合理规划并新建或扩建留学人员创业园区，提供办公场地、会议室、实验室和高速网络等硬件设施。提供法务咨询、财务代理和政策解读等一站式服务，降低创业成本。同时，建立线上交互平台，集成项目展示、资源对接等功能，促进交流合作。在培训与指导服务方面，组织专业的培训机构和高校等资源，开发具有针对性的创业培训课程体系，涵盖市场分析、政策法规解读等多个方面，提升留学回国人员的创业能力。在市场准入与政策便利方面，简化行政审批流程，实行一站式审批或线上审批，提高审批效率。同时，放宽留学回国人员进入部分行业的市场准入限制，如高科技和文化创意产业，降低准入门槛，激发市场活力。在人才与技术引进方面，政府部门可搭建人才招聘平台、组织招聘会等，帮助留学回国人员招募合适的创业团队成员，吸引具有国际化背景或专业技能的人才加入。同时，积极为留学回国人员的创业项目与国外科研机构、高校、企业等建立技术转移和合作的渠道，支持技术引进和创新。为留学回国人员创新创业营造更为有利的环境，推动更多有价值、有潜力的创业项目落地生根、蓬勃发展。在市场环境方面，积极监督市场公平，警惕哄抬物价和倾销手段等恶意竞争，在合理范围内对新生创业力量提供税收优惠和政策支持。

七、留学人才海外就业状况调查报告

（一）总体情况

留学人员海外学习特征。从生源来看，留学人员多来自经济发达或生源丰富地区，如北京、广东等地，出国前最高学历就读学校层次以一流大学为主，且大多在本科毕业后选择赴海外攻读硕士学位。留学地点选择上，美国成为热门首选，澳大利亚也备受青睐，这与各国教育资源优势、文化环境及政策导向密切相关。学科选择以经管类和理工类为主，反映出市场需求和个人职业规划的影响。留学时长多集中在1—4年，平均约2.52年，资金来源自费占主导，且费用支出因学校排名和个人选择有所差异，主要为国外线下学习方式。

留学人员海外就业状况。多数留学人员倾向于海外短期居留后回国发展。相当一部分留学人员尚无海外工作经历，且有工作经历者大多在3年以下，工作转换频率不高，在海外就业时遭遇歧视情况相对较少。寻找工作难度不大，大多在半年内可找到工作。工作地点与留学地相关性强，主要集中在美国、澳大利亚等地。行业分布以金融业、信息传输等为主，单位规模分布较均匀，非营利性组织占比较高。工作时长相对合理，周工作天数多为5天，日工作时长多在4—8小时范围内。但薪酬水平整体中等，年薪多分布在20万—29万元区间。职位以普通员工和中低层管理者为主。当前约两成留学人员处于失业状态，主要受实习实践经验和招聘信息渠道限制的影响。

海外留学人员就业预期。大部分期望回国到北上广深就业，且行业期望集中于金融业、信息传输等热门领域，单位类型倾向于高校科研机构及三资企业、国有企业等稳定单位，职位期望多为中高层管理者，期望薪酬多在20万—50万元之间，择业时最看重职业发展空间和薪资福利，反映出留学人员对自身职业发展有较高期望，且注重平衡工作与生活，追求长远稳定发展。

海外侨情变化对留学人员的影响。大部分海外留学人员更愿意回国工作，且超半数回国意愿增强。同时，留学人员回国工作确实面临诸多困难，如就业竞争激烈，岗位机会稀缺；需重建社会关系网络；就业信息获取渠道有限；国内职场存在性别、年龄等方面歧视，薪资待遇较低，工作时间较长；资金、机会和政策支持不足；毕业时间与校招衔接不畅等。针对这些问题，建议加强国际化平台建设、优化人才引进策略、改善就业环境、加强信息宣传以及注重创新与经济发展等，以促进留学人员回国就业创业，更好地发挥其人才优势，推动国内经济社会发展。

留学人才海外学习及就业特征的年度变化。与2023年相比，澳大利亚留学占比上升；海外居留意愿有所上升；有海外工作经历的人员占比上升；工作职位中管理层占比上升；薪酬水平整体有所上升。

（二）调查样本描述

课题组设计的留学人才海外就业状况调查问卷主要包括五个部分的内容：第一部分是受访者的基本特征；第二部分是留学人员的海外学习情况；第三部分是留学人员海外就业的现状及就业预期；第四部分是国际人才流动限制对留学人员的影响；最后还询问了受访者被追踪调查的意愿。2024年11—12月，利用问卷星平台，以链接和二维码的形式发放并回收问卷共2920份，筛选出当前在海外、年龄处于18—55岁且在出生日期、开始海外学习时间、取得学位时间及工作时间的填写上逻辑自洽的样本，共2519个。这些受访者的平均年龄为24.55岁；男性约占75.59%，女性约占为24.42%；约9.53%有配偶。从户口类型的分布来看，图7-1显示，海外留学人员大多是非农业户口，其中，约40.93%是非农业户口，30.69%是非农业户口转居民户口，16.12%是农业户口，11.43%是农业户口转居民户口。

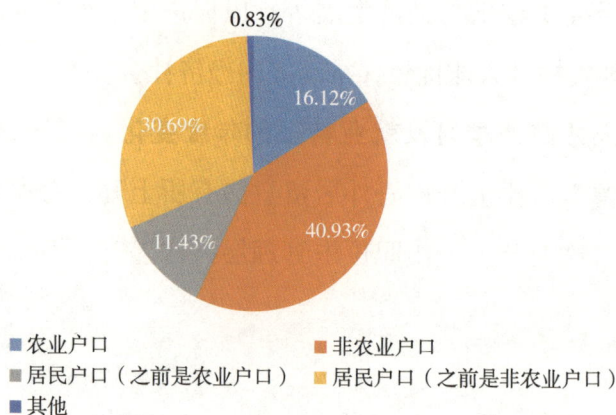

图7-1 海外留学人员户口类型分布

（三）留学人员海外学习特征

本节主要针对留学人员的海外学习特征进行分析，包括户口所在地与高考生源地、出国前最高学历状况、留学地点选择、所学学科、留学时长、就读学校层次、取得最高学位、留学资金来源与支出情况、学习形式等内容。

1.户口所在地与高考生源地

图7-2显示，从海外留学人员的户口所在地和高考生源地来看，在高考户籍限制下，两者分布呈现出较强的一致性。具体来看，分布最多的是北京，超过四分之一；其次是天津、广东、河北、江苏，超过5%。北京作为全国教育高地，优质教育资源高度富集；广东与江苏强劲的经济实力为留学生提供经济支撑；天津、河北毗邻北京，承接首都的教育、文化辐射，输出不少留学人才。

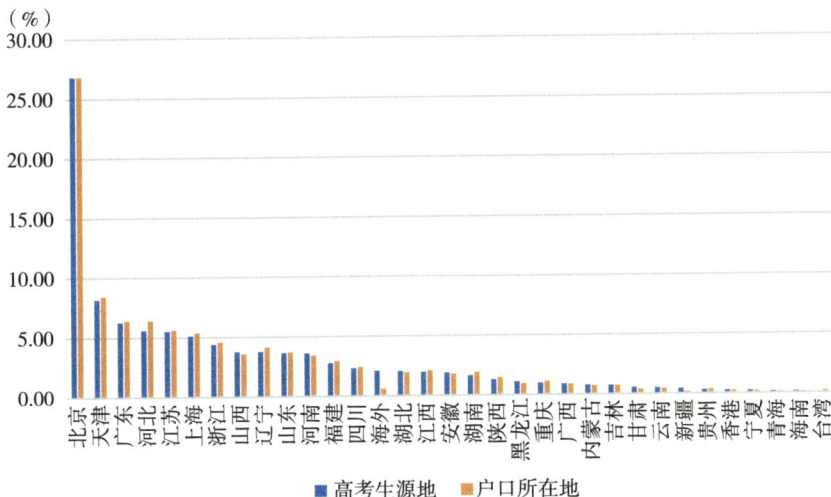

图7-2 海外留学人员高考生源地及户口所在地分布

2.出境前最高学历状况

图7-3显示，海外留学人员中，超过一半的个体是在完成本科阶段教育后出境，通常会继续在海外修读硕士学位，丰富自身的教育背景，以便在之后的工作或学习中取得一定的优势。另外，还有22.31%的留学人员是在成为硕士研究生之后赴海外学习的，可能会继续选择攻读博士，追求更好的学术和工作发展前景；11.83%的个体是在高中／中专／技校教育阶段结束之后出国留学；6.11%的个体在博士研究生毕业后选择出国留学；余下5%左右的留学人员则是在大专、初中毕业后选择留学。

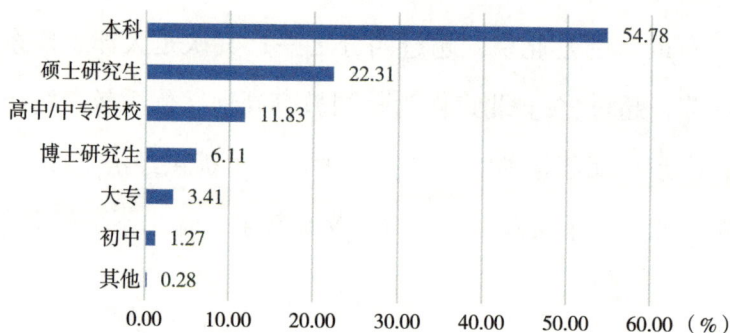

图7-3　海外留学人员出境前最高学历分布

图7-4显示，留学人员出境前最高学历所在学校层次较多分布在一流大学、省属一流学科建设高校和普通省属院校。就读于一流大学和一流学科建设高校的学生相对来说有较好的学习能力和学习平台，更有可能获得赴海外高校留学的机会。就读于普通省属学校的学生可能有较大的动力弥补已有学历背景的差距，以提升学历背景和留学背景为目的而选择出国留学。

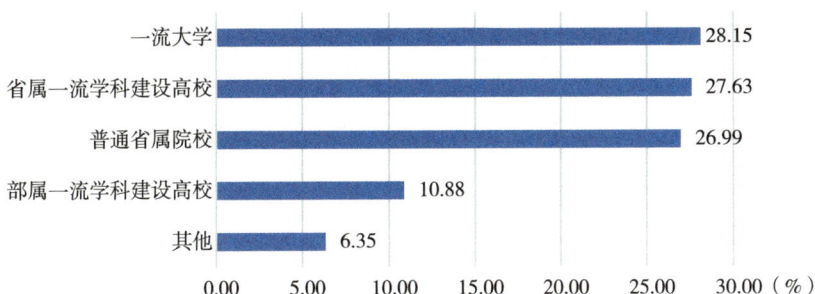

图7-4 海外留学人员出境前最高学历分布

3. 留学地点选择

图7-5显示，从留学地点的分布来看，将近一半的留学人员选择去美国留学，可能由于美国教育水平居世界一流，顶尖高校在全球排名亮眼，教育标准顶级、文凭含金量高，留学机会丰富，国内外认可度高；其次是澳大利亚，占22.03%，当地的多元文化、安全环境与优渥移民政策对留学生极具吸引力；然后是新西兰、韩国、日本；接着是英国、新加坡；最后才是德国、加拿大。

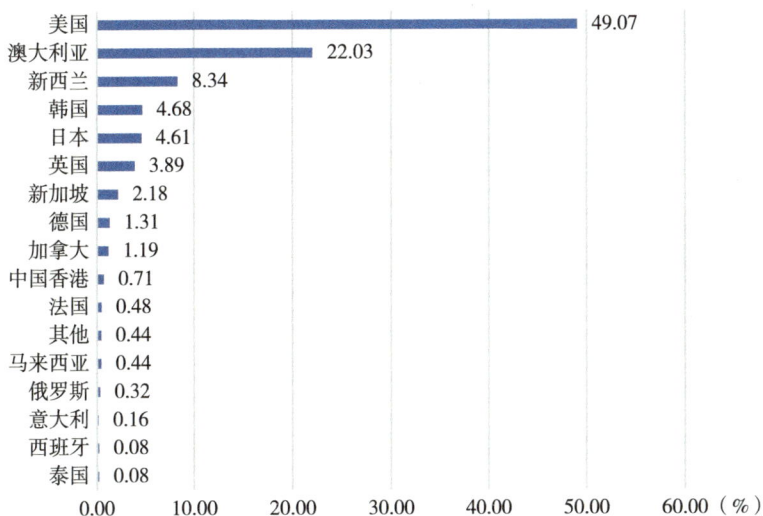

图7-5 海外留学人员留学地点分布

图7-6显示，就选择留学地点的具体原因而言，约半数留学人员都是以当地较高的教育水平、到当地留学有助于找工作、经济发达作为选择留学地点的主要考虑因素；其次考虑的是当地的文化、语言学习、亲戚朋友等。可以看出，教育和发展仍是个体选择留学的主要追求目标，同时也会考虑文化、语言、亲朋好友等因素。

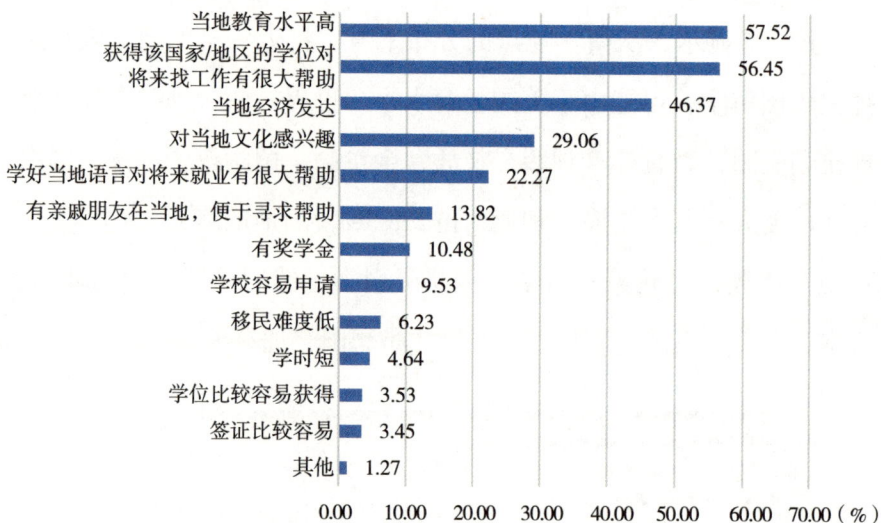

图7-6　海外留学人员选择留学地点原因

4.海外学习学科

图7-7显示，就留学人员选择海外就读的学科分布而言，选择最多的是经管类，将近45%；其次是理工类，超过30%；再次是文学，约占4%；还有艺术、教育、医学、法学等学科。

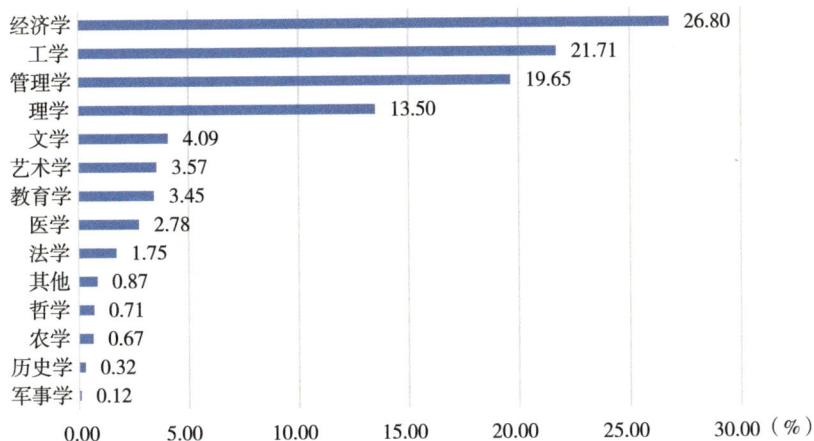

图7-7　留学人员海外学习学科分布

5.海外学习时长

　　总体而言，留学生的平均留学时间为2.52年，图7-8显示，超过70%的留学生留学时间介于1—4年之间。这与大多数留学生在本科之后出国深造、在海外获得硕士学位以及他们的平均年龄相吻合。留学时间少于1年的人数不多，因为时间太短，难以完成学业并获得教育质量的提升。留学时间超过5年的人数也较少，因为留学成本较高，能够承担长期留学的家庭或个人不多。然而，随着留学时间的延长，留学人员的比例并没有显著下降，这可能是因为那些选择在国外定居的人原本就计划了较长时间的留学，并已对国外的学习、生活和工作环境有了较深的了解。

（%）

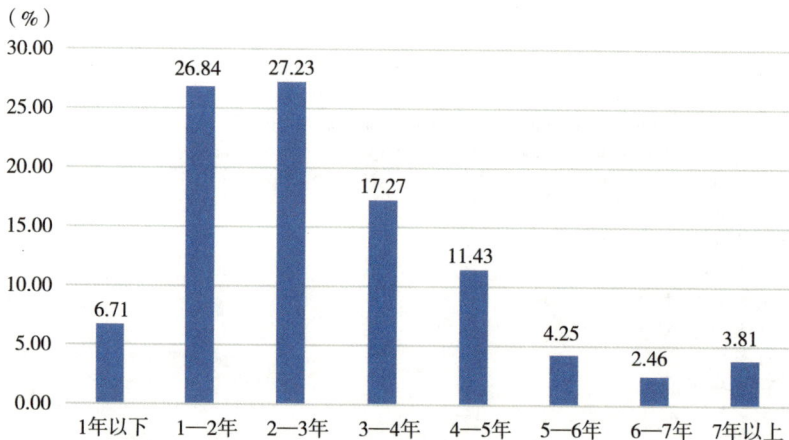

图7-8 留学人员海外留学时长分布

6.海外就读学校层次

图7-9显示，就留学人员选择海外就读学校的层次而言，分布最多的是QS前100，占36.84%；其次是QS 100—300，占27.91%；然后是QS 300—500，占18.74%。海外留学高校大多数处于QS排名靠前的位置，随着排名的落后，留学人员选择这些学校的概率也总体呈现下降趋势。通常情况下，就读学校所处的层次越高，留学之旅能够为个人带来的收益也就越发丰厚。顶尖学府往往汇聚了全球顶尖的学术资源、优质的师资队伍、前沿的科研项目以及广阔的人脉网络。考虑到留学本就是一项成本高昂的投入，不仅涉及不菲的学费、生活费，还有远离家乡的机会成本等，所以在权衡之下，个体通常将以提升就读学校的层次作为更高的追求。但也存在不少留学人员以出国为目的而选择层次并不高的学校就读。

（%）

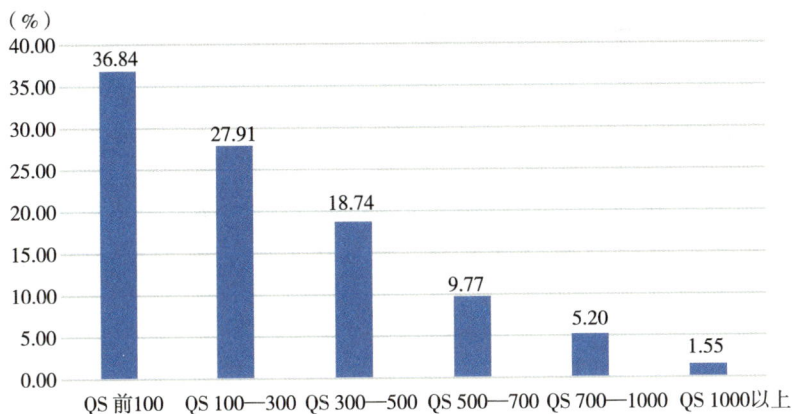

图7-9 留学人员海外就读学校层次分布

7.海外取得最高学位

图7-10显示，就留学人员在海外所获的最高学位而言，51.33%的个体在海外获得的是硕士学位；其次是博士学位，占23.26%；最后是学士学位，占18.30%。可见，本科和硕博研究生学位是个体追求海外教育经历的主要目标，尤其是硕士学位。

（%）

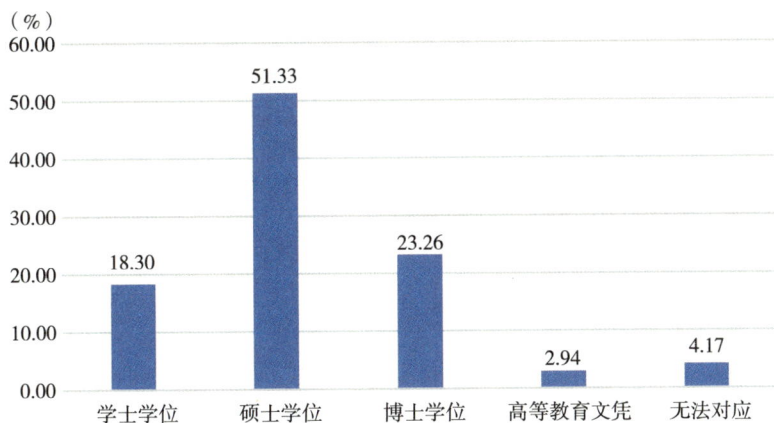

图7-10 留学人员海外取得最高学位分布

8. 海外留学资金来源与费用支出情况

图7-11显示，70%左右的留学人员海外学习资金以自费为主，不少个体也获得了奖学金的支持，27.83%的个体获得了全奖，有26.80%的个体获得了公费支持，以及14.05%的个体获得了半奖。自费仍是海外学习期间最主要的资金来源，对于留学个体或家庭而言是一笔较大的教育费用支出。

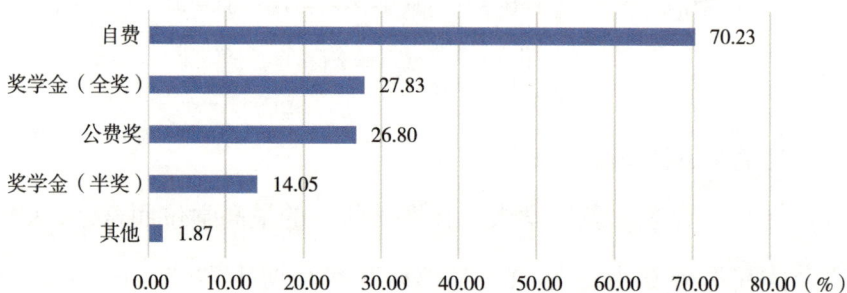

图7-11　留学人员海外留学资金主要来源

图7-12显示，留学人员在留学期间的费用支出分布在10万—30万元的占比为27.75%，29.14%的个体留学费用为30万—50万元。分布在200万元以上的占比很少，可能是由于过高的费用将超出一般家庭所能承担的教育费用额度；分布在10万元以下的占比约为16%。

9. 留学的主要学习形式

图7-13显示，六成的个体以国外线下的方式进行留学期间的学习；其次是国外线下与国内线上相结合的形式，占21.56%；

13.62%的个体选择国外线上；不到5%的个体选择在国内线上远程上课。

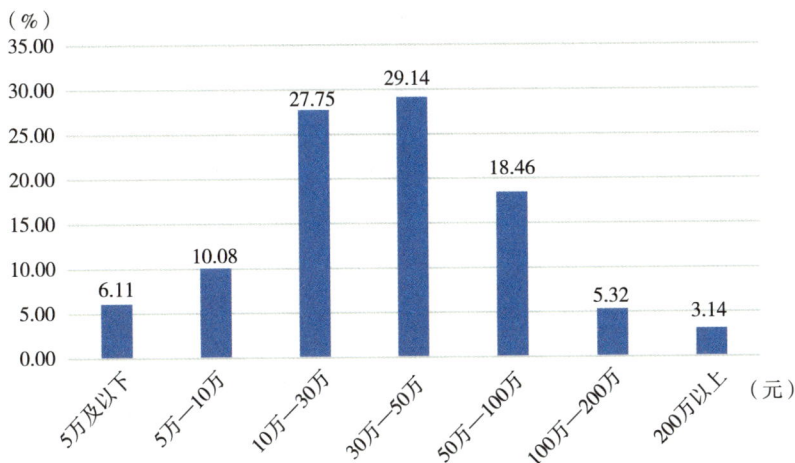

图7-12　留学人员海外留学自费支出

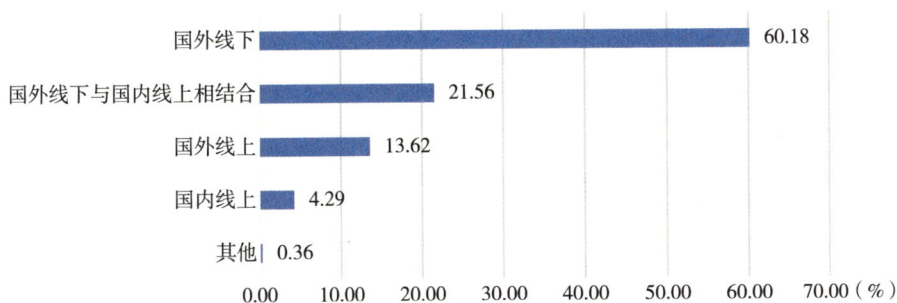

图7-13　海外留学人员主要学习形式

10.留学人员海外就读就业状态

图7-14显示，调查样本中58.16%的个体尚未完成学习阶段，21.36%的个体正在海外求职，19.49%的个体完成了学业但仍未开始求职。

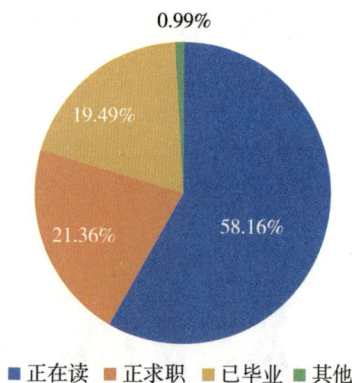

图7-14　留学人员当前海外就读或学习状态

（四）留学人员海外就业特征

本部分通过对留学人员的海外居留意愿及原因、工作经历、当前工作状态、工作的搜寻转换等特征进行分析，还包括就业预期等内容。

1.留学人员海外居留意愿及原因

图7-15显示，首先从海外留学人员的居留与回国意愿来看，约六成的留学人员打算在毕业后回国发展，37.51%的留学人员打算居留在留学地点，低于3%的留学人员计划去其他海外地区发展。

图7-16显示，就留学人员计划居留海外的时长来看，较多留学人员计划短期居留海外，约占40%，计划长期居留海外的个体占32.79%，余下28.07%的留学人员暂无明确居留计划。

2.86%

37.51%

59.63%

■回国 ■留学国 ■第三国

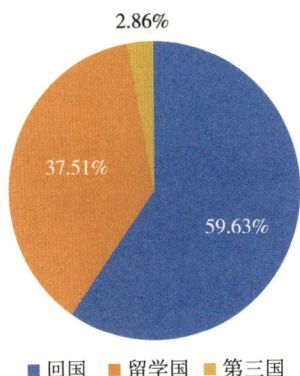

图7-15 留学人员毕业后海外居留意愿

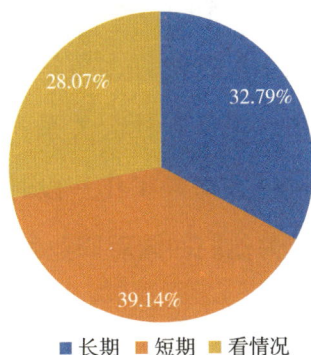

28.07%

32.79%

39.14%

■长期 ■短期 ■看情况

图7-16 留学人员计划海外居留时长

图7-17显示，就留学人员选择居留海外的原因而言，多数留学人员看重的是海外的薪资福利和工作机会，均超过60%；其次是职场文化，占52.64%；然后是生活习惯等因素。

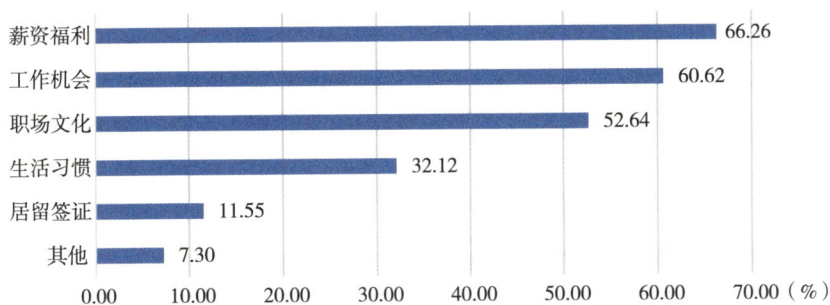

薪资福利	66.26
工作机会	60.62
职场文化	52.64
生活习惯	32.12
居留签证	11.55
其他	7.30

0.00 10.00 20.00 30.00 40.00 50.00 60.00 70.00（%）

图7-17 留学人员选择居留海外的原因

2.留学人员海外工作经历

图7-18显示，从留学人员的海外工作经历来看，43.55%的留学人员还没有海外工作经历，因为有部分个体还处于在读状态；约四分之一的留学人员在海外刚工作不到1年；22.91%的留学人员

已在海外工作了1—3年；海外工作经历超过3年的个体少于7%。这些数据反映出许多留学生倾向于在海外短期工作，这可能与生活习惯、家庭和社会关系、文化传统等因素有关。许多留学生可能会选择在海外工作一段时间后回国发展，而这段海外工作经验往往成为他们回国后职业发展的一个优势。

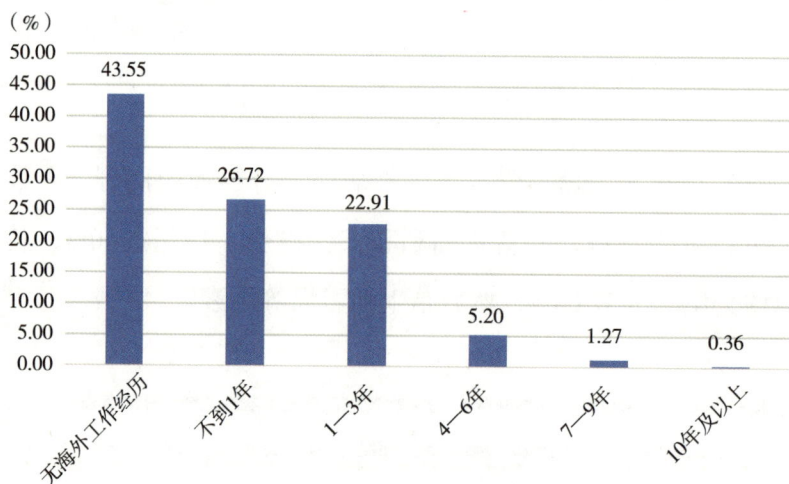

图7-18　留学人员海外工作经历

现考虑有海外工作经历的1422份样本，图7-19显示，就其工作转换频率来看，36.22%的留学人员在海外有过1份工作，47.26%的留学人员有2份工作经历，约12.10%的留学人员有3份海外工作经历，约4.43%的留学人员具有超过3份的海外工作经历。总体来看，工作转换频率不高，这一事实也与留学人员海外短期居留预期及平均年龄相符。

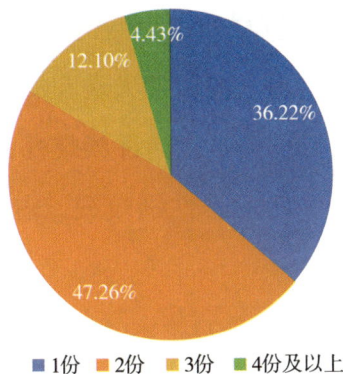

图7-19　留学人员海外工作份数

　　图7-20显示，从留学人员海外工作经历中的最长持续时间来看，大多都比较短。约40%最长工作经历持续时间为半年到1年，其次是1—3年，占32.84%，约五分之一为不到半年，在3年以上的约占6%。一方面，可能毕业时间较短，暂无长期的工作经历。另一方面，可能在海外短期工作后回到国内。因此，在海外长期工作的个体并不多。

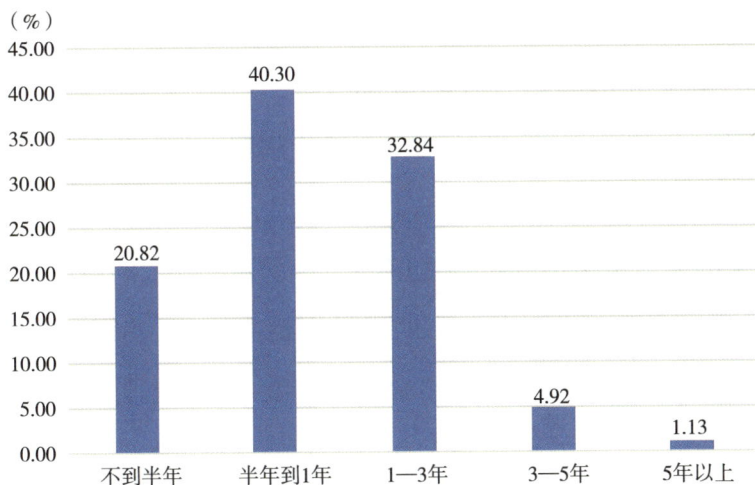

图7-20　留学人员海外工作经历最长持续时间

3.留学人员海外就业歧视

图7-21显示，超过一半的留学人员在海外工作中并未遭遇过歧视。遇到过的就业歧视主要包括种族歧视，占28.27%；其次是学历歧视，占22.29%；然后是性别歧视，占20.18%；还有3.59%其他类型的歧视问题。

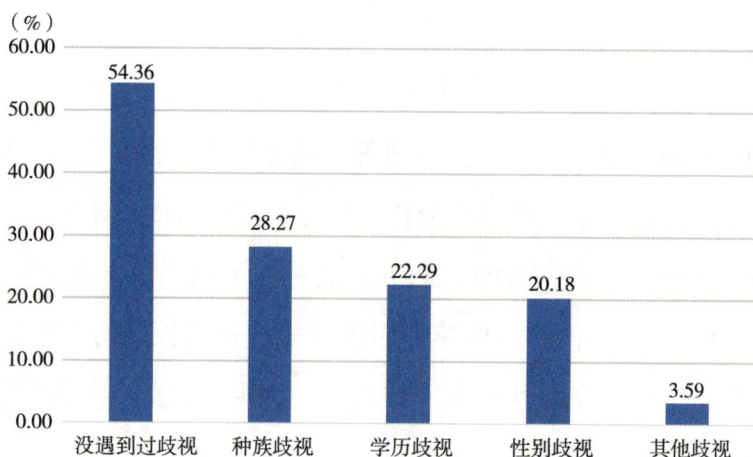

图7-21 留学人员海外工作歧视

4.留学人员海外工作搜寻时长

图7-22显示，就留学人员毕业后找到第一份工作的搜寻时长分布来看，27.78%的留学人员能在1个月内找到工作，显示出他们较强的就业竞争力和市场适应能力。近四分之三的留学人员能在3个月内找到工作，约95%的留学人员能够在半年之内找到工作，这一比例进一步凸显了留学人员在就业市场上的活跃度和效率。这些数据不仅反映了留学人员在海外就业市场的竞争力，也暗示了留学人员在前期已经做好了充分的准备工作，这包括提升

个人能力、利用家庭背景和校友资源等方面。同时，这也表明许多选择居留海外的留学人员可能已经对海外的工作环境和文化有了较深的理解和适应，这使得他们在寻找工作时更加得心应手。

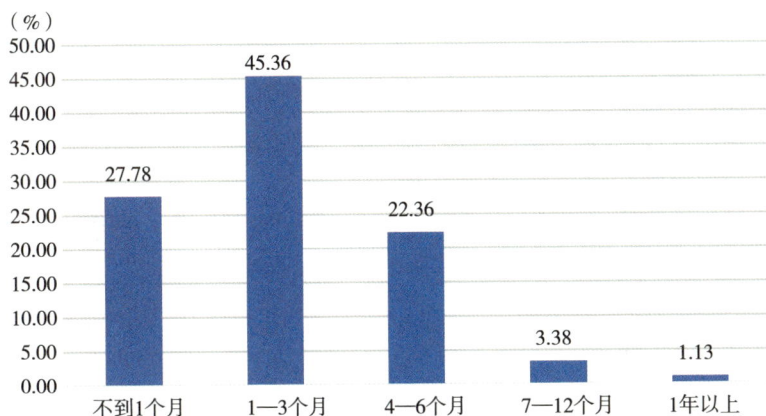

图7-22　留学人员海外初次就业搜寻时长

5.主要工作特征

本小节主要针对留学人员在海外最近一份工作或当前工作特征进行分析，主要包括工作地点、行业、单位类型与规模、工作时长、薪酬等内容。

（1）工作地点

图7-23显示，留学人员海外工作地点与留学地点分布具有较强的一致性，分布最多的是美国，约占六成；其次是澳大利亚，占10%左右；然后是日本、韩国、其他国家、英国、德国、新加坡等地。大多留学人员出于工作的考量选择留学地点，那么这一地点也就大概率是毕业后的工作地点，同时还有留学期间在当地积累的社会资本等也会吸引其留在当地。

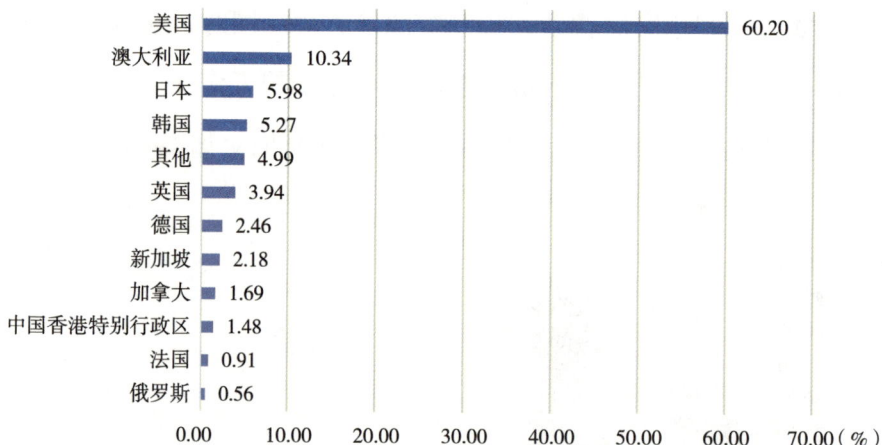

图7-23 留学人员海外工作地点

（2）行业分布

图7-24显示，留学人员海外主要工作所处的行业中，分布最多的两个是金融业以及信息传输、软件和信息技术服务业，共计超过45%；其次是教育以及科学研究和技术服务业等行业。这些行业的吸引力在于它们提供了高薪酬、职业发展前景以及与留学人员专业背景和技能相匹配的工作机会。随着全球化和数字化的推进，这些行业对于具有国际经验和专业技能的人才需求不断增长。

具体而言，图7-25显示，在数字经济产业工作的海外留学人员中，约有三分之一分布在数字产品制造业，28.39%分布在数字技术应用业，23.32%分布在数字产品服务业，约10%分布在数字要素驱动业，5.91%分布在数字化效率提升业。与国内相比，更多分布在数字产业链的上游，具有更高的研发创新要求。

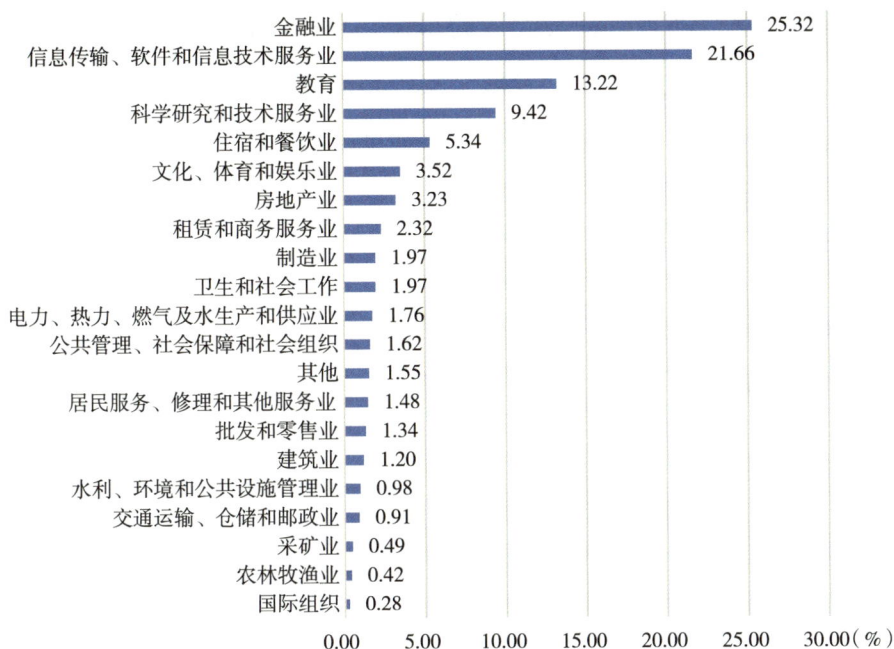

图7-24 留学人员海外工作所在行业

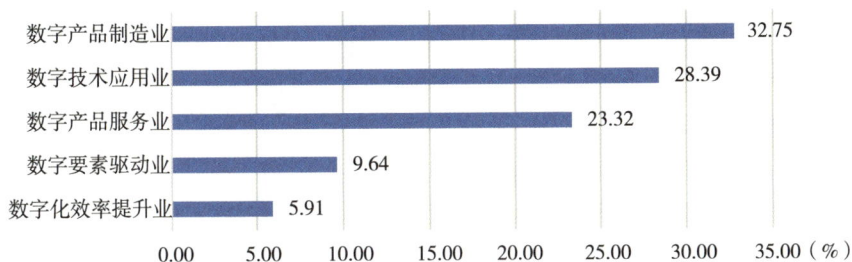

图7-25 留学人员海外所在数字经济产业类别分布

（3）单位规模与单位类型

图7-26显示，从留学人员海外工作单位规模来看，留学人员中约四分之一的个体所在单位拥有的从业人员数量为50—100人，在20—50人的占16.32%，100—200人的占23.56%，也有约15.19%

的留学人员分布在200—300人的单位。总体而言，一部分分布在非大型企业，随着经济的发展，特别是数字经济时代的到来，新兴行业如人工智能、大数据等需要相关人才，这些领域往往由中小型的创新型企业主导，为留学人员提供了更多的就业机会。另一部分分布在中型企业，可能由于留学人员择业时更青睐高薪资、高福利待遇，以及有长远职业发展空间的工作，而中型企业可能在这些方面提供了更具吸引力的条件。

图7-26　留学人员海外工作单位规模

从所在单位的类型来看，将近66.24%的留学人员都分布在海外的非营利组织、基金会、大学、学院、协会等单位，相对而言是更加稳定且发展更可期待的职业选择。

（4）工作时长

图7-27显示，57.31%在海外工作的留学人员周工作天数为5天，25.74%的个体平均每周工作6天，还有15.89%的留学人员每

周休息3天及以上。与国内相比，工作天数相对更少。这可能与海外的工作制度及规制执行力度和工作文化有关。

1.05%

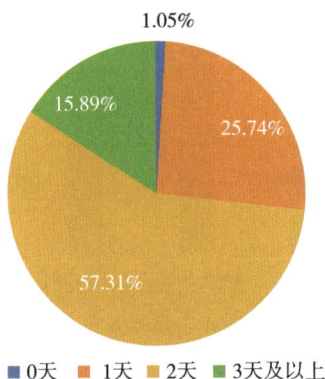

图7-27　留学人员海外工作周休息天数

　　从日工作时长来看，也是如此。图7-28显示，56.89%的留学人员在海外的日工作时长分布在4—8小时，24.68%分布在8—10小时，14.42%分布在1—4小时。部分个体的工作时间已经超过了8小时工作制的要求，因其所处行业多分布在金融和信息技术服务业，这些行业的工作大多工作压力较大，普遍要求较长的工作时间。但总体而言，还是比国内工作时长略短。

　　（5）职位薪酬

　　留学人员海外工作获得的薪酬水平较高，图7-29显示，10.76%的留学人员在海外工作的年薪分布在10万元以下，28.69%分布在10万—19万元，36.29%分布在20万—29万元，16.10%分布在30万—49万元，8.16%分布在50万元及以上。

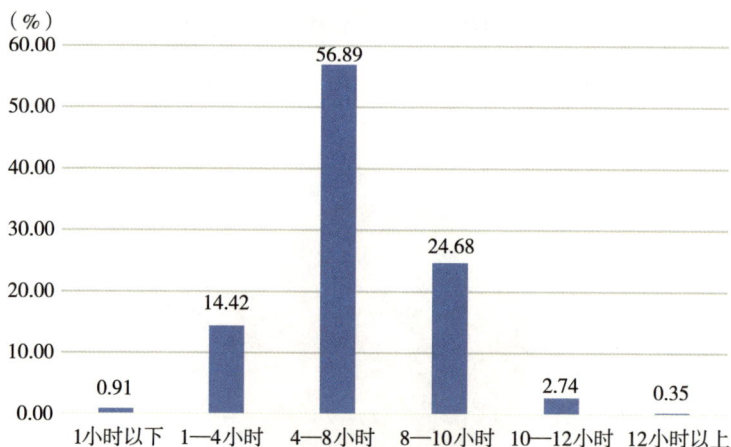

（%）

图7-28　留学人员海外日工作时长

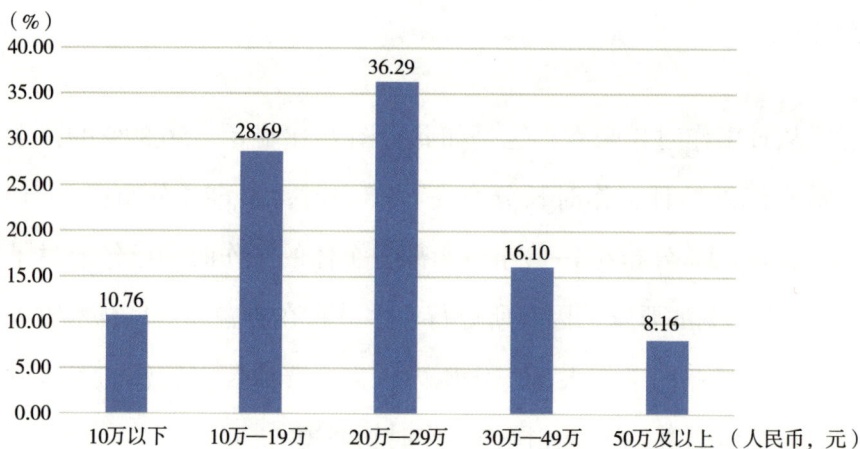

（%）

图7-29　留学人员海外工作年薪

图7-30显示，从留学人员在单位中所处的职位分布来看，37.27%的个体处于普通员工的职位，30%左右的个体成了基层管理者，约五分之一的个体已晋升到中层，8.65%的个体为高层管理者。总体而言，占比随着职位的上升逐渐下降，多以处于普通员工或中低层管理者职位。

（%）

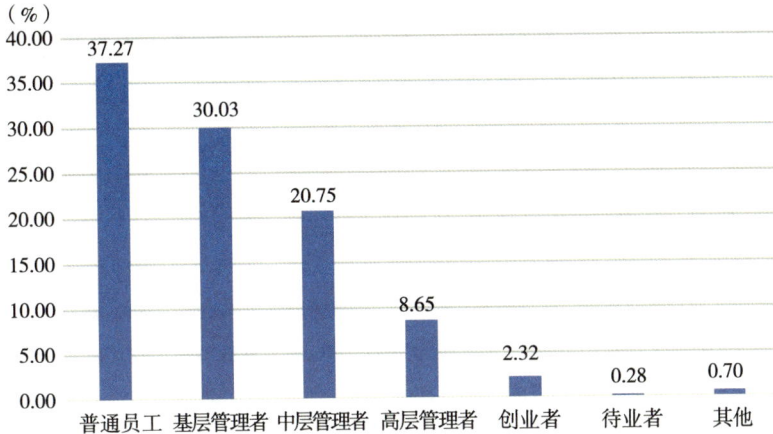

图7-30　留学人员海外工作职位

（6）工作搜寻时长与搜寻途径

图7-31显示，从留学人员海外主要工作的搜寻时长分布来看，与毕业后在海外初次工作的搜寻时长分布具有较强的一致性，可能大多个体毕业时间较短，当前或最近一份工作即为毕业后初次工作。具体而言，26.72%的个体找到当前或最近一份工作所用的时间不到1个月，40.58%的个体搜寻时长在1—3个月，27.14%的个体搜寻时长在4—6个月，约5%的个体搜寻时长在半年以上。

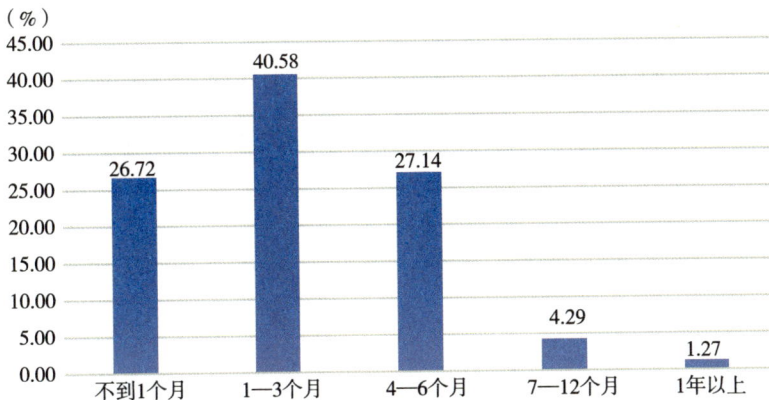

（%）

图7-31　留学人员海外主要工作搜寻时长

图 7-32 显示，从搜寻途径来看，主要是依靠人才交流会或招聘会、专业化的招聘求职网站或客户端，其次是通过直接向用人单位申请，然后是依靠学校就业指导机构／学校推荐，还有国家分配／组织调动等。

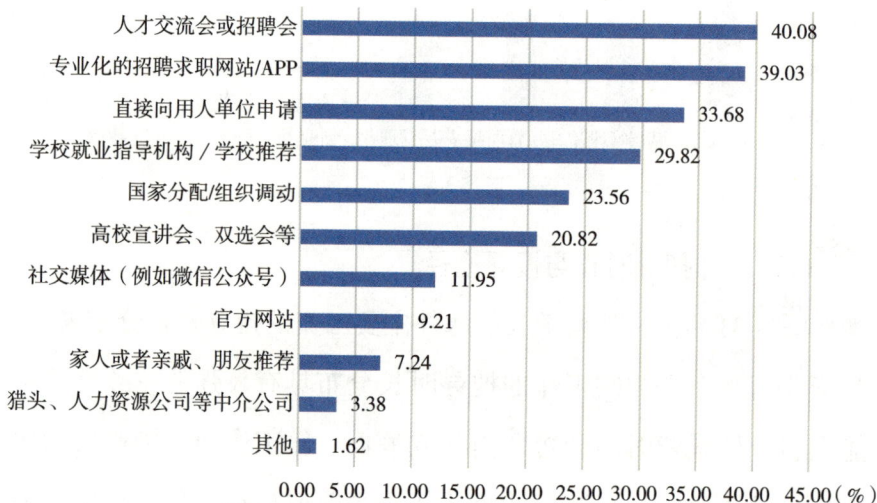

人才交流会或招聘会 ————————————————————— 40.08
专业化的招聘求职网站/APP ————————————————— 39.03
直接向用人单位申请 —————————————————— 33.68
学校就业指导机构／学校推荐 ———————————— 29.82
国家分配/组织调动 ——————————— 23.56
高校宣讲会、双选会等 ————————— 20.82
社交媒体（例如微信公众号） ——— 11.95
官方网站 —— 9.21
家人或者亲戚、朋友推荐 — 7.24
猎头、人力资源公司等中介公司 — 3.38
其他 — 1.62

0.00 5.00 10.00 15.00 20.00 25.00 30.00 35.00 40.00 45.00（%）

图 7-32　留学人员海外主要工作搜寻渠道

6. 当前工作状态与未在业原因

图 7-33 显示，从留学人员当前工作状态来看，约 46.80% 的个体处于在业状态；18.06% 的个体处于失业状态；35.13% 的个体退出劳动力市场，退出劳动力市场的比例较高可能由于部分个体还未毕业。

图 7-34 显示，从失业或退出劳动力市场的原因来看，实习实践经验不足是最主要的原因，41.94% 的个体是因为缺乏实习实践经验而难以找到工作；39.48% 当前没有工作的个体是因招聘信息

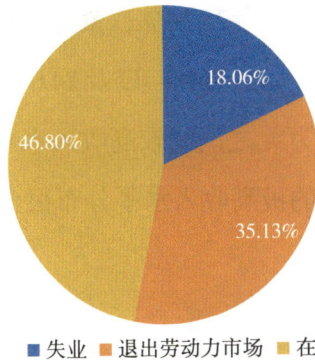

图7-33 留学人员当前海外工作状态

获取渠道少；其次是一直准备升学而暂时搁置就职。留学人员在海外学习时期相对较短，语言文化差异及身份等限制，使其获得实习机会的可能性较小。另外，留学人员招聘信息获取渠道限制、再升学或专业知识等限制也是造成留学人员未就业的主要因素。

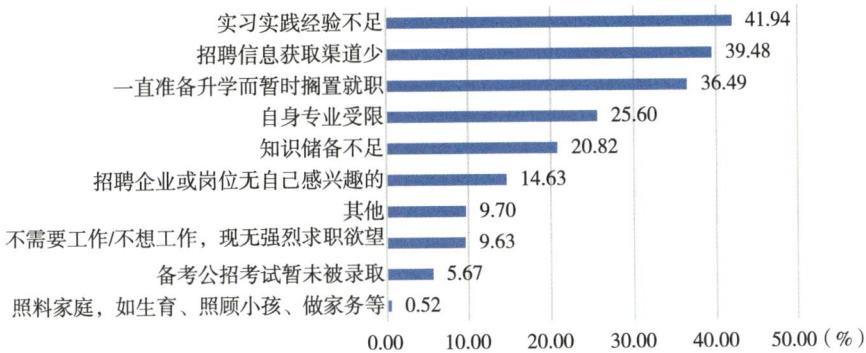

图7-34 海外留学人员未在业的原因

7.收入状况

图7-35显示，留学人员2023年的总体收入水平处于20万—

29万元之间的占比最高，为25.84%；紧随其后为年收入水平在10万—19万元之间，占比为25.65%，以及24.06%为10万元以下。年收入水平为30万—100万元之间的较高收入水平分布约为五分之一；收入水平超过100万元的极高收入水平分布很少，仅约为2%。

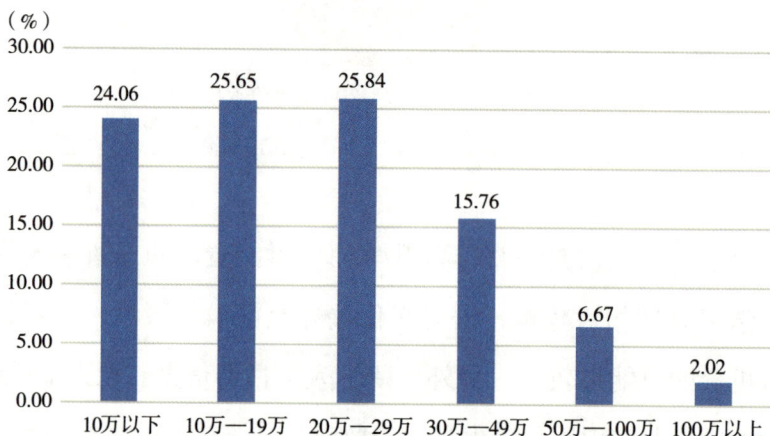

（%）

图7-35　海外留学人员2023年总收入（人民币，元）

（五）海外留学人才就业预期

本部分主要对当前未就业的海外留学人员的就业预期进行分析，包括期望工作地点、期望行业、期望单位类型、期望职位、期望薪酬水平和择业要素等内容。

1.期望工作地点

图7-36显示，在海外未在业的留学人员中，约42.84%期望回到国内北上广深一线城市就业，27.54%期望留在留学国工作，

19.70%期望回到国内成都、天津、杭州、青岛、南京、重庆等城市就业，8.13%期望回到中国其他地区就业，少于2%期望去其他国家就业。

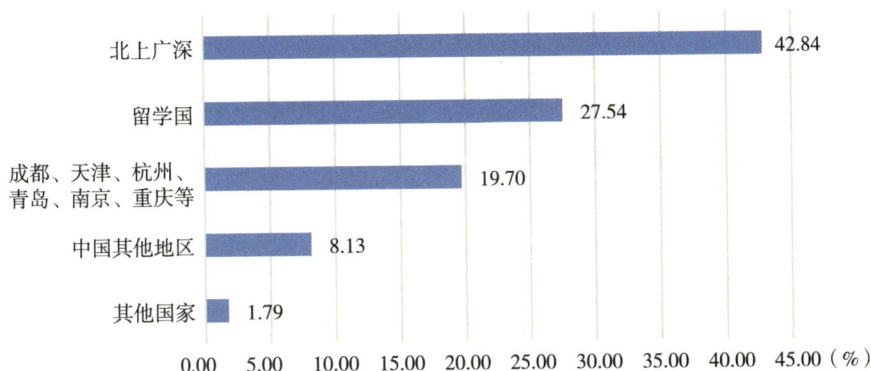

图7-36　海外未在业留学人员期望工作地点

2.期望工作行业

图7-37显示，留学人员最期望从事的三个行业是金融业，信息传输、软件和信息技术服务业以及教育业，其次是科学研究和技术服务业以及文娱等行业。可以看出期望行业的分布与海外留学人员现实主要工作所在行业的分布基本一致，都主要集中在金融、信息技术、教育、科研等发展较为繁荣、经济回报较高的行业。

3.期望单位类型

图7-38显示，从留学人员期望的就业单位类型来看，高校或科研机构是最受欢迎的；其次是三资企业、国有企业、事业单位等，明显地趋向以稳定为特征的公共部门中。同时，留学人员通常具有较高的人力资本水平，海外教育背景也在高校或科研机构更有优势。

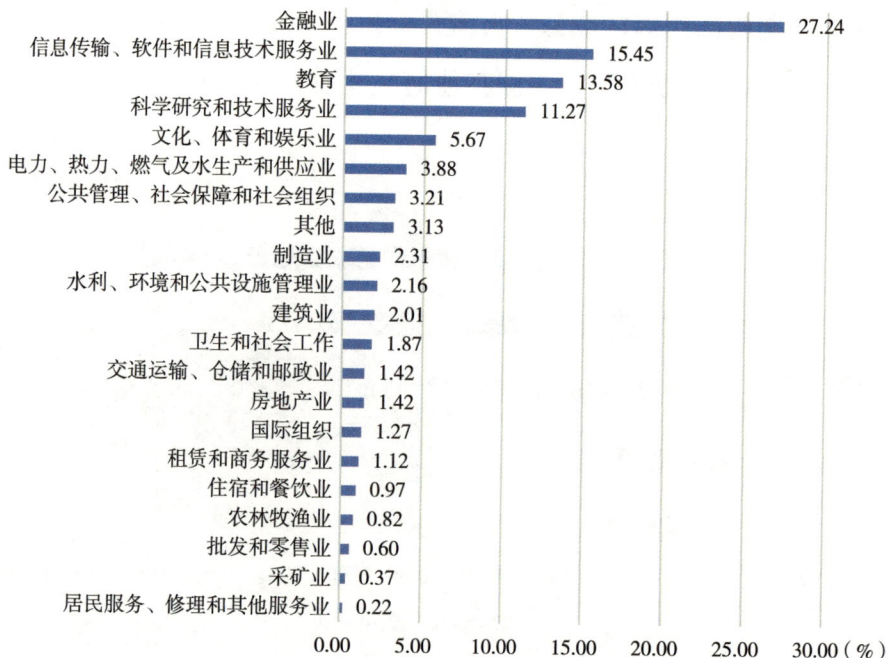

图7-37　海外未在业留学人员期望工作行业

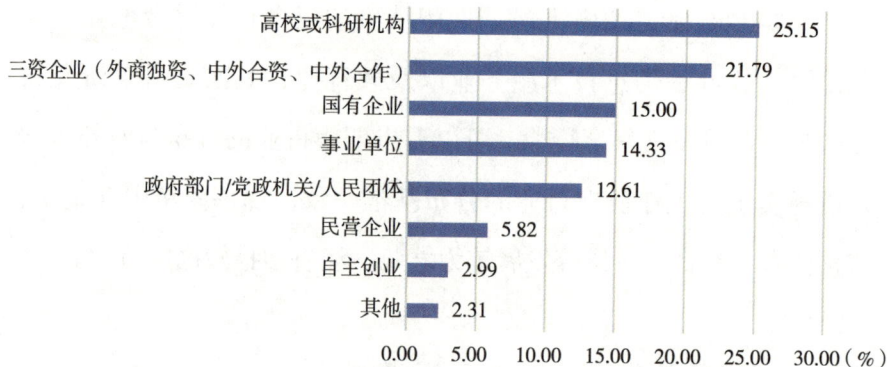

金融业　27.24
信息传输、软件和信息技术服务业　15.45
教育　13.58
科学研究和技术服务业　11.27
文化、体育和娱乐业　5.67
电力、热力、燃气及水生产和供应业　3.88
公共管理、社会保障和社会组织　3.21
其他　3.13
制造业　2.31
水利、环境和公共设施管理业　2.16
建筑业　2.01
卫生和社会工作　1.87
交通运输、仓储和邮政业　1.42
房地产业　1.42
国际组织　1.27
租赁和商务服务业　1.12
住宿和餐饮业　0.97
农林牧渔业　0.82
批发和零售业　0.60
采矿业　0.37
居民服务、修理和其他服务业　0.22

0.00　5.00　10.00　15.00　20.00　25.00　30.00（%）

图7-37　海外未在业留学人员期望工作行业

高校或科研机构　25.15
三资企业（外商独资、中外合资、中外合作）　21.79
国有企业　15.00
事业单位　14.33
政府部门/党政机关/人民团体　12.61
民营企业　5.82
自主创业　2.99
其他　2.31

0.00　5.00　10.00　15.00　20.00　25.00　30.00（%）

图7-38　海外未在业留学人员期望工作单位类型

4. 期望职位

图7-39显示，海外未就业留学人员中，约18.43%的个体期望

在单位中做普通员工；17.61%的个体期望成为基层管理者；31.12%的个体期望晋升至中层管理者；23.43%个体的期望职位是高层管理者；6%左右的个体的期望成为创业者。总体来看，较多留学人员期望的职位是中高层管理者，对职位晋升具有较大的期待，也有不少个体期望担任基层管理者或普通员工，职位上的攀升是个体在工作中普遍追求的目标。

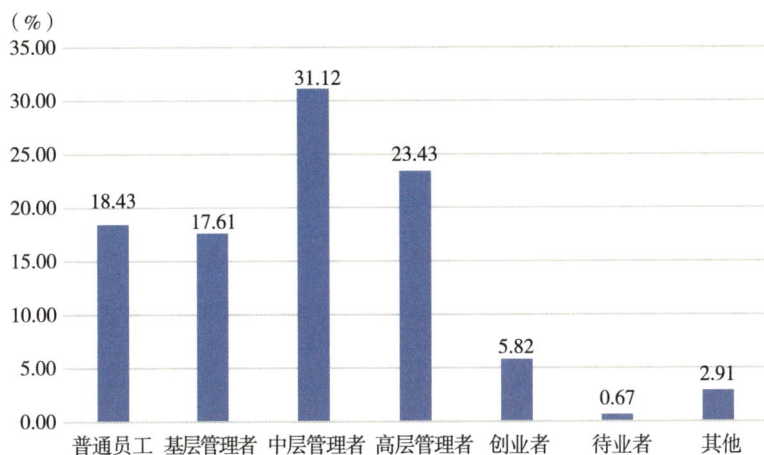

（%）

	18.43	17.61	31.12	23.43	5.82	0.67	2.91
	普通员工	基层管理者	中层管理者	高层管理者	创业者	待业者	其他

图7-39　海外未在业留学人员期望职位

5. 期望薪酬水平

图7-40显示，海外未就业留学人员中，21.12%个体的期望薪资处于10万—19万元；31.27%的个体期望薪资能达到20万—29万元；约四分之一的个体期望薪资处于30万—49万元；期望薪资在50万元以上的个体约占18%。总体而言，约57%的个体期望的以人民币计的税前薪资处于20万—50万元之间。从期望薪资的分布来看，大多个体的期望薪资水平是相对可实现的理性目标，而非

盲目地追求高薪，工作与生活的平衡和适度是更为期待的状态。

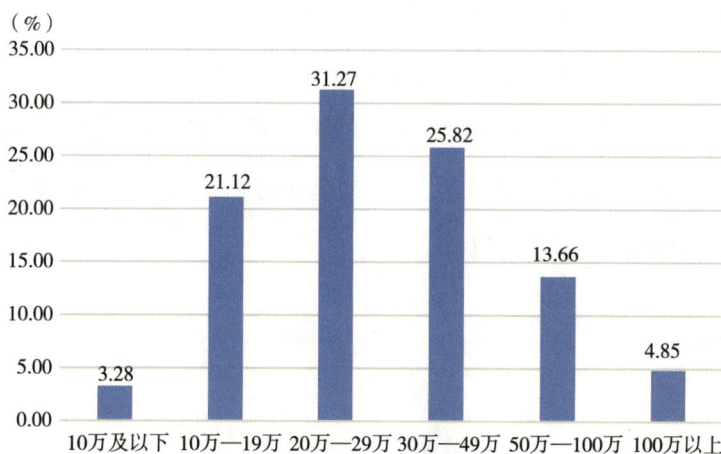

图7-40　海外未在业留学人员期望薪资（人民币，元）

6.择业要素

图7-41显示，海外留学人员中，约40%的个体在择业时最为看重的要素是职业发展空间，37.04%的个体最看重薪资福利，11.63%左右的个体关注所在地区，7.82%的个体看重专业专长，较少个体关注单位性质等其他因素。留学个体大多在乎长期发展与短期效益，职业发展空间和薪资福利待遇成为职业选择的重要因素。

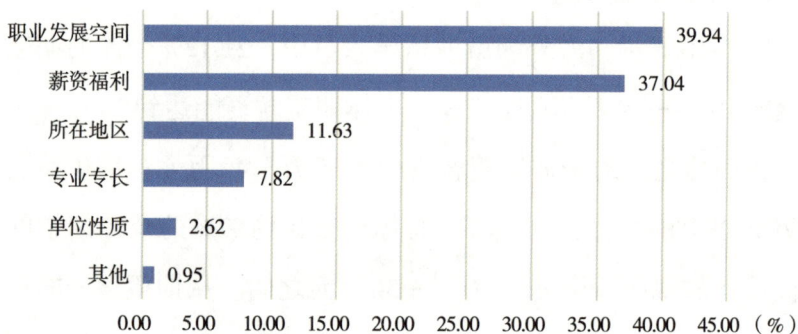

图7-41　海外留学人员择业要素

（六）侨情对海外留学人员的影响

从回国意愿来看，当前形势下，约70.49%的海外留学人员更愿意回国工作。图7-42显示，就留学人员的回国意愿变化情况来看，55.82%的个体回国意愿比之前有所增强；26.00%的个体更想留在国外；余下18.18%的个体回国意愿未发生明显变化。

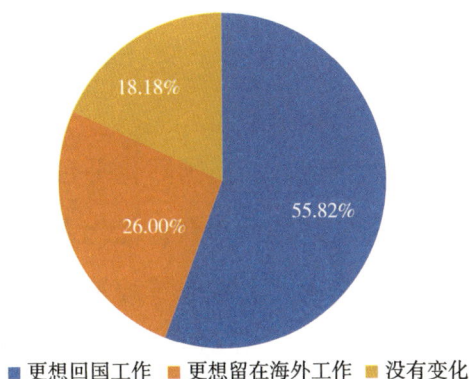

图7-42 侨情变化下海外留学人员回国意愿变化

图7-43显示，当前，留学人员回国工作面临的主要困难在于：就业方面，岗位机会稀缺是一大问题；竞争压力巨大，"内卷"等现象使得留学人员面临较大挑战；资金短缺以及受经济形势不佳的制约；薪资待遇不理想；政策的不确定性和不熟悉；此外，留学人员因海外经历存在技能与经验不足问题，同时家庭因素以及某些行业的下行和饱和状态等也对回国工作创业产生了阻碍。

图7-43　回国工作面临困难词云图

据此，提出的建议包括：加强国际化平台建设，如设立国际交流与合作项目、建立信息统计平台；优化人才引进策略，如出台鼓励创业、留学生回国发展及就业等政策，明确规培要求并对标海外待遇、放宽年龄限制；改善就业环境，如提供更多岗位、提高薪酬福利、减少工作时间、推动劳动法普及；加强信息宣传，包括岗位和企业信息、就业政策等的广泛传播及宣讲活动；以及注重创新与经济发展，如增强创新创业能力、加大基础研究和研发投入等。

（七）年度变化

综合来看，与2023年相比，2024年留学人员海外学习和就业特征变化主要体现在留学地点、居留意愿、找寻工作困难度下降、工作职位、薪酬水平等方面。

在学习特征方面，从留学地点来看，2023年英国是留学最热门地点，2024年则变为美国最热门，且澳大利亚留学人数占比大幅上升，可能与各国政策、教育资源吸引力以及国际形势变化等因素有关，影响着留学人员对留学目的地的偏好。在就业特征方面，从海外留学人员的居留与回国意愿来看，与2023年相比，海外留学人员毕业后打算回国发展的比例有所降低，而打算居留在留学地点的比例则有所上升。从海外工作经历来看，2023年约71.03%的个体无海外工作经历，2024年下降到约43.55%，有工作经历人员中1—3年工作时长占比增加，表明留学人员在海外就业情况有较大改善，更多留学人员获得了海外工作机会。从海外工作地点来看，2024年在美国、澳大利亚两地工作的比例上升幅度大，与留学地点的选择变化一致。从海外工作职位来看，2023年留学人员约70%为普通员工，管理层几乎没有，而2024年留学人员管理层占比明显上升。从薪酬水平来看，与2023年相比，留学人员海外工作获得的薪酬分布中处于20万元以下的比例下降，薪酬水平整体有所上升。

八、人才高地引进留学归国人才政策

（一）北京

（二）上海

（三）粤港澳大湾区

（一）北京

北京是留学归国人员就业的重点目的地之一。其政策体系致力于服务高层次国际化人才，通过制度保障和市场机制的结合，为留学归国人员创造优越的就业条件。

1.就业政策

（1）重点政策与措施

"高精尖"产业人才引进计划：根据北京市经济发展的需要，聚焦于生物医药、人工智能、绿色经济等领域，提供专项支持①。为产业急需人才在京落户提供更加便利化政策，加强北京市人才政策与产业布局统筹设计，研究制定引导产业人才到平原新城和生态涵养区企业就业的落户政策。围绕"高精尖"重点产业发展需求加大高校毕业生落户指标和人才引进指标支持力度。针对生物医药行业，北京市不断在园区规划、平台搭建、资金保障和数据流通方面提供政策扶持与引导。特别是在人才引育方面，加强引进具有国际背景的项目经理人、首席医学官、生物统计学、医院成果转化等方面的紧缺人才。同时，推出服务科学家创业的

---

① https://www.beijing.gov.cn/zhengce/zhengcefagui/202108/t20210818_2471375.html.

CEO人才特训计划。连续举办12期医药健康高研班[1]。

"留学人员绿色通道"服务：北京市人社局为留学归国人员开设绿色通道，简化入职手续。例如，针对紧缺人才，归国人员可以快速办理工作居住证，并享受社保补贴。某人工智能专家通过绿色通道仅用一周时间完成了企业入职和社保备案。

重点领域岗位需求发布：北京市政府会结合重点企业需求，发布技能人才急需紧缺目录[2]。2024年，中关村科技园发布了生物医药、金融科技等领域的岗位需求[3]，为归国人员提供精准对接服务。

（2）支持参与新型经济模式

就业补贴政策：北京市支持归国人员参与新经济模式，例如人工智能、医药健康、新能源智能汽车、新材料、智能装备、节能环保等。政府提供相应补贴，根据企业规模和年度内培训人次分档、限额进行补贴。同时，针对参加社会培训的个人，按照每人每年合计不超过1万元的标准、不超过培训总费用50%的比例给予个人奖励补贴[4]。

---

[1] https://mp.weixin.qq.com/s?__biz=MzkyNjM4MTUxNw==&mid=2247624701&idx=1&sn=5822ca6009a75bb3392eae87bd8b00e3&chksm=c3f0aed3a38a97b0696d4f7828c7e84c74df63f6c160682f0f816b8f833c5ddf7ddbe2ffeeca&scene=27.

[2] http://www.bjchy.gov.cn/dynamic/notice/4028805a91bb4d850191bfc6e10c01e9.html.

[3] https://www.beijing.gov.cn/gongkai/rsxx/sydwzp/202409/t20240926_3907750.html.

[4] https://www.beijing.gov.cn/zhengce/zcjd/zcwd/gjjcyjnpxbt/index.html.

数字经济人才引导计划：针对数字经济，北京出台专项政策，吸引留学归国人员参与技术支持和平台建设工作①。例如，滴滴出行和美团在北京的研发中心成为归国人员就业的重要场所②。

（3）企业与政府联合招聘活动

北京市定期举办人才招聘会，促进企业与归国人才的直接对接。一是"海外名校博士北京行"：面向归国留学生的高端招聘活动，覆盖了知名院校及特色产业园区，如北京大学、望京留创园等；新型科研力量代表，如昌平实验室、怀柔实验室等；行业内极具影响力的大型私企，如抖音集团、小米汽车超级工厂等。二是"海英计划"：中关村组织的专场活动，帮助初创企业快速吸引国际化人才③。

2.创新创业政策

北京市作为全国科技创新中心，通过创新驱动发展战略，不断优化创新创业环境。依据《北京市"十四五"时期国际科技创新中心建设规划》，到2025年，北京将全面建成国际科技创新中心，支持基础研究、应用研究和技术转化，推动创新创业蓬勃发展④。

---

① https://zyk.bjhd.gov.cn/ywdt/xwfbh/202407/t20240717_4660972_hd.shtml.

② https://www.199it.com/archives/859350.html.

③ https://www.ncsti.gov.cn/kjdt/scyq/zgckxc/zgcdt/202311/t20231130_142639.html.

④ https://www.beijing.gov.cn/zhengce/zhengcefagui/202111/t20211124_2543346.html.

（1）创新创业支持政策

北京市留学人员回国创业启动支持计划：北京市针对在国（境）外获得硕士或博士学位，或具有一年以上国（境）外博士后工作经历的海外留学归国人员提供创业支持政策。其中，资助向拥有自主知识产权、技术创新性强、具有较强市场潜力的留学人员倾斜。

中关村科技园支持政策：中关村作为全国首批高新技术产业开发区，推出《中关村国家自主创新示范区条例》。该条例明确对创新型企业、归国创业人员提供税收减免、融资支持等优惠政策。2024年，中关村论坛年会举办首届"留学人员创新创业论坛"，不仅有5家国际知名高校留学人才创新企业签约入驻，更有外籍来华留学生的创业企业进行签约[1]。同时，丰台区定制推出"青年人才创新创业'三个一批'支持计划"，为青年人才来区发展提供资源支撑。

（2）创业孵化与园区建设

中关村国际孵化器：作为国家级科技企业孵化器（A类），同时也是北京市首批市级留学生创业园，2000—2024年期间，中关村国际孵化器累计孵化了1150家科技企业，其中上市企业13家，共吸引超过920名海外留学人员回国创业。目前拥有在孵企业168家、海外人才109人、留学生创业企业41家、外资企业23家[2]。

中关村东升科技园：园区通过"东升杯"国际创业大赛能够

---

[1] https://baijiahao.baidu.com/s?id=1797555629993140875&wfr=spider&for=pc.

[2] http://www.chisa.edu.cn/bussiness/202404/t20240418_2111182943.html.

聚集众多企业,大赛自2013年首次启动以来,已成功举办11届,累计吸引来自百余个国家及城市的优秀创业项目14719个,包括3000余个海外项目,提供科创服务30000余次,为全球创新创业新动能持续提供汇聚尖端优势和科技支持的创新平台[1]。

(3)资金与税收支持

北京创新创业基金:北京市经开区提供创业担保贷款担保基金,符合条件的个人借款人创业担保贷款额度最高不超过50万元,贷款期限最长不超过3年;小微企业等借款人,创业担保贷款额度最高不超过300万元,贷款期限最长不超过2年。创业担保贷款利率上限不超过LPR+50BP,具体贷款利率由经办银行根据借款人和借款企业的经营状况、信用情况等与借款人和借款企业协商确定。贷款利率LPR-150BP以下部分产生的利息,由借款人和借款企业承担,剩余部分由经开区财政审计局据实贴息[2]。

税收优惠政策:创新型企业可享受企业所得税15%的优惠税率,技术转让收入免征增值税[3]。北京市税务局联合科委设立"一站式服务窗口",为企业提供政策辅导。

(4)国际化合作与海外资源引入

全球创业者峰会:北京市推出"全球创业者峰会",通过举办

---

[1] https://kw.beijing.gov.cn/art/2024/10/18/art_1134_682208.html.

[2] https://www.ncsti.gov.cn/kjdt/scyq/bjjjjskfq/zcgg/202311/t20231117_141650.html.

[3] http://beijing.chinatax.gov.cn/bjswj/c106597/202409/16bcd6ff82a24f4197a1ca6bc0e5b4d1.shtml.

创业大赛，触达超5.5万名全球创业者，吸引国际优秀团队来京发展。获奖团队有机会获得北京市专项资金支持和创业场地。该大赛累计吸引了全球3.2万名创业人才、2.4万个创业项目参加，诞生了16家"独角兽"企业、127家"专精特新"企业，获奖项目落地率达70%，赛后新融资额超过360亿元[1]。

国际人才服务中心：北京市设立人才工作局，为归国创业者和外籍人才提供居留许可办理、住房补贴申请等"一站式"服务[2]。

3.人才激励计划

北京市把人才作为推动高质量发展的核心资源，近年来不断优化激励机制，吸引和留住国内外高层次人才。根据《北京市"十四五"时期人力资源和社会保障发展规划》，到2025年，北京将建成高水平的国际化人才高地，并形成与全球接轨的人才服务体系。

（1）高层次人才计划

北京市实施了一系列针对高端人才的专项计划，涵盖多个领域。

北京市重大人才工程：北京市为"千人""万人""海聚""高创""高聚"等国家和北京市重大人才工程入选专家提供引进便

---

[1] http://paper.people.com.cn/rmrbhwb/html/2024-08/21/content_26076024.htm.

[2] https://www.beijing.gov.cn/zhengce/zhengcefagui/202411/t20241119_3945042.html.

利①。重点引进具有国际影响力的科技领军人才、高技能人才和创新创业团队②。符合条件的高层次人才可以享受子女入学优待、医疗保健服务等政策支持。

北京市高端人才绿色通道：为高端人才提供居留和落户便利，例如直接申请北京市工作居住证，可在聘用单位的集体户或聘用单位所在区人才公共服务机构的集体户办理落户，引进人才的配偶和未成年子女可随调随迁，并享受购房资格等福利③。

（2）创新人才激励政策

为了促进科技创新，北京市出台了一系列激励政策，专门针对研发人员和创业人才。

科研奖励：对在重大科技专项中取得突破性成果的团队给予资金奖励，市科学技术奖奖金数额由市科学技术行政部门会同市财政部门规定④。

股权激励：支持企业通过股权分红方式激励核心研发人员。政府还为企业提供税收优惠政策，帮助人才获得更多实惠⑤。

（3）青年人才支持计划

北京市注重培养和支持青年人才，推出了多个青年专项计划，

---

① https://baijiahao.baidu.com/s?id=1595539998064123498&wfr=spider&for=pc.

② http://www.bjrd.gov.cn/zyfb/zt/16j2crdh2024/bgjd/szfgzbb/202401/t20240121_3541679.html.

③ https://baijiahao.baidu.com/s?id=1595613570155949636&wfr=spider&for=pc.

④ https://www.beijing.gov.cn/zhengce/zhengcefagui/201908/t20190812_103355.html.

⑤ https://www.bdcn-media.com/a/10438.html.

例如北京学者、青年北京学者、北京市优秀青年人才、北京市留学人员创新创业特别贡献奖等人才激励办法。同时，还对北京市优秀留学人员创业园进行资助，以留学人员创办企业为主要服务对象，通过提供研发、生产、经营场地，共享设施，开展融资、法律、市场和咨询等服务，支持留学人员创新创业的服务机构①。

4.就业创业服务保障

（1）人才公寓与居住保障

北京市为海外高端人才和创业人员提供了多种住房和落户支持政策。

国际人才社区：北京市在全市范围内分批次规划了若干试点区域，以国际人才需求为导向，搭建创新创业的平台载体，提供了综合配套的住房条件，打造了一批具有海外氛围、有多元文化、有创新事业、有宜居生活、有服务保障的特色区域，让国际人才能够获得良好的居住体验②。目前，北京市已设立8个国际人才社区，分别位于朝阳、中关村、未来科学城、新首钢、通州、顺义、怀柔以及经开区③。

购房与落户政策：符合条件的创新创业人才可以优先申请购房资格④，简化落户手续，为人才在京长期发展提供支持。

---

① https://www.bjrcgz.gov.cn/rcxm.html.

② https://www.bjtzh.gov.cn/bjtz/c110354/202301/1634530.shtml.

③ https://www.bjrcgz.gov.cn/guojirencai.html.

④ https://www.bjmzw.com/bjbt/7621.html.

（2）子女教育与医疗保障

北京市重视留学归国人员的家庭生活保障，通过完善的教育和医疗服务吸引高端人才。

教育保障：北京市为归国人员子女提供国际化教育选择，包括优质公立学校和国际学校学位保障，优先保障人才子女在区内就近入托、入学。例如，平谷区推出了《平谷区支持人才发展若干措施》，方便快速协助人才子女就读[①]。

医疗服务：医疗服务方面，高端人才及其家属可享受北京市为各类人才提供的体检服务或体检补贴，开通就医绿色通道，通过市场化方式提供健康管理等高端医疗服务[②]。

（3）就业创业环境优化

北京市还通过加强政策支持、简化行政流程和优化服务环境，进一步提升归国人员的就业创业便利度。

北京市国际职业资格认可：市人社局、市人才局联合出台《北京市国际职业资格认可目录》，实现了职业资格从单边认可到双向互认，留学回国人员以及海外高层次人才在境外获得的职业资格、职业认证可以贯通互认。例如，阿里云计算有限公司与微软公司在云计算工程师领域互认。同时，支持清单内职业认证人员及在京机构享受优惠政策[③]。

综合支持政策：北京市还推出就业见习计划，为应届留学生

---

① https://baijiahao.baidu.com/s?id=1757961868828740349&wfr=spider&for=pc.

② https://www.sohu.com/a/760446811_160975.

③ https://www.thepaper.cn/newsDetail_forward_28778405.

提供不少于6000个见习岗位，同时为毕业生提供一次性求职创业补贴、灵活就业社保补贴[1]。

（二）上海

作为中国经济中心和全球化城市，上海市一直以来重视吸引高层次人才和促进就业市场的优化。人才政策在这一目标中占据核心位置，特别是在新兴产业和全球高端人才引进方面，上海市坚持持续扩大人才对外开放，实施更加积极、更加开放、更加有效的海外人才引进政策，吸引和集聚了海外优秀留学人员等海外高层次人才。

1.就业政策

（1）重点产业岗位需求发布

数字经济领域就业政策：上海在数字经济领域发布专项支持政策，引导高校毕业生和专业技术人员加入大数据、人工智能、区块链等新兴行业。对在数字经济相关岗位工作的人员，落实学时认定、职称衔接、培训补贴等政策[2]。同时，对标国际一流水准，推进数字领域国际职业资格认可，加强留学人员的境外职业资格证书互认。

---

[1] https://rsj.beijing.gov.cn/xwsl/mtgz/202308/t20230802_3212890.html.

[2] https://rsj.sh.gov.cn/trsrc_17739/20241206/t0035_1429308.html.

生物医药与绿色科技岗位支持：针对生物医药和绿色科技领域，上海市政府指导重点领域加强专业人才引育。例如，在生物医药行业，加快引进和培育具有临床试验、注册申报、检验检测等国际业务经验的专业人才。在重点产业领域人才专项奖励等方面，加大对生物医药领域国际化人才支持力度[①]。

（2）高校毕业生就业支持

青年就业促进计划：上海市通过实施补贴政策，鼓励市场主体扩大招聘规模。此外，为帮助高校毕业生融入职场，上海市各区联合高等院校，提供求职辅导，在实践中提高毕业生就业能力。上海市人社部门在全市各区推广实施"求职能力实训营"，宝山、杨浦、闵行等7个区已陆续开设高校营和社区营，开办实训营课程18期，并与上海大学、上海商学院等院校建立了长效合作机制。"求职能力实训营"采用小班化、标准化、成体系、强互动、重实战的训练模式，激发就业意愿，优化求职简历，提升面试技巧，模拟真实职场环境，为有需要的学员提供个性化进阶训练，覆盖从求职准备到签约就业全过程。同时，上海市积极推进就业见习工作，约800家优秀用人单位申报成为见习基地，每年提供的见习岗位数超3万个[②]。

---

① https://www.shanghai.gov.cn/202421bgtwj/20241120/d1ec2f8e00e44f71b797c145bf01d9d6.html.

② https://www.mohrss.gov.cn/SYrlzyhshbzb/ztzl/dsschy/mtbd/202408/t20240819_524243.html.

（3）灵活就业支持政策

上海市大力支持灵活就业和新经济领域的发展，充分发挥灵活就业作为就业"蓄水池"和"稳定器"的作用，除对灵活就业的离校未就业高校毕业生发放社保补贴外，还在闵行、浦东、普陀、宝山、金山等区建设9家线下零工市场，为高校毕业生灵活就业和企业灵活用工提供对接渠道[1]。为从事短期项目、远程工作等灵活就业人员提供专项社保补贴；平台经济从业者可申请技能提升培训[2]。

（4）外籍人才就业政策

上海市针对外籍人才设立了多项便利化措施。例如，为外国高端人才提供差异化工作签证。海外高层次人才持有《外国高端人才确认函》，凭函办理有效期最长10年、单次停留180天、可多次往返的外国人才签证（r字签证）。人才的外籍配偶和未成年子女可随同办理有效期相同、多次入境的相应种类签证。上海市设立了多个海外人才服务中心，为外籍人才提供"一站式"服务，包括就业指导、法律咨询和子女教育支持[3]。

2.创新创业政策

上海市以建设全球科技创新中心为目标，推出了一系列支持

---

[1] https://www.mohrss.gov.cn/SYrlzyhshbzb/ztzl/dsschy/mtbd/202408/t20240819_524243.html.

[2] https://service.shanghai.gov.cn/XingZhengWenDangKuJyh/XZGFDetails.aspx?docid=REPORT_NDOC_007767.

[3] https://baijiahao.baidu.com/s?id=1781954925498632619&wfr=spider&for=pc.

创新创业的政策和计划，通过多层次创新创业支持体系，吸引全球优秀团队落地。

（1）核心创新创业政策

"明珠计划"：上海市浦东新区为引进一批站在国际科技前沿，引领科技自主创新的海外高层次人才，发现并培育一批具有引领作用或高成长潜力的创新创业人才，推进了"明珠计划"。对入选"明珠高峰人才""明珠领军人才""明珠菁英人才""明珠工程师"战略科技人才，分类给予"个人及团队资金资助""重大项目扶持""创业发展扶持"和"综合配套"4大类12项支持措施。

"白玉兰人才计划浦江项目"："浦江人才计划"是上海市重点支持海外留学人员创新创业的专项政策，主要资助近期回国来沪工作和创业的留学人员及团队等海外人才。一类是资助以企业为依托从事科技创新创业的海外人才，包括创新和创业两类，其中创新类针对企业引进的海外人才，创业类针对自主创办科技企业的海外人才；另一类是资助在人文社科领域进行创新创业的海外人才。为符合条件的创业团队提供项目启动资金，企业注册地需在上海辖区内①。

"创业在上海"行动计划：上海市各部门联合推出"创·在上海"国际创新创业大赛，几乎是每年举办一次。该大赛目的是促进科技型中小企业创新发展，引导更广泛的社会资源支持创新创业，树立创新创业品牌，培养创新创业人才，打造一批科技创业

---

① https://www.usst.edu.cn/_upload/article/files/5f/c6/d06b5987457aae0dd24bf8b6a17d/83beb614-0e90-4f15-9753-5ed56dc43389.pdf.

明星，激发全社会的创新创业热情。入选的小微企业将列入上海市年度科技型中小企业技术创新资金计划支持；大赛优胜企业可获得大赛合作银行给予企业的贷款授信等支持[①]。

（2）人才孵化与创业孵化

人才孵化：上海市为孵化培育更多面向全球的本土硬科技企业，实施了高质量孵化器等任务[②]。依托转化经验丰富的科学家、跨学科交叉人才、科技创投人才、知名职业经理人、连续成功创业者及具有海外工作和创业背景的归国人才等孵化人才，进而推动孵化器质量提升[③]。

张江科学城创新创业政策：张江科学城是上海最重要的创新高地，为引进企业提供张江科学城专项发展资金。例如，对获得国家、上海市级创新创业大赛荣誉的企业给予支持；对新引进的获股权融资的企业给予支持；对首次认定、新引进、重新通过认定的高新技术企业，给予支持[④]。

临港新片区科技企业孵化器支持政策：上海市临港新片区对经上级科技部门和临港新片区管委会登记的众创空间、科技企业

[①] https://stcsm.sh.gov.cn/zwgk/tzgs/zhtz/20230217/ef214c4790854f798677b3ecde4ab007.html.

[②] https://baijiahao.baidu.com/s?id=1780985367335579111&wfr=spider&for=pc.

[③] https://stcsm.sh.gov.cn/zwgk/kjzc/zcjd/bmjd/20230724/64bf073f3fc44ac3a5b15ffcb1d071b6.html.

[④] https://www.baidu.com/link?url=HUjEr_f3KqlvR4WxoC_iTjvfb21cxo0tHW1FvfJvBuuy-Jip06pIV-mbByngY79si410YfsFS6KjRhaPhuWbwRmhpSb26bBL78kSet0YO7ph1o8nCa5ZhoEEvnyL8ME3&wd=&eqid=82d77aba007c6e520000000567584c5c.

孵化器和科技企业加速器、海外归国人才创新创业基地（留创园）等给予各类支持，主要聚焦国际化人才和高科技项目。同时，为企业提供包括但不限于支持孵化载体品牌化发展、为企业提供上市服务、金融服务等[①]。

（3）资金与税收支持政策

上海市科技创新计划专项资金：该政策支持创新企业在研发和成果转化中的资金需求。符合条件的企业可申请研发资助，专项资金主要用于基础前沿研究、科技创新支撑、科技人才与环境建设、技术创新引导等类目。例如，社会民生、高新技术产业和生物医药产业等领域的关键技术研究[②]。

高新技术企业税收优惠政策：针对高新技术企业，上海市提供税收减免与研发费用加计扣除政策。国家需要重点扶持的高新技术企业，减按15%的税率征收企业所得税。以境内、境外全部生产经营活动有关的研究开发费用总额、总收入、销售收入总额、高新技术产品（服务）收入等指标申请并经认定的高新技术企业，其来源于境外的所得可以享受高新技术企业所得税优惠政策，即对其来源于境外所得可以按照15%的优惠税率缴纳企业所得税，在计算境外抵免限额时，可按照15%的优惠税率计算境内外应纳

---

① https://www.sh-keji.cn/ryrd/15845.html.

② https://www.shanghai.gov.cn/cmsres/89/8903850b1b024cf5a4d8015aa11af500/8d2aa1d4f5d4cdfcc6fb02d415512d01.pdf.

税总额①。

（4）国际化创新创业支持

国际人才创新创业计划：上海专门为国际团队设立"创业之星"国际大赛，构筑了世界级的人才平台。"创业之星"大赛从创办至今，足迹已经遍布亚洲、欧洲、北美洲、大洋洲，吸引了来自美国加州、爱尔兰、爱沙尼亚、日本、新加坡等全球创新创业高地人才的参与。为入选海外高层次人才提供资金支持、人才公寓保障及跨境资金便利化等服务②。

3.人才激励计划

（1）科研奖励政策

创新创业与科技创新奖励：为了调动科学技术工作者的积极性和创造性，上海通过专项政策激励企业创新创业、基础研究和科技创新，为科研人才提供丰厚的奖励支持③。对于在基础研究、技术开发与产业化类，以及企业创新创业类等领域取得突破性成果的科研团队或个人提供最高200万元的一次性奖励④。

---

① https://mp.weixin.qq.com/s?__biz=Mzg3MDA5MDY3MQ==&mid=2247528903&idx=3&sn=00e9b6287557c0d8fb29580a6195a67d&chksm=ce912307f9e6aa1166f536d7fb42f4c7b703e89e58ca1d71603767f7fea81b2249a54c5b5fd5&scene=27.

② http://www.chisa.edu.cn/talents/202401/t20240117_2111145831.html.

③ https://www.shanghai.gov.cn/cmsres/89/89d3616029b9426b8974d903a48692d4/ccf336e2bd419cb2099e2448a0be358b.pdf.

④ https://www.yrd-tech.com/post/guan-yu-xia-bo-2022nian-du-shang-hai-shi-ke-xue-ji/.

基础研究项目支持计划：为推进基础研究更好地实现转型应用，上海设立了"探索者计划"专项支持项目。该计划鼓励更多企业加入基础研究等科技活动中，用于加速成果转化和落地。项目申报单位应当是注册在本市的法人或非法人组织，资助额度最高达到150万元[①]。

（2）股权激励政策

企业股权激励支持：上海鼓励初创企业通过股权激励吸引核心技术人才和管理骨干。允许企业以股权方式支付部分薪酬，支持企业对关键研发人才发放期权。实行股权激励所得税优惠政策，符合条件的企业享受不同的纳税政策。例如，按照20%税率计算缴纳个人所得税、按照投资额的70%抵扣应纳税所得额、按照年末个人股东持股比例减半征收当年企业所得税[②]。

（3）专项支持激励

高精尖人才专项支持计划：上海市为高层次人才提供各类支持计划，主要面向在关键技术领域具有重要贡献的高端人才。例如前述的"明珠计划"、"白玉兰人才计划浦江项目"以及"东方英才计划"，等等。其中，"浦江项目"主要资助近期回国到沪工作和创业的留学人员及团队等海外人才，包括应聘从事自然科学、社会科学研究的留学人员及团队。

---

① https://stcsm.sh.gov.cn/zwgk/kyjhxm/xmsb/20240823/630d46da43c842d9bdcc3cbff970997e.html.

② https://www.shanghai.gov.cn/202402bgtwj/20240221/34148da1569e4b1cb0bba38c7ce14d8d.html.

"金融人才专项支持计划"：为推进国际金融中心的发展和人才队伍建设，上海市实行了"海外金才、领军金才、青年金才"专项资助。这项针对金融领域的专项计划，被视为上海金融行业最具权威性的人才开发计划，为入选"三类金才"的金融人才提供差异化资助标准。例如，上海"海外金才"每人15万元；上海"领军金才"每人10万元；上海"青年金才"每人6万元[①]。

企业人才专项激励政策：为吸引和激励骨干人才创新创业，上海市宝山区出台企业骨干人才专项激励办法，适用于宝山区域内企业、社会组织的核心骨干人才。对符合条件的骨干人才，根据其实缴个人所得税实际税负超过15%的地方留成部分进行补贴。另外，每人资助额度上限为10万元[②]。

（4）职业发展激励

职业培训与技能提升奖励：上海市通过职业发展计划，为本地和归国人才提供专项培训支持。针对国家职业标准尚未覆盖的紧缺新技能，配套专项职业能力证书，相应的职业技能提升补贴标准为1000元[③]；对按规定参加职业技能培训，取得职业技能等级证书的，可获得补贴，补贴标准从600元至3500元不等[④]。

高校毕业生就业奖励计划：为录用高校毕业生的企业提供岗

[①] http://demo.bitech.cn/ShTalentcityCRM_YS/Article/201704/201704240009.shtml.

[②] https://service.shanghai.gov.cn/XingZhengWenDangKuJyh/XZGFDetails.aspx?docid=221130162456mjehUxO6mcBSr6qr898.

[③] https://baijiahao.baidu.com/s?id=1817490348946710559&wfr=spider&for=pc.

[④] https://rsj.sh.gov.cn/ttpxw_17107/20240507/t0035_1423955.html.

位补贴，按2000元／人给予单位一次性吸纳就业补贴[①]；对小微企业和社会组织提供社保补贴，补贴标准为按照上海市缴费当月职工社会保险缴费基数的下限作为缴费基数计算的养老、医疗（含生育）、失业和工伤保险缴费额中用人单位承担部分的50%；补贴不超过12个月[②]。

4.就业创业服务保障

（1）就业服务体系

上海市构建了覆盖全市的就业服务保障体系，提供政策支持、信息发布和便捷服务平台。

"一网通办"就业服务平台：上海市人力资源和社会保障局推出"一网通办"平台，为求职者和企业提供政策咨询、职业指导、就业登记、岗位匹配、政策申报和劳动合同管理等"一站式"服务。为人才就业创业提供便利化服务，缩短办理时限以及简化办理环节[③]。此外，平台还集成了外籍人才服务功能，简化相关手续办理。

重点人才就业开发计划：上海市为实现人才引进与产业结构、岗位需要的有效匹配，健全了目录编制体系，编制了产业人才目录、区域人才目录以及专项人才目录[④]。例如，上海定期发布《急

[①] https://rsj.sh.gov.cn/ttpxw_17107/20240507/t0035_1423955.html.

[②] https://sghexport.shobserver.com/html/baijiahao/2023/08/23/1104902.html.

[③] https://fgw.sh.gov.cn/ys-laogong-3.1.1.1-h5/20240125/026900ae42cb4afa88a27d2b40a47cea.html.

[④] https://rsj.sh.gov.cn/trsrc_17739/20231227/t0035_1420354.html.

需紧缺高技能人才职业（工种）目录》，重点支持数字经济、航天航空、生命科学等领域的就业需求[①]。此政策旨在引导高校毕业生和专业人才进入战略性新兴产业。

（2）创业服务保障

创业指导与孵化服务：上海通过创业孵化基地为创业者提供项目评估、商业计划书优化和企业管理培训。孵化基地设在各区高科技园区，如张江科学城、杨浦创业中心、吴淞口创业园等，吸引了海内外高层次人才到园区创新创业。此外，孵化服务场地还提供包括场地减免、法律咨询和资源对接等服务[②]。

创业补贴政策：为降低初创企业和中小微企业的成本，上海市政府推出了多项创业补贴政策。在税费成本方面，对符合条件的中小企业减半征收资源税、印花税、房产税，等等。在用工成本方面，2024年3月起阶段性降低职工基本医疗保险单位缴费费率1个百分点，实施失业保险稳岗返还政策，以及实施重点群体一次性吸纳就业补贴。在降低用能成本方面，降低用电、用气、用水成本。同时，还提供降低融资成本服务，加大担保贷款力度[③]。

（3）住房保障与生活服务

人才安居计划：上海为各类人才和青年人提供人才公寓，制

---

① https://rsj.sh.gov.cn/tjypx_17737/20240111/t0035_1420603.html.

② https://mp.weixin.qq.com/s?__biz=MjM5NTA3NjI1Mg==&mid=2650857050&idx=4&sn=05037d26eb31feb4f4ed83f48fff5e38&chksm=bc3f07a853f922a18a01512d2573a14a8f40270045a3436c68c9c446b3b1eac567ab25adb8c2&scene=27.

③ https://shanghai.chinatax.gov.cn/zzzb/zcwj/202403/t471231.html.

定了房源保障配套政策，高标准配置公共空间和配套设施，符合条件的人员可申请低租金住房。此外，上海市不仅通过认定市级和区级人才公寓，为各层次人才提供充分的人才住房，还对于高层次人才和优秀青年人才提供租房补贴或住房补贴①。以上措施均为海内外人才到上海就业创业提供了更加便利的安居政策。

居留和落户支持：上海市实行"外籍高端人才和归国人员可以高端人才、紧缺急需人才直接办理落户"的梯度化引才政策体系，并实行条件管理。民营企业所需的各类优秀人才，符合条件的均可相应办理居住证积分、居转户和直接落户。其中，对于高层次人才，以及上海市政府确定的本市重点产业领域相关用人单位（含本市高新技术企业等）紧缺急需的核心业务骨干，具有本科及以上学历学位和两年以上相应工作经历的，均可直接落户②。

（4）子女教育与医疗保障

子女教育支持：上海市为归国创业人员和外籍人才的子女提供国际化教育选择，包括国际学校优先入学和公立学校双语班学位保障③。

医疗服务：上海具有较为完善的医疗服务体系，高层次人才、外籍人才在就医方面，可选择公立、民营及外资医疗机构。上海还为高端人才开设了"国际人才专属医疗服务"，覆盖多家三甲医

---

① https://rsj.sh.gov.cn/tzxgzbldfqk_17405/20221116/t0035_1411621.html.

② https://rsj.sh.gov.cn/tzxgzbldfqk_17405/20221116/t0035_1411621.html.

③ https://www.shanghai.gov.cn/nw12344/20220820/43da19ca626e4bdf8a8614af84c53c01.html.

院，提供小语种咨询服务、绿色就医通道和高端体检服务①。

（5）专项服务与国际化支持

外籍人才出入境保障：在出入境方面更加便捷，浦东新区可以直接审发《外国高端人才确认函》，为访学交流、科研合作、商务考察的外籍人才提供可多次往返的签证便利，人才家属也可一起持证入境。电子口岸签证在浦东全域率先试点，全程网上办理，不受时空限制，无须纸质材料，免交护照原件，免贴纸质签证。入境时可凭护照及电子签证直接从边检通道入境。实施永久居留推荐"直通车"制度，经浦东新区推荐的外籍高层次人才可直接申办外国人永久居留身份证，申请更简单，办理时间更快②。

生活服务专项措施：在生活方面更加方便，拓展国际化教育医疗服务资源，打造高品质国际人才社区服务体系；设立涉外法律服务站，推广外籍人才便民"服务包"；为短期居住外籍人才申办国内驾照开设专窗③。

（三）粤港澳大湾区

粤港澳大湾区是国家推动区域协同发展的重要战略区域，包括广东省的广州、深圳等9个城市，以及香港和澳门两个特别行政

---

① https://wsjkw.sh.gov.cn/zxtadf/20200821/83d19eb645894728af23bee39a6fd177.
html.

② https://finance.eastmoney.com/a/202412073262051040.html.

③ https://export.shobserver.com/baijiahao/html/826948.html.

区。大湾区致力于打造国际创新科技中心、现代产业集聚地和高端人才集聚区。据此，本节主要围绕广州、深圳、香港和澳门这四个重点城市进行探索。

1.就业政策

（1）重点城市就业政策

A.广州

高层次人才绿卡：广州市作为大湾区的中心城市之一，通过优化就业服务、拓宽就业渠道等方式吸引高端人才。提供"来穗人员就业绿色通道"服务，优化非本地户籍人员的就业审批流程；发布《广州人才绿卡政策实施办法》，具有一定国（境）外工作、学习和创新创业经历经验的高层次人才，以及具有一定海外工作、学习和创新创业经历经验的海外高层次人才，分别可申领人才绿卡A卡和B卡。该政策为高层次人才提供购房资格、子女入学优待和医疗服务①。

粤港澳大湾区一体化：同时，为了进一步促进粤港澳大湾区的协同发展。广州出台《发挥广州国家中心城市优势作用支持港澳青年来穗发展行动计划》，涵盖了支持港澳青年在穗学习、实习、交流、就业、创业、生活等方方面面。该计划主要包括实施"乐游广州"计划，深化穗港澳青年交流交往；实施"乐学广州"计划，支持港澳青年学习研修；实施"乐业广州"计划，支持港

---

① https://www.panyu.gov.cn/gzhd/rxfw/zsk/ls/content/post_9132097.html.

澳青年实习就业；实施"乐创广州"计划，支持港澳青年创新创业；实施"乐居广州"计划，强化住房教育医疗保障以及搭建高效便利服务平台提供社会化专业化服务①。

B.深圳

深圳市以科技创新为主导，通过专项政策吸引全球顶尖人才就业。注重柔性引才用才，打破户籍、地域、身份、学历、人事关系等制约。例如，鼓励高等院校、科研院所及企业等单位在境外创办或者共建研发机构，引进使用境外优秀人才；高等院校、科研院所、医疗卫生机构等事业单位可以聘请具有创新实践经验的专业人才担任兼职教师或者兼职研究员②。开设高科技领域就业支持计划，优先为理工综合、生物科技等传统产业领域提供高薪就业岗位③，并为AI大模型、机器人、新材料等前沿领域搭建企业与人才对接平台④。

C.香港

优秀人才入境计划：香港特别行政区政府于2006年推出了优秀人才入境计划（Quality Migrant Admission Scheme），目的是吸引高技术人才或优才来港定居，以提升香港的经济竞争力。申请人无须在申请或获准来港定居前先获得本地雇主聘任。根据该计划获准来港的申请人可携带其配偶及18岁以下未婚受养子女来港，

---

① https://www.sohu.com/a/318300881_114731.

② https://gzw.sz.gov.cn/gzrc/rczc/content/post_11040223.html.

③ https://gmxw.sznews.com/PC/content/202409/30/content_3261879.html.

④ https://www.mbachina.com/html/cjzx/202409/598930.html.

但必须能自行负担受养人在香港的生活和住宿开支，不需依赖公共援助①。

一般就业政策：香港的一般就业政策（General Employment Policy）旨在吸引具备特别技能、知识或经验的专业人士来港工作。雇主在聘用海外专业人士时，需要提供相关职位的详细信息，包括薪金、福利和雇佣期等。此外，雇主还需提交公司的商业登记证、经济状况证明文件以及公司背景资料等②。

D.澳门

人才引进制度：澳门特别行政区政府制定了人才引进制度，吸引高端人才来澳发展。该制度关注人才在澳门发展的配套措施，包括子女教育、住房、生活环境、语言适应等问题。澳门是全球税负较低的地区之一，个人职业税在7%至12%之间，纳税人并可享受一定的免税额与税务优惠，对高端人才有一定的吸引力③。

（2）青年就业扶持计划

广东省青年就业扶持行动：广东省推出青年就业扶持行动，支持高校毕业生就业和创业。面向小微企业提供社保补贴，补贴期限最长不超过2年；面向毕业2年内高校毕业生，提供就业社保

---

① https://www.immd.gov.hk/hks/services/visas/quality_migrant_admission_scheme.html?utm_source.

② https://www.immd.gov.hk/hks/services/visas/GEP.html?utm_source.

③ https://www.gov.mo/zh-hant/wp-content/uploads/sites/4/2021/11/%E3%80%8A%E4%BA%BA%E6%89%8D%E5%BC%95%E9%80%B2%E5%88%B6%E5%BA%A6%E3%80%8B%E5%85%AC%E9%96%8B%E8%AB%AE%E8%A9%A2%E6%84%8F%E8%A6%8B%E5%8C%AF%E7%B7%A8.pdf.

补贴；为高校毕业生举办专场招聘会，优先发布数字经济、先进制造业、生命科学等岗位[1]。

大湾区青年就业计划：香港通过《大湾区青年就业计划》，支持香港青年赴内地企业工作。在香港和大湾区内地城市均有业务的企业可参与计划。参与企业须按照香港法例，以不低于月薪18000港元，聘请合资格青年，并派驻他们到大湾区内地城市工作及接受在职培训。政府会向企业发放每名受聘青年每月10000港元的津贴，最长为期18个月[2]。

青年就业支持措施：澳门实施《澳门青年专业发展计划》，为高校毕业生提供就业见习机会和生活津贴[3]。劳工事务局还推出了"就业＋培训"的专项计划，帮助那些没有相关经验的人士顺利转职转业，开启新的职业生涯[4]。

2.创新创业政策

（1）重点城市创新创业政策

A.广州

留学人员创业扶持：广州市政府设立留学人员创业专项扶持资金，用于资助留学人员来穗创办符合本市经济和社会发展方向、具有较为广阔的市场前景或者较为显著的社会效益的企业。留学

---

[1] https://sqzc.gd.gov.cn/sqtt/content/post_4452690.html.

[2] https://chinajob.mohrss.gov.cn/h5/c/2024-02-20/397630.shtml.

[3] https://baijiahao.baidu.com/s?id=1792398145366231309&wfr=spider&for=pc.

[4] https://www.sohu.com/a/837860152_122001006.

人员以自己持有的专利或者专有技术在广州创办的企业，认定为高新技术企业的，享受高新技术企业的优惠待遇[①]。

B. 深圳

创新创业支持：吸引国内外高端创新人才团队落户，集聚一批优质的创新创业项目，培育发展具有核心创新能力、高成长性的科技企业。支持国内外高水平人才团队在光明区开展创新创业，对评审通过的重点项目给予最高500万元资助，对评审通过的一般项目给予最高100万元资助。对入驻经区科技主管部门认定的特色创业园区的项目给予最高50万元资助及最长3年租金补贴。对新增的国家高新技术企业给予最高10万元资助[②]。

C. 香港

企业支援计划（Enterprise Support Scheme，ESS）：由香港创新及科技基金（ITF）于2015年推出，资助本地企业进行内部研究及发展（R&D）工作，鼓励私营机构在研发方面作出投资。资助形式以一元对一元的等额出资方式批出，每个获批项目可获最多1000万港元的资助。项目为期一般不超过24个月。在香港成立并持有有效商业登记证的公司，且非政府资助机构或其附属公司，才具有申请资格[③]。

香港青年创业计划（Youth Business Hong Kong，YBHK）：由香港青年协会（HKFYG）主办，为有志创业的香港青年提供资金、

[①] https://www.gd.gov.cn/zwgk/wjk/zcfgk/content/post_2530594.html.

[②] https://www.sohu.com/a/751234804_699502.

[③] https://www.success.tid.gov.hk/success_enews/funding_scheme/rd_ess_sc.pdf.

培训和指导。例如，为符合条件的青年提供最高15万元港币免息贷款，协助他们启动业务。同时，提供创业培训、商业计划书撰写指导，以及持续的业务咨询服务[①]。

D. 澳门

青年创业援助计划：该计划由澳门特别行政区政府经济及科技发展局（DSEDT）推出，为拥有创业理想但缺乏资源的本地青年提供免息援助款项，协助他们减轻创业初期的资金压力。在援助金额方面，澳门特区政府提供最高澳门币30万元的免息援助款项，最长还款期为10年。但申请人的年龄需在21岁至44岁、于澳门从事工商业活动的澳门永久性居民，或由澳门青年持有超过50%出资的有限公司[②]。

横琴粤澳深度合作区创新创业措施：横琴粤澳深度合作区为支持澳门青年在横琴粤澳深度合作区创新创业，制定了相关办法，促进澳门青年参与合作区建设，融入国家发展大局。具体措施包括认定合作区内的澳门青年创新创业基地，提供办公场所和配套服务。对符合条件的澳门青年创业企业提供资金和政策支持。其中，澳门青年创业企业需在合作区依法设立，且澳门青年持股比例合计超过51%[③]。

[①] https://sic.hkfyg.org.hk/%E9%A6%99%E6%B8%AF%E9%9D%92%E5%B9%B4%E5%89%B5%E6%A5%AD%E8%A8%88%E5%8A%83-2/?utm_source.

[②] https://www.dsedt.gov.mo/zh/web/public/pg_ead_lsye?.

[③] https://www.gdhmo.gov.cn/zcfg/dwq/content/post_71078.html?utm_source=chatgpt.com.

（2）创业孵化平台与科技园区建设

广州高新区创业孵化计划：广州高新区设立"创业梦工厂"，推动初创企业成长。提供场地租金减免，补贴额度最高可达 50%；对认定为高新技术的企业，按实际投资额的 10% 最高不超过 100 万元给予孵化器一次性奖励[①]。

深圳湾科技生态园：深圳湾科技生态园为创业者提供优质孵化平台。高层次人才或高层次人才团队核心成员持有 30% 以上股份的企业可申请减免租入驻，单次申请租金减免期限不超过 1 年。租金减免到期后，需重新提出申请，经审核符合条件的可继续获得累计不超过 5 年租金减免[②]；提供高端设备共享实验室支持，以及与国内外科研机构的合作机会[③]。

港澳与内地联合创新平台：港澳通过与大湾区城市合作，共建联合创新中心。例如，横琴粤澳深度合作区支持澳门初创企业对接珠三角市场，促进技术交流与成果转化；香港科学园聚焦人工智能、生物科技等领域，提供配套资金和国际合作机会[④]。

（3）国际创业赛事与合作活动

粤港澳创业人才计划：大湾区定期举办国际创新创业大赛，推动优质项目落地。通过粤港澳大湾区博士博士后创新创业大赛，吸引全球优秀人才、获奖项目可直接进入南沙区孵化，享受免租

---

① https://www.hp.gov.cn/attachment/7/7643/7643772/9792783.pdf.

② https://www.sz.gov.cn/cn/xxgk/zfxxgj/zcjd/content/post_8317131.html.

③ https://gxj.sz.gov.cn/gkmlpt/content/11/11892/post_11892658.html#3114.

④ https://www.hkstp.org/zh-cn/programmes.

服务；提供国际市场资源对接服务，支持创业团队全球化发展。此外，分别还将享有成长支持、科创服务支持、投融资支持、场地支持以及财税优惠[1]。

深圳国际创新创业孵化计划：在深圳设立多个国际创新创业基地，为海外创业者提供落地配套服务；通过"国际人才绿卡"政策，支持外籍创业者快速办理长期居留许可。深圳南山科技园设立"国际创业交流中心"，每年举办"中国深圳创新创业大赛国际赛"，吸引全球创新项目参赛[2]。

香港科技园全球连线计划：推动香港科技园与国际科技创新中心建立合作机制，通过引入国际化创业资源，助力大湾区企业走向全球；提供国际技术交易服务和知识产权保护培训，协助企业完成专利申请和技术许可。例如，香港科技园推出"全球市场对接计划"，与欧洲、东南亚和北美多国的孵化器合作，为香港初创企业提供国际市场进入通道[3]。

3.人才激励计划

（1）科研激励政策

粤港澳科技创新联合资助计划：粤港澳三地联合推出科技创新联合资助计划，促进区域协同创新，吸引高层次科研团队投身关键技术研发。为跨区域合作项目提供专项科研经费支持，每个

---

[1] https://www.vensi.cn/news_150/3290.html.

[2] http://cn.itcsz.cn/.

[3] https://www.hkstp.org/zh-cn/programmes/incubation/incubation-programme.

项目资助额度为 100 万元；鼓励与企业联合申报，推动科研成果产业化①。

深圳孔雀计划科研支持："孔雀计划"专注于吸引海外顶尖科研人才和团队，为符合条件的科研项目提供长期稳定的资金支持。世界一流团队可获得最高 8000 万元的专项资金；提供设备购置补贴和技术专利申请支持。纳入"孔雀计划"的海外高层次人才，可享受 80 万—150 万元的奖励补贴，并享受居留和出入境、落户、子女入学、配偶就业、医疗保险等方面的待遇政策②。

香港"研究人才库计划"：香港创新科技署设立"研究人才库计划"，吸引博士后研究员加入本地高校和科研机构，进而推动基础研究突破。博士后人才每年可获资助金额约 20 万港元，期限为两年；鼓励国际研究合作，提供国际会议费用支持。"科技人才入境计划"为输入海外和内地科技人才来港从事研发工作实施快速处理，而"杰出创科学人计划"支持香港的大学吸引科研人才和其团队来港任职③。

粤港澳科研合作共建：为加强粤港澳大湾区科技创新合作，推进"广州—深圳—香港—澳门"科技创新走廊建设，通过经济特区法规规定，允许香港、澳门符合条件的高等院校、科研机构

---

① http://gdstc.gd.gov.cn/attachment/0/562/562576/4509822.pdf.

② http://commerce.sz.gov.cn/szsswjwzgkml/szsswjwzgkml/ywzsk/zc/content/post_7894526.html.

③ https://mp.weixin.qq.com/s?__biz=MzIwMjEzODI3Mw==&mid=2649985819&idx=2&sn=157c5eb2cc9e243fabef3379e50b73ce&chksm=8f9637d7c530de0674084ab1c84bb153b9335d6e7a4155eaeecf4e2b579141b40abd9aba92f1&scene=27.

申请内地科技项目，允许相关资金在大湾区跨境使用。同时，将加强与粤港澳大湾区其他城市的科技创新合作，支持跨行政区开展科学技术攻关、共建科技创新平台、知识产权保护等工作，发起或者参与国际大科学计划和大科学工程建设①。

（2）职业发展激励政策

粤港澳职业技能提升计划：针对技能型人才的短缺，粤港澳推出职业技能提升专项行动计划。澳门与粤港澳大湾区其他城市在职业培训与技能认定方面进行合作。通过"一试多证"的模式，澳门居民可以更方便地获得在中国内地、香港以及国际认可的技能证书。此外，澳门与珠海、横琴等地建立了职业技能等级认定联盟，促进三地人才交流和技能提升②。

深圳"技能菁英计划"：深圳市推出"技能菁英计划"，吸引全国范围内的高技能人才。每两年遴选100名"技能菁英"，组织赴境内外开展技艺技能研修培训、交流，为高技能人才提供技能竞赛奖励，奖金最高可达10万元人民币；"技能菁英"按项目进行资助，资助分为境外研修项目、继续教育项目、专业职称项目和技术技能项目等四个类别，各类别资助标准有所不同③。

---

① https://baijiahao.baidu.com/s?id=1676499598634215734&wfr=spider&for=pc.

② https://www.sohu.com/a/838260439_122066678.

③ http://www.szgm.gov.cn/gmrlzyj/gkmlpt/content/11/11656/post_11656031.html#20615.

4.就业创业服务保障

A.广州

加强科技人才住房保障：按照职住平衡、就近建设、定向供应的原则，市、区以及用人单位等多主体供给，通过新增筹建、园区配建、城市更新等方式，在高校、科研机构、高新技术产业开发区等人才密集区建设人才住房。计划3年内新增3万套人才公寓和公共租赁住房，优先供给重点产业、重点企业中的人才使用。

B.深圳

生活补贴及创业资助：深圳助力港澳青年赴内地就业创业，将"大湾区青年就业计划"生活补助标准提高至每人每月2000元。对入驻市级港澳青年创新创业基地的港澳青年，推行就业创业补贴"直补快办"。安排一定比例的保障性租赁住房房源，定向配租给入驻市级港澳青年创新创业基地的港澳青年。面向港澳青年持续举办"逐梦湾区圳等您来"系列活动。鼓励市级港澳青年创新创业基地承接市、区两级职能部门组织的各类港澳青年就业、创业活动，并列为年度考核重要参考，有条件的区可给予活动补贴，所需资金从基地所在区的就业补助资金中列支[①]。

C.香港

职业发展支持津贴：香港特区政府通过"大湾区青年就业计划"，鼓励企业提供职位。在香港和大湾区内地城市均有业务的企业可参与计划。参与企业须按照香港法例，以不低于月薪1.8万港

---

① https://hrss.sz.gov.cn/gkmlpt/content/11/11076/post_11076312.html#25164.

元，聘请符合资格青年，并派驻他们到大湾区内地城市工作及接受在职培训。政府会向企业发放每名受聘青年每月1万港元的津贴，最长为期18个月[1]。

创业综合服务：香港特区政府一站通（GovHK）提供了有关创业的综合资讯，包括政府资助计划、咨询服务，以及其他支援创业的资讯和服务。在政府资助方面提供服务，提供多种资助计划的链接，协助创业者找到符合需要的资助。提供创业预算分析工具，帮助创业者评估开业所需资金、营业额对盈亏的影响、回本期等。此平台为有意创业的各层次人才提供全面的资源，协助他们在创业初期做好财务规划[2]。

---

[1] https://chinajob.mohrss.gov.cn/h5/c/2024-02-20/397630.shtml.

[2] https://www.gov.hk/tc/business/supportenterprises/businesstopics/financ ialplanning.htm.

九、留学回国人员就业质量指数

随着全球化进程的加快和知识经济的蓬勃发展，我国对高层次人才的需求日益增加。留学人员作为重要的人才储备，其回国后的就业质量直接关系到国家的人才战略和社会经济的可持续发展。近年来，党中央高度重视就业质量问题，国务院在2021年印发的《"十四五"就业促进规划》中明确提出，要推动实现更加充分和更高质量的就业。这一政策背景下，深入研究留学人员回国就业质量的现状及其影响因素，具有重要的现实意义和战略价值。

留学人员回国就业质量的研究可以从两个层面展开：一是对其整体就业质量的衡量，包括薪资水平、职业发展、工作环境等多维度指标；二是分析其就业质量的差异，例如按照留学区域、学科分布和院校排名等进行划分。现有研究更多集中于国内高校毕业生的就业状况，而对留学人员这一特殊群体的就业质量缺乏系统性的评估和理论探索。由于留学人员具有国际教育背景和较高的跨文化适应能力，其回国就业的特点和挑战可能与国内毕业生存在显著差异，值得深入分析。此外，随着国家对人才国际化战略的推进，构建科学全面的留学人员就业质量评价体系，并基于统计数据揭示其差异化特征，不仅可以为分析留学人员的归国意愿和社会融入度提供依据，也能够为企业和用人单位优化人才管理策略提供参考。

（一）就业质量评价指标体系设计与数据说明

1.数据来源

数据主要来源于对2022—2024年期间留学回国人员的问卷调查。详细情况可参考本书第五章关于留学人才回国就业状况调查报告的介绍。

2.评价指标的确定

就业质量是衡量就业结果与个体需求匹配程度的重要标准，也是反映社会经济发展水平的关键指标。在构建留学回国人员就业质量评价体系时，本研究参考已有研究的做法并从多维度综合考虑，选取了薪资福利、职业发展、工作环境和行业性质四个一级指标[1]，以及相关二级和三级指标。

第一，薪资福利是反映经济回报的核心要素。薪资水平是就业质量的基础体现之一，直接影响个体的生活水平和工作满意度。在本研究中，税前年薪作为主要衡量标准，同时考虑额外福利（如奖金、津贴）和薪资匹配度（实际收入与期望收入的差距），能够全面反映经济回报的合理性。薪资福利的确定不仅考虑个体对回报的预期，也体现了不同单位类型和行业间的差异性。

---

[1] 周闯，郑旭刚，许文立.县域新型城镇化建设与农业转移人口就业质量[J].世界经济，2024，47（04）：212—240.

第二，职业发展能够体现长期潜力以及衡量长期就业安全感。职业发展是就业质量的重要维度之一，代表了个体在职业生涯中的长期成长性以及个体对未来职业状态的预期。本研究将单位类型别作为主要评价指标。单位类型反映了就业岗位的发展前景和稳定程度，可以较好地评估留学回国人员的职业发展潜力。

第三，工作环境提供了主观体验和客观条件。工作环境直接影响个体的身心健康和工作效率，因此在就业质量评估中占据重要位置。本研究选取工作满意度作为核心指标，兼顾了主观评价和客观实际之间的平衡。高满意度不仅说明工作条件符合预期，也可能反映出企业文化、领导支持和同事关系等方面的正面影响。

第四，行业性质可以提供预期收入与声望评价。行业类型体现职业声望，个体对不同的行业给予的声望评价也存在差异，并且缺乏竞争的行业更能将高额利润转化为职工收入。本研究选取垄断行业和竞争性行业作为主要指标，以评估留学人员在当前行业上的可持续性和预期收入程度。

3. 就业质量指标体系

（1）综合评分模型

鉴于以上分析，就业质量是一个多维度、多层次的概念，为了全面评估留学回国人员的就业质量水平，本研究参照已有研究并结合数据可得性，基于薪资福利、职业发展、工作环境和行业性质四个变量构建就业质量指标。就业质量评价指标体系可划分为三级，就业质量的具体评价指标体系如表9-1所示。

表9-1　留学回国人员就业质量评价指标体系

一级指标	二级指标	三级指标
就业质量	薪资福利	税前年薪
	职业发展	单位类型
	工作环境	工作满意度
	行业性质	工作所在的行业

其中，收入变量根据税前年薪加以设定。在单位性质变量的设定上，国有机关（包括政府部门／党政机关／社团组织／事业单位／高校或科研机构／国有及国有控股企业）赋值为5、外资企业（包括港澳台独资企业、外商独资企业和中外合资企业）以及创业赋值为4、民营企业赋值为3、其他赋值为2。在工作评价变量的设定上，将评价赋值为"5.很满意""4.满意""3.一般""2.不满意""1.很不满意"五项。行业性质是二值变量，参考已有研究的划分①，将采矿业，电煤水热生产供应业，交通运输、仓储和邮政业，金融业，水利、环境和公共设施管理业，公共管理和社会组织归为垄断行业，赋值为5，将其余行业如居民服务、修理和其他服务业，住宿餐饮，文体娱乐等行业归为竞争性行业，赋值为3。采用主成分分析方法对五个变量进行合成，将合成变量转化为0—100之间的数值后，得到就业质量的测度指标。

---

① 宁光杰，姜现.我国垄断行业与非垄断行业间的工资差距——基于流动人口数据的分析［J］.安徽师范大学学报（人文社会科学版）2019，47（06）：122—132.

　　指标测算的方法有很多，但衡量过程中最重要的是如何计算各层次指标的权重。大体上可分为主观赋权法和客观赋权法两大类。主观赋权法主要由专家根据经验主观判断而得到，如Delphi法，层次分析法等；客观赋权法主要是依据各指标的具体数值计算而得到，它不依赖于人的主观判断，因此客观性较强，但不能反映决策者的主观要求，常见方法包括主成分分析法、变异系数法、熵值法等。主观赋权法和客观赋权法各有优劣，本研究主要采用客观赋权来确定综合指数。具体而言，利用主成分分析法求得总指数。同时，通过Delphi法赋予各指标层的权重，最后再求得总指数。

　　主成分分析法是一种数据降维技术，用较少的几个主成分来代替原始的多个变量，同时尽可能保留原始数据的信息。这些主成分是原始变量的线性组合，其目的是在解释数据方差方面做到最优。主成分分析法的具体步骤这里就不展开了。此外，经过数据处理和指标赋权之后，综合各指标编制留学回国人员就业质量指数，Delphi法的计算公式为：

$$EQ=\sum_{i=1}^{4}W_iX_i$$

　　其中，EQ代表留学回国人员就业质量指数；X_i为选定的指标；W_i为各指标的权重，i=1，2，3，4。利用公式进行加权平均即可得到留学回国人员就业质量指数，就业质量指数取值范围是0—100，数值越大表明留学回国人员就业质量越高。

（2）确定各指标权重

为了全面衡量留学回国人员的就业质量，本部分在构建指标体系的基础上，采用科学合理的权重分配方法，对各级指标的相对重要性进行赋值。主观赋权法的核心在于充分依赖专家的专业判断与经验。Delphi法中的赋值，主要依据本课题组中长期从事高校毕业生就业工作和研究领域的专家意见，并对专家意见进行科学综合，获得各指标的权重（表9-2）。

表9-2　留学回国人员就业质量各评价指标权重赋值表

一级指标	二级指标	三级指标	权重（%）
就业质量	薪资福利	税前年薪	40
	职业发展	单位类型	20
	工作环境	工作满意度	20
	行业性质	工作所在的行业	20

（二）留学回国人员就业质量水平与满意度现状

本部分主要基于客观赋权法（主成分分析法）以及主观赋权法（Delphi法）的测算结果，对留学回国人员就业质量进行描述和比较，并进一步分析其在不同年份和留学人员类型之间的差异。

1. 就业质量指标测算及比较

根据主成分分析法，留学回国人员的就业质量综合得分显示出应届毕业生与非应届毕业生之间的差异。表9-3显示，在就业质量均值方面，非应届毕业生的均值（74.151）略高于应届毕业生（72.220），表明非应届毕业生在综合就业质量上具有一定优势。此外，非应届毕业生的最大值（100）高于应届毕业生（94.560），反映出非应届群体中部分个体在就业质量上具有更优异的表现。

表9-3　就业质量（客观赋权法）

主成分分析法			
留学人员类型	均值	最小值	最大值
应届毕业生	72.220	5.270	94.560
非应届毕业生	74.151	2.154	100

数据来源：根据2024年留学回国人才就业状况调查问卷进行测算。

根据Delphi法，留学回国人员的就业质量综合得分显示出应届毕业生与非应届毕业生之间的差异。表9-4显示，在就业质量均值方面，非应届毕业生的均值（75.806）略高于应届毕业生（72.739），表明非应届毕业生在综合就业质量上具有一定优势。

表9-4　就业质量（主观赋权法）

Delphi法			
留学人员类型	均值	最小值	最大值
应届毕业生	72.739	3.704	100
非应届毕业生	75.806	0	100

数据来源：根据2024年留学回国人才就业状况调查问卷进行测算。

结合2022—2024年的数据，本部分利用主成分分析法进一步比较了不同年份的就业质量变化趋势。表9-5显示，从2022年到2024年，应届毕业生的就业质量均值略有提升（从68.498至72.220），而非应届毕业生的均值也有小幅波动。总体差距始终保持在较小范围之内，但非应届毕业生的就业质量始终高于应届毕业生。

表9-5　2022—2024年留学人员的就业质量及比较

留学人员类别	2022年	2023年	2024年
应届毕业生	68.498	65.356	72.220
非应届毕业生	69.037	66.570	74.151

数据来源：根据2022—2024年留学回国人才就业状况调查问卷进行测算。

2.就业质量横向比较

本节主要对2024年不同分类下留学回国人员的就业质量进行横向比较，从留学区域、专业、院校层次三个维度展开分析，揭示各分类的就业质量水平特征及其差异。

（1）按留学区域划分

留学区域的差异对就业质量有显著影响。从图9-1可以看出，留学人员所在区域的经济发展水平和职业机会对就业质量得分起到了关键作用。大洋洲和欧洲留学回国人员的就业质量得分较高，分别为77.35和77.17，体现了这些区域的教育资源优势和较强的职业适配性。相比之下，东南亚和中国港澳台地区得分最低，分别为65.10和65.08。这表明，尽管这些区域的留学人数较多，但教育资源的全球认可度和回国后职业发展空间相对有限。日韩地区就业质量得分为70.24，位于中等水平，这可能反映了日韩地区文化环境对回国人员的挑战，尤其是在职业晋升机会和薪资水平上，留学人员面临一定的瓶颈。

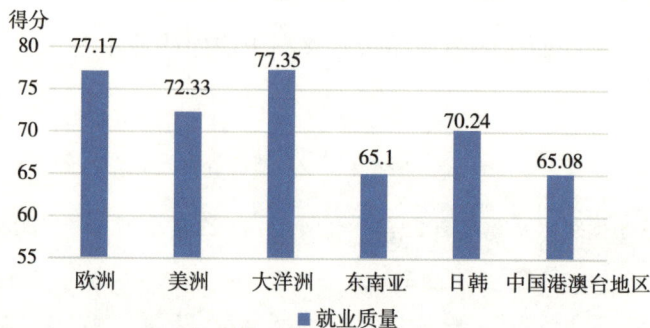

图9-1　按留学区域划分的就业质量

（2）按专业划分

专业背景是就业质量的重要决定因素。图9-2显示，不同学科的回国人员在就业市场中的竞争力存在显著差异。经济学（83.60）和工学（79.22）的就业质量得分较高，这与这些领域在中国经济转型中的需求高度契合相关。中国的经济高速发展和产业结构优化升级，为留学人员提供了广阔的发展空间。文学和艺术学得分较低，分别为62.39和50.82，显示出人文学科领域就业机会和薪资水平的局限性。教育学（53.36）和农学（54.99）等学科也表现出较低的就业质量，说明这些专业的市场需求有限且职业发展路径不够明确。

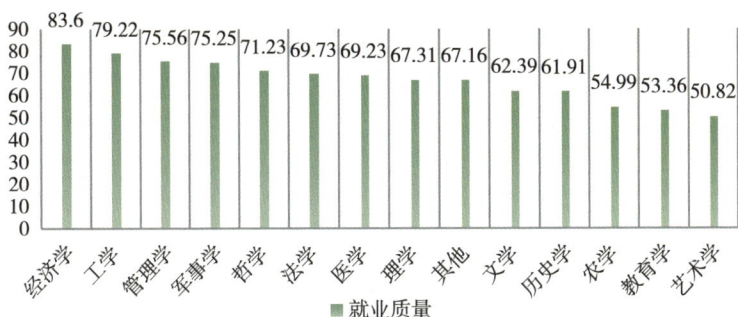

图9-2　按留学专业划分的就业质量

（3）按院校层次划分

院校层次的就业质量同样存在显著差异。图9-3数据显示，QS排名前100院校毕业生的就业质量得分为76.08，表现最为优异。这表明，高排名院校的国际认可度、薪资水平以及清晰的职业发展前景，为毕业生的职业发展提供了有力保障。QS 100—300排名院校得分为73.20，略低于前100院校，但仍处于较高水平，反映了这一区间院校毕业生在市场中的竞争优势。相较之下，QS 300—500和1000以上院校毕业生的就业质量得分分别为71.82和73.03，虽然相对偏低，但总体差距不大。这一现象可能源于QS排名较低院校的毕业生因职业目标更加现实，在薪资水平和岗位条件上具有较高的接受度。

综上所述，通过对不同分类维度的横向比较，可以发现就业质量的差异与留学回国人员的背景特征密切相关。经济发达地区和具有发展潜力的单位类型对高层次留学回国人员的吸引力较大，其就业质量也相对较高。经济学、工学等实践性强的学科与中国经济转型的需求高度一致，为留学回国人员提供了更大的职业发

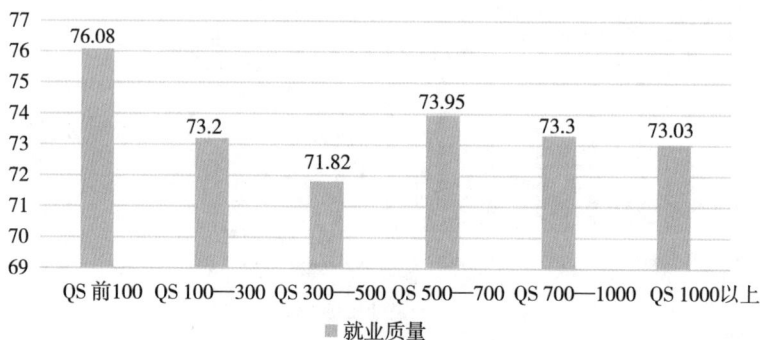

图9-3 按留学院校层次划分的就业质量

展空间。而文学、艺术学等学科由于就业市场需求较小，在就业质量上表现相对较弱。QS排名靠前的院校毕业的留学回国人员，就业质量较高，这可能是其在薪资水平、职业发展路径、企业偏好及个人特质等方面占优造成的综合效果。

3.就业满意度分析

就业满意度是衡量留学回国人员主观就业体验的重要指标。因此，本文还将针对就业满意度进行单独分析，以更能了解留学回国人员的实际想法。因此，就业满意度的指标计算方法为：其中，评价分为"5.很满意""4.满意""3.一般""2.不满意""1.很不满意"五项。对这5个指标进行赋值，分别为：很满意为100%、满意为80%、一般为60%、不满意为40%、很不满意为20%。

调查数据显示，就业满意度均值为81.23%，反映了大部分留学回国人员对就业状况的正面评价。然而，满意度在各分类间差异显著，最低值为20%，最高值达100%。这一差异反映了多种背景因素对就业体验的综合影响。总体满意度高的原因可能包括高层次人才政策的支持、用人单位对留学回国人员的青睐以及部分行业和岗位的稳定性与高薪资待遇。然而，低满意度的个体多分布在资源匮乏或匹配度较低的岗位。

（1）按留学区域划分

图9-4显示，从留学区域来看，美洲（84.05%）和欧洲（81.30%）的满意度得分最高。美洲和欧洲院校整体教育水平较高，毕业生具备较强的国际竞争力。这些区域的留学回国人员多从事薪资水平较高、职业成长路径清晰的行业。东南亚地区满意度最低，仅为70.65%。这可能与东南亚院校在国内市场的认可度相对较低有关。此外，该区域的毕业生更多集中于行业吸引力较低的岗位，导致主观满意度偏低。日韩地区（76.68%）和中国港澳台地区（80.92%）的满意度表现出中等水平。日韩地区毕业生满意度受到文化适应性和就业市场需求的双重影响，而中国港澳台地区的相对高满意度则可能得益于地理和文化的相似性。

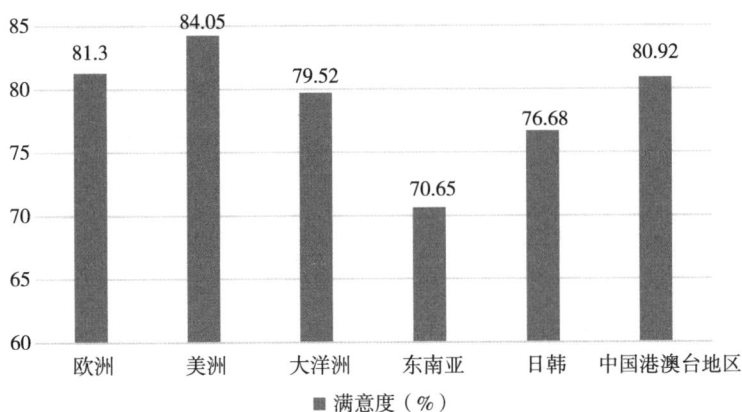

图9-4　按留学区域划分的就业满意度

（2）按院校层次划分

院校层次在就业满意度上也存在差异。从图9-5数据来看，QS 300—500区间院校毕业生满意度最高，为82.86%。这些院校通常处于中高排名区间，毕业生的心理预期可能较低，但其具有一定的职业适配性。QS前100院校的满意度为79.44%，低于预期。这可能是由于这些院校毕业生多选择竞争激烈的行业，例如金融业和信息技术行业，尽管薪资较高以及待遇较好，但工作强度和压力也显著增加，可能削弱他们的主观满意度。QS 700—1000院校的满意度最低，仅为78.00%。相比之下，QS 1000以上院校的满意度相对较高，达到79.53%。这类毕业生因职业目标更加现实，往往更多集中于地方性就业市场，雇主对院校排名的敏感度较低，更看重候选人的本地化优势和稳定性。

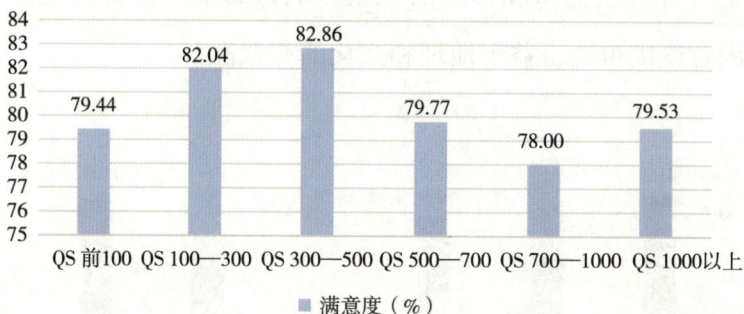

图9-5 按留学院校层次划分的就业满意度

（3）按专业划分

专业的选择对就业满意度有显著影响。图9-6数据显示，文学（74.73%）和工学（76.88%）专业满意度最低。文学专业毕业生面临的就业市场有限，薪资水平普遍偏低。工学专业毕业生尽管就业率较高，但其技术性要求和工作压力可能导致主观满意度较低。哲学（78.50%）和法学（81.20%）表现出中等满意度。这些学科的毕业生多集中于政策支持领域，工作相对稳定。

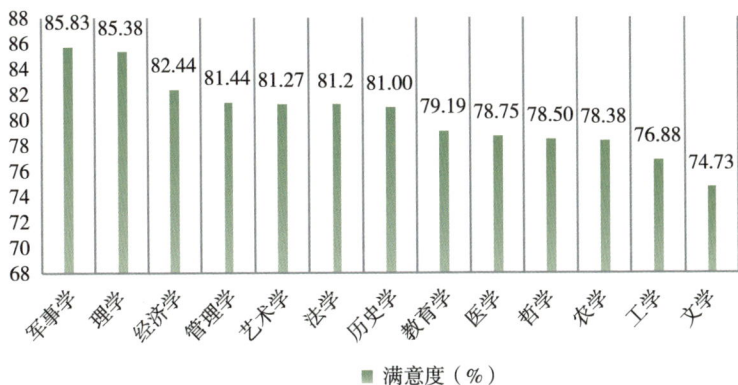

图9-6　按留学专业划分的就业满意度

（4）按行业划分

图9-7显示，从行业分布来看，不同行业的满意度差异显著。就职于金融行业的留学回国人员满意度最高，达到83.65%，可能归因于该行业提供了较高的薪资水平、较多的岗位选择和清晰的职业成长空间。信息传输、软件和信息技术服务业（81.01%）展现出该行业在数字经济时代对留学人员的较强吸引力。文化、体育和娱乐业（80.83%）表现良好，可能与该行业的灵活性和创意性岗位的吸引力有关。满意度较低的行业包括居民服务、修理和其他服务业（78.14%）以及建筑业（72.56%）。这可能归咎于行业的薪资水平普遍偏低，且职业发展空间有限。

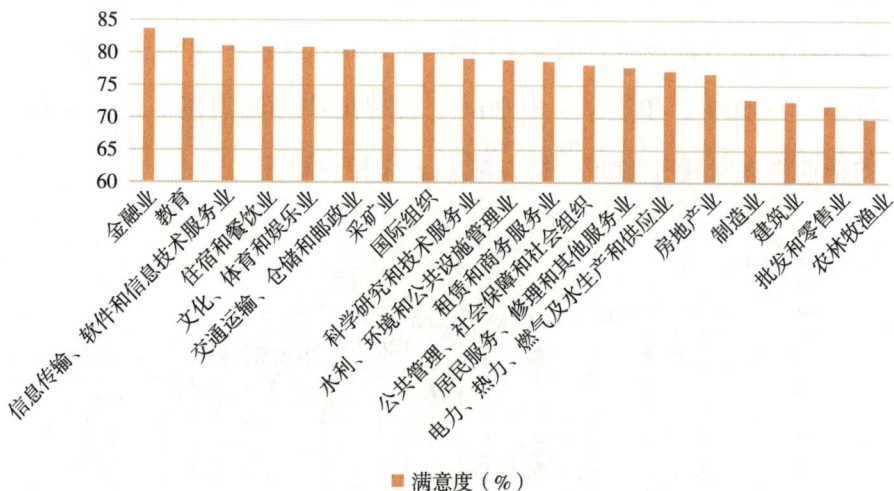

图9-7　按就业的行业类型划分的就业满意度

（5）按单位类型划分

图9-8显示，单位类型的就业满意度与大众普遍预期较为一致。例如，政府部门／党政机关／社团组织（85.17%）的满意度最高，这与其提供的工作稳定性和良好的社会保障有关，同时也与当前"考公热"的社会状况相符。高校或科研机构、国有企业（82.58%）的满意度较高，良好的学术环境和职业发展前景对部分留学人员仍具有较大的吸引力。民营企业（71.13%）满意度较低，可能其薪资水平和职业保障的不足显著影响了主观满意度。

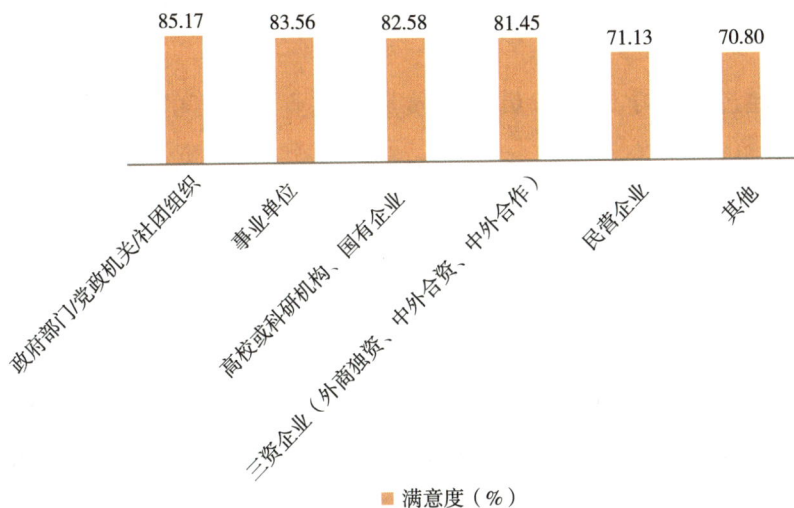

图9-8　按就业的单位类型划分的就业满意度

　　由上述分析可知，就业满意度的多维度分析揭示了以下几点规律：一是美洲和欧洲毕业生的高满意度显示出教育资源和国际化背景在提升就业体验中的关键作用。二是中高排名院校的毕业生对职业市场的满意度更为均衡，而部分高排名院校的毕业生在高压行业中面临满意度挑战。三是高技术含量行业如信息传输、软件和信息技术服务业为留学人员提供了较好的就业体验，而建筑业等行业的满意度则因低薪资和有限的发展机会受到抑制。四是政府部门和国企凭借其稳定性和社会保障优势，成为提升满意度的重要单位类型，而民营企业需在职业发展支持和福利待遇方面加强改进。

（三）结论

通过对留学回国人员就业质量和就业满意度的深入分析，本部分得出以下主要结论：

就业质量整体较高，但存在显著分化。留学回国人员的就业质量在薪资福利、职业发展和工作环境方面表现较好，但在不同区域和行业间存在显著差异。美洲和欧洲留学回国人员的就业质量得分高，显示出区域经济和教育资源对就业质量的重要支撑作用；而东南亚的留学回国人员得分偏低，反映了教育背景认可度及区域经济发展水平的不足。

院校层次与就业结果存在复杂关系。QS排名靠前的院校在就业质量上表现优于中高排名以及低排名的院校，高排名院校毕业生更多选择高薪行业或待遇丰厚的岗位，职业发展前景较好。虽然QS排名较低的院校毕业生的就业质量相对偏低，但差距较小，其教育背景能够符合雇主的实际用人需求，尤其在地方性就业市场中，这种优势尤为明显。

在就业满意度方面，存在显著差异。留学回国人员的总体就业满意度为81.23%，但在不同区域、院校层次、行业和单位类型中差异明显。政府部门／党政机关以及金融业的满意度最高，而民营企业和文学专业的满意度最低。此外，政府部门和国有企业因其稳定性和社会保障优势成为留学人员的主要选择，而民营企业的灵活性和创新性虽然较强，但薪资水平和职业保障的不足显著影响其吸引力。中高等排名院校毕业生因心理期望与市场需求更匹配，满意度表现相对更好。

十、国内重点产业急需紧缺人才分析

（一）战略性新兴产业

（二）其他重点产业

（三）急需紧缺人才状况比较

人才是实现民族振兴、赢得国际竞争主动的战略资源。党的十九届五中全会明确了到2035年我国进入创新型国家前列、建成人才强国的战略目标。要完成这一目标，必须坚持人才引领发展的战略地位，把人才资源开发放在最优先位置。人才资源开发需要与产业发展同频共振。我国大力实施创新驱动和人才优先发展战略，与时俱进探索构建与国际接轨的人才发展体制机制，各地结合地区发展战略和产业规划布局，深入推进产业转型升级，以更加积极、更加开放、更加有效的人才政策，加快集聚各类优质人才资源。

党的十九大以来，我国各类出国留学人员中超过八成完成学业后选择回国发展。十年来，我国深化改革，以信息化手段支撑全链条留学服务体系。2022年9月，在教育部国际司的指导下，教育部留学服务中心主办的"国家留学人才就业服务平台"上线，汇集各地方引才政策，面向全国各地区、各行业、各类型的用人单位和全球留学人员开放，打通了留学人才市场信息壁垒，为实现留学人员充分就业、优质就业提供更加精准高效的就业服务。

党的二十届三中全会发布的《中共中央关于进一步全面深化改革、推进中国式现代化的决定》中，进一步提出，构建支持全面创新体制机制，统筹推进教育科技人才体制机制一体改革，健全新型举国体制，提升国家创新体系整体效能。

引导留学人才回国就业，应与经济社会发展趋势相适应。就我国当前情况看，经济发展已从传统的要素驱动、投资驱动向创新驱动转型，强调以新知识、新技术对生产要素进行改造和重新组合，以产品创新、创新型产业以及创新要素积累驱动增长。近年来，各地政府纷纷在人才政策创新方面下功夫，推进海外留学人员优秀创新创业项目与科技计划的对接，增强国家科技计划和地方科技项目引导留学人员创新创业的作用，使留学人员获得更多参与国家科技计划和地方科技项目的机会。与此同时，随着国内新一线城市的崛起和中小城市的发展，对优质人才的需求更加迫切，不少城市出台各类招才引智政策，其中对留学生的引进政策更为优厚。

本章根据国家统计局发布的《战略性新兴产业分类（2018）》[①]，并结合不同地区制定的重点领域或重点产业目录，对各地急需紧缺人才需求情况进行分析。

（一）战略性新兴产业

战略性新兴产业是以重大技术突破和重大发展需求为基础，是引导未来经济社会发展的重要力量。发展战略性新兴产业对经

---

① 2018年10月12日，国家统计局通过了《战略性新兴产业分类（2018）》，该分类规定的战略性新兴产业包括：新一代信息技术产业、高端装备制造产业、新材料产业、生物产业、新能源汽车产业、新能源产业、节能环保产业、数字创意产业、相关服务业等九大领域。

济社会全局和长远发展具有重大引领带动作用，已成为世界主要国家抢占新一轮经济和科技发展制高点的重大战略。战略性新兴产业具有知识技术密集、物质资源消耗少、成长潜力大、综合效益好等特点。各地将加快培育和发展战略性新兴产业作为推进产业结构升级、加快经济发展方式转变、推进现代化建设的重大举措。

1.新一代信息技术

新一代信息技术包括下一代信息网络产业、电子核心产业、新兴软件和新型信息技术服务、互联网与云计算及大数据服务、人工智能等领域。目前，我国各地对新一代信息技术人才需求旺盛。根据《2024年中国人工智能人才发展报告》相关数据，相比2022年，2023年人工智能人才需求快速增长。2022年，人工智能人才供需比为0.63。2023年1—8月，人才供需比低至0.39，几乎5个岗位争夺2个人才。如表10–1所示，近2年，人工智能工程师、算法研究员、大模型算法工程师等多个核心技术岗位的平均薪资涨幅明显，其中人工智能工程师岗位的平均月薪从2022年的57433元上涨至2023年8月的62911元，增长5468元，涨幅9.5%，成为人工智能行业平均薪资涨幅最高的工种。其次是算法研究员（上涨4397元）和深度学习（上涨4204元）。

表 10-1　人工智能新发岗位平均薪资上涨代表性岗位

岗位	2022 年平均月薪（元）	2023 年 1—8 月平均月薪（元）
人工智能工程师	57443	62911
算法研究员	60834	65231
大模型算法工程师	58087	62118
深度学习	57034	61238
数据挖掘	51132	52809
自然语言处理	54792	57084
算法工程师	51614	52930
图像识别／计算机视觉	53639	55952

资料来源：《2024 年中国人工智能人才发展报告》，联合世伟 AI 教育创新与产业研究院课题组。网址：https://www.sohu.com/a/821050588_121734021.

"建设高水平人才高地"，是党中央对北京人才工作提出的重要战略要求。当前，北京正在大力推进国际科技创新中心建设、推进国家服务业扩大开放综合示范区和中国（北京）自由贸易试验区建设、发展数字经济、深入推动京津冀协同发展。北京市人力资源和社会保障局发布的《北京市新质生产力人力资源开发目录（2024 年版）》，由《重点产业领域人力资源开发目录》和《技能人才需求目录》构成。其中，《重点产业领域人力资源开发目录》包括 13 个行业大类、60 个人力资源开发核心领域。针对每个人力资源开发核心领域，从人力资源供需匹配难度、培养难度和转岗难度等 3 个维度进行了综合评级。星级越高，人力资源综合紧缺程度越高，开发价值也越高。最高是 5 星级，有 5G-A 技术研发与应用、物联网技术研发与应用、量子信息技术研发等16个人力资源开发核心领域获得5星评级。表10-2为新一代信息技术产业领域人力资源开发目录。

表10-2　2024年北京市新一代信息技术产业领域人力资源开发目录

产业	人力资源开发核心领域	人力资源开发代表岗位	年薪区间参考值（万元）	人力资源开发评级
新一代信息技术	5G-A技术研发与应用	5G-A研发工程师、5G-A解决方案工程师、光通信工程师、5G-A射频工程师、通信算法工程师、5G-A性能优化工程师、5G-A网络安全工程师等	35—60	☆☆☆☆☆
	千兆光网技术研发与应用	光纤研发工程师、光模块工程师、无线局域网芯片研发工程师、千兆光网标准认定工程师等	22—42	☆☆☆
	传感器研发	多传感器融合工程师、传感器开发工程师、传感器测试工程师、传感器应用工程师等	28—51	☆☆☆☆
	超高清设备技术研发与应用	视频编码算法工程师、音视频开发工程师、音视频编解码工程师、图像传感器研发工程师、新型显示器件研发工程师、嵌入式软件开发工程师等	26—47	☆☆☆
	卫星互联网技术研发	遥感卫星数据系统设计师、遥感图像算法工程师、卫星通信工程师、气象海洋算法工程师、全球卫星导航系统算法工程师、光学工程师、天线工程师、频率工程师、低轨专网总体设计师、测运控系统工程师等	28—44	☆☆☆☆

产业	人力资源开发核心领域	人力资源开发代表岗位	年薪区间参考值（万元）	人力资源开发评级
新一代信息技术	量子信息技术研发	量子算法工程师、量子计算工程师、量子指令集设计师、射频开发工程师、量子计算测控软件研发工程师、量子通信工程师、量子测量工程师、量子光学工程师等	30—71	☆☆☆☆☆
	物联网技术研发与应用	物联网架构师、物联网定位技术专家、射频工程师、无线感知一体化设备研发工程师、无线感知一体化设备测试工程师、感知设备及系统标准研究和制定工程师、无线感知一体化设备及系统解决方案工程师等	22—43	☆☆☆☆☆
	下一代互联网技术研发与应用	IPv6网络工程师、IPv6系统架构工程师、IPv6核心路由器研发工程师、DNS研发工程师、SDN网络研发工程师、交换机研发工程师、数据通信测试工程师等	22—44	☆☆☆☆☆
	大数据交易服务	数据交易平台开发工程师、数据交易平台运营专家、数据资产业务研究专家、数据交易标准化工程师、数据资产标准化工程师、数据资产估值师、数据交易及数据资产咨询师等	18—36	☆☆☆☆
	算力基础设施建设	数据中心架构师、数据中心系统运维工程师、数据中心服务器工程师、人工智能数据中心网络互联工程师、系统安全工程师、数据安全工程师等	24—48	☆☆☆☆☆
	云计算服务	云计算研发工程师、云计算运维工程师、云平台开发工程师、云计算平台产品经理等	22—47	☆☆☆☆

续表

产业	人力资源开发核心领域	人力资源开发代表岗位	年薪区间参考值（万元）	人力资源开发评级
新一代信息技术	网络与信息安全服务	网络安全工程师、渗透测试工程师、信息安全工程师、网络安全架构师等	18—36	☆☆☆☆
	工业互联网研发与应用	边缘计算工程师、工业自动化工程师、AR软件工程师、AR产品经理、数字孪生标准化工程师等	24—48	☆☆☆☆
	基础软件开发	工业软件开发工程师、操作系统开发工程师、数据库工程师、中间件开发工程师、嵌入式系统研发工程师、行业应用软件开发工程师、运维实施工程师等	20—37	☆☆☆☆
	北斗导航与位置服务	卫星导航算法工程师、卫星应用方案策划专家、全球卫星导航系统开发工程师、高级卫星导航抗干扰算法工程师等	28—52	☆☆☆☆
	计算机视觉技术研发与应用	计算机视觉算法工程师、计算机视觉开发工程师、计算机视觉产品经理、图像识别工程师等	28—58	☆☆☆☆
	语音技术研发与应用	语音识别算法工程师、声学信号处理算法工程师、语音合成工程师等	28—49	☆☆☆☆
	生成式人工智能（AIGC）研发与应用	NLP算法工程师、NLP开发工程师、生成式人工智能工程师、生成式智能分析师等	34—58	☆☆☆☆
	数字人技术研发与应用	数字人架构师、数字人交互平台研发工程师、数字人算法工程师、数字人产品经理等	26—47	☆☆☆☆
	人工智能操作系统研发与应用	人工智能算法工程师、强化学习工程师、深度学习算法工程师、人工智能操作系统研发工程师等	38—68	☆☆☆☆
	区块链技术研发与应用	区块链架构师、区块链分析师、区块链应用工程师、区块链平台开发工程师、区块链产品经理等	21—47	☆☆☆

资料来源:《北京市新质生产力人力资源开发目录（2024年版）·重点产业领域人力资源开发目录》，北京市人力资源和社会保障局https://rsj.beijing.gov.cn/xxgk/2024qt/202409/t20240923_3903193.html。

2.高端装备制造产业

新一代信息技术与制造业深度融合，正在引发影响深远的产业变革，形成新的生产方式、产业形态、商业模式和经济增长点。各国都在加大科技创新力度，推动三维（3D）打印、移动互联网、云计算、大数据、生物工程、新能源、新材料等领域取得新突破。基于信息物理系统的智能装备、智能工厂等智能制造正在引领制造方式变革；网络众包、协同设计、大规模个性化定制、精准供应链管理、全生命周期管理、电子商务等正在重塑产业价值链体系；可穿戴智能产品、智能家电、智能汽车等智能终端产品不断拓展制造业新领域。我国制造业转型升级、创新发展迎来重大机遇。

2024年9月，《苏州市2024年度重点产业紧缺专业人才需求目录》发布。该目录共涉及两大产业领域，涵盖新能源、新一代信息技术、生物医药及大健康、高端装备、新兴数字产业、新能源汽车、软件与信息服务、新材料、高端纺织、轻工业等十个先进制造业产业集群30条重点产业链，以及要素支撑服务、质效提升服务、商务专业服务等三大重点方向11项细分领域，共计283个重点发展方向。依据紧缺专业人才需求指数模型对调查数据进行测算，最终确定1088个专业类别（去重后76个），2593条岗位信息（去重后973条）。将所有紧缺专业进行去重处理后，共得到76个紧缺专业类别。其中，先进制造业73个专业类别，对应紧缺岗位803个；生产性服务业59个专业类别，对应紧缺岗位170个。

为持续抢抓"一带一路""长三角一体化""自贸区"等国家

重大战略机遇，有效推进"沪苏同城化"进程，苏州市全力构建"十四五"产业发展新格局，产业发展与人才的适配要求显得尤为突出。根据《苏州市2024年度重点产业紧缺专业人才需求目录》，苏州当前和未来一段时间对机械类、电子信息类、计算机类、材料类、自动化类等专业人才需求较为迫切，企业岗位多，这和苏州目前的四大产业创新集群建设需求相吻合。

具体到新型显示产业的紧缺人才需求目录来看，新型显示产业重点发展方向包括：健康显示、TFT-LCD显示、OLED显示、OLED有机发光材料、偏光片、量子点材料、湿法刻蚀设备、检测设备、点胶设备、QLED量子点显示、Micro-LED显示、Mini-LED显示、激光显示、3D显示、电子纸显示、隐私防窥显示。如表10-3所示，新型显示产业对人才需求的岗位普遍集中在工程师一类，还有少数属于管理岗位。学历大多数只要求本科即可，少数岗位需要硕士和博士，且相关工作年限均需要2年及以上。

表10-3　苏州市2024年度先进制造业之新型显示产业紧缺专业人才需求目录
（紧缺指数=5）

紧缺专业	岗位名称	学历要求	岗位年薪（万元）	相关工作年限要求（年）
电子信息类	研发部门经理	博士	75	10
	嵌入式硬件工程师	硕士	50	5
	软件开发工程师	硕士	40	5
	半导体工艺工程师	硕士	40	4
	研究开发工程师	硕士	34	7

续表

紧缺专业	岗位名称	学历要求	岗位年薪（万元）	相关工作年限要求（年）
电子信息类	机械设计工程师	本科	40	5
	厂务经理	本科	38	9
	电路设计工程师	本科	35	5
	销售总监	本科	31	5
	硬件设计工程师	本科	30	5
	项目经理主管	本科	30	5
	运营管理	本科	30	5
	生产管理经理	本科	30	9
	硬件工程师	本科	30	3
	光电芯片研发师	本科	29	4
	光电产品研发工程师	本科	28	3
	电子产品开发经理	本科	26	5
	半导体质量工程师	本科	25	5
	电子设计工程师	本科	25	4
	制造工程师	本科	21	8
	新产品导入工程师	本科	21	5
	系统工程师	本科	20	3
	销售经理	本科	20	3
	半导体研发工程师	本科	20	4
	技术综合工程师	本科	18	5

紧缺专业	岗位名称	学历要求	岗位年薪（万元）	相关工作年限要求（年）
电子信息类	系统运维工程师	本科	18	2
	生产工艺工程师	本科	15	3
	工业工程师	本科	15	5

说明：此处仅以新型显示部分紧缺专业且紧缺指数=5的岗位为例，其余从略。

资料来源：《苏州市2024年度重点产业紧缺专业人才需求目录》，苏州市人力资源和社会保障局，http://hrss.suzhou.gov.cn/jsszhrss/index.shtml。

2024年5月，济宁市发布《2024年度重点产业紧缺人才需求目录》，其中，高端装备制造产业紧缺人才需求情况如表10-4所示。对于济宁市高端装备制造产业来说，存在着一定的专业人才紧缺情况。这些紧缺人才涵盖了机械类、自动化、电气工程、电子类等多个专业领域。

表10-4　2024年济宁市高端装备制造产业紧缺人才专业目录

序号	专业名称	需求人数（人）
1	机械类	464
2	自动化	349
3	电气工程	206
4	电子类	204
5	车辆工程	143
6	机电一体化	121
7	国际贸易	114
8	市场营销	111

序号	专业名称	需求人数（人）
9	材料学	90
10	电气自动化	79
11	机械制造	65
12	控制工程	55
13	电子商务	51
14	财务会计	34
15	数控技术	24

资料来源：《济宁市2024年度重点产业紧缺人才需求目录》，济宁市人力资源和社会保障局，https://hrss.jining.gov.cn/art/2024/5/22/art_18516_2715879.html。

3.新材料产业

新材料是指新出现的具有优异性能和特殊功能的材料，以及传统材料成分、工艺改进后性能明显提高或具有新功能的材料，是支撑国民经济发展的基础产业。根据国家统计局公布的《战略性新兴产业分类（2018）》，新材料产业主要包括先进钢铁材料、先进有色金属材料、先进石化化工新材料、先进无机非金属材料、高性能纤维及制品和复合材料、前沿新材料、新材料相关服务等七大领域。我国新材料行业加速赶超趋势明显。

当前我国正处于工业转型升级的关键期，很多设备、应用都离不开材料的支撑，新材料产业是实施制造强国战略的重要基础。目前我国已初步形成了"东部沿海集聚、中西部特色发展"的空间格局，长三角、珠三角、环渤海等地区在不同领域具备一定优势。

根据《苏州市2024年度重点产业紧缺专业人才需求目录》，新材料产业紧缺人才需求情况如表10-5所示。岗位类别较多，涉及了研发工程师、材料工程师、材料检测工程师等岗位。新材料产业对急需人才的学历要求普遍集中在本科、硕士及以上，少数岗位只需大专文凭。

表10-5 苏州市2024年度新材料产业紧缺专业人才需求目录

紧缺专业	岗位名称	学历要求	岗位年薪（万元）	相关工作年限要求（年）
化学类	研发专家	博士	63	8
	黑料改性工程师	硕士	40	3
	研究开发主管	硕士	35	6
	化学工程经理	硕士	25	5
	航天军工销售	本科	50	3
	技术研发人员	本科	28	5
	自动化工程师	本科	26	4
	渠道销售经理	本科	25	5
	制造工程师	本科	23	3
	机械设计工程师	本科	22	5
	安全管理专员	本科	19	5
	生产工艺工程师	本科	15	2
材料类	电路设计工程师	本科	35	5
	半导体工程师	硕士	37	3
	封装测试工程师	硕士	35	6
	研发分析经理	硕士	30	2
	工业工程工程师	硕士	30	3

续表

紧缺专业	岗位名称	学历要求	岗位年薪（万元）	相关工作年限要求（年）
材料类	工厂长	本科	44	9
	应用工程师	本科	26	4
	材料工程师	本科	26	3
	新产品导入工程师	本科	16	2
	实验室工程师	本科	15	5
物理学类	研发总监*	硕士	58	6
	工艺研发工程师	硕士	25	3
	持续改进工程师	本科	45	10
	质量经理	本科	25	5
	项目经理	本科	24	5

说明：此处仅以新材料部分紧缺专业且紧缺指数=5的岗位为例，其余从略。

资料来源：《苏州市2024年度重点产业紧缺专业人才需求目录》，苏州市人力资源和社会保障局，http://hrss.suzhou.gov.cn/jsszhrss/index.shtml。

2023年，郑州市以产业发展需求为导向，结合郑州市经济发展现状与产业发展规划，编制了《郑州市产业骨干人才（急需紧缺专业）需求指导目录（2023）》。该目录涉及郑州市优势产业、新兴产业、未来产业等11个重点产业、240余个行业、422个急需紧缺岗位，具体包括电子/信息技术、高端装备制造、汽车及零部件、新材料、现代食品与农业、生物医药、节能环保、家居服装、现代金融、现代文旅、现代物流等11个重点产业。其中，新材料产业人才需求情况如表10-6所示。

表10-6　郑州市2023年新材料产业急需紧缺人才需求指导目录

岗位名称	急需紧缺指数	年工资薪金参考	学历要求	专业门类	专业类别
超硬材料研发工程师	★★★★★	25万元及以上	博士研究生	工学	材料科学与工程
高分子材料产品研究员	★★★★★	25万元及以上	博士研究生	工学	
硅片抛光材料研发工程师	★★★★★	25万元及以上	博士研究生	工学	
气凝胶研发工程师	★★★★★	25万元及以上	博士研究生	工学/理学	材料科学与工程、化学工程与技术
无机非金属材料研发工程师	★★★★★	25万元及以上	博士研究生	工学	材料科学与工程
材料仿真分析工程师	★★★★★	20万元及以上	博士研究生	工学	
电池正负极材料研发工程师	★★★★★	20万元及以上	博士研究生	工学	材料科学与工程、化学工程与技术
航空航天新材料研究员	★★★★★	20万元及以上	博士研究生	工学	材料科学与工程
锂电池材料研发工程师	★★★★★	20万元及以上	博士研究生	工学	
聚乙烯纤维研发工程师	★★★★★	20万元及以上	硕士研究生及以上	工学	

说明：以上仅展示了紧缺程度为5星的岗位，其余从略。

资料来源：《郑州市产业骨干人才（急需紧缺专业）需求指导目录（2023）》，郑州市人力资源和社会保障局，https://zzrs.zhengzhou.gov.cn/tzgg/7854808.jhtml。

4.生物产业

21世纪是生命科学的时代，生物技术在医疗保健、农业、环保、轻化工、食品等重要领域对改善人类健康与生存环境、提高农牧业和工业产量与质量都开始发挥越来越重要的作用。《战略性新兴产业分类（2018）》将生物产业具体划分为生物医药产业、生物医学工程产业、生物农业及相关产业、生物质能产业和其他生物业5类。近年来，全球范围内生物技术和产业呈现加快发展的态势，主要发达国家和新兴经济体纷纷对发展生物产业作出部署，作为获取未来科技经济竞争优势的一个重要领域。2022年5月10日，国家发展和改革委员会发布《"十四五"生物经济发展规划》，明确要在生物医药、生物农业、生物质替代应用及生物安全四大重点领域优先发力，引导创新资源向京津冀、长三角、粤港澳大湾区集聚发展。

从《苏州市2024年度重点产业紧缺专业人才需求目录》来看，生物医药及大健康产业49个专业类别，对应紧缺岗位148个。专业类别需求以药学类为主，占比约34%。紧缺等级为5级的有生物科学类、药学类、口腔医学类、生物科学类四个紧缺专业。生物医药及大健康产业紧缺人才需求情况如表10-7所示。岗位类别较多，涉及了首席医学官、医学总监、主治医师、麻醉科医师等岗位。生物医药及大健康产业对急需人才的学历要求普遍集中在本科、硕士及以上。

表10-7　2024年苏州市生物医药及大健康产业紧缺人才需求目录（部分）

紧缺专业	岗位名称	学历要求	岗位年薪（万元）	相关工作年限要求（年）
临床医学类	首席医学官*★	博士	300	20
	医学总监	博士	100	3
	主治医师	博士	40	15
	麻醉科医师	博士	30	0
	急诊ICU医师	博士	30	0
	超声科医师	博士	30	0
	视光学科带头人★	博士	100	20
	小儿眼科学科带头人★	硕士	100	20
	化工工程师	硕士	37	6
	医学联络官	硕士	35	3
	临床运营总监*	本科	40	5
	产品经理*	本科	33	5
	市场总监*	本科	30	5
	软件开发工程师（C）*	本科	30	5
药学类	药物化学总监*	博士	150	10
	药代动力学工程师*	博士	87	5
	药化设计总监*	博士	70	10
	生物分析部门经理*	博士	69	5
	药物制剂研究员*	博士	50	3
	微生物上游发酵经理*	硕士	45	5
	知识产权经理*	硕士	40	8
	市场推广经理	本科	35	5
	临床质量工程师*	本科	33	6
	市场销售经理*	本科	30	5

续表

紧缺专业	岗位名称	学历要求	岗位年薪（万元）	相关工作年限要求（年）
口腔医学类	学科带头人★	博士	150	20
	口腔医生	博士	30	5
生物科学类	研发科学家	博士	35	4
	代谢物鉴定总监*	博士	35	2
	酶工程研发主管	博士	32	0
	临床数据工程师*	博士	26	10
	质量负责人*	硕士	200	15
	技术总监*	硕士	48	5
	技术综合工程师	硕士	40	5
	项目管理经理*	本科	33	5
	生产管理经理*	本科	32	7
	大客户经理*	本科	31	4

说明：

（1）此处仅以生物医药及大健康产业部分紧缺专业且紧缺指数=5的岗位为例，其余从略。

（2）未来产业所涉及岗位用"*"标注，标注依据为《市政府关于加快培育未来产业的工作意见》；年度热门岗位用"★"标注，标注依据为该产业集群/重点方向中得分排名前十的岗位。

资料来源：《苏州市2024年度重点产业紧缺专业人才需求目录》，苏州市人力资源和社会保障局，http://hrss.suzhou.gov.cn/jsszhrss/index.shtml。

从《郑州市产业骨干人才（急需紧缺专业）需求指导目录（2023）》来看，生物产业紧缺人才需求情况如表10-8所示。专业要求不仅包括医学、药学和生物学等生物产业常规需求专业，还囊括了数学这类基础学科。但紧缺急需人才的学历要求普遍限制在硕士及以上学历。

表 10-8　郑州市 2023 年生物医药产业急需紧缺人才需求指导目录

岗位名称	急需紧缺指数	年工资薪金参考	学历要求	学科门类	专业领域
药物分析技术负责人	★★★★★	25万元及以上	博士研究生	医学／理学	药学、化学
药物合成技术负责人	★★★★★	25万元及以上	博士研究生	医学／理学	药学、化学
干细胞技术负责人	★★★★★	20万元及以上	博士研究生	医学／工学	基础医学、生物医学工程
干细胞临床应用工程师	★★★★★	20万元及以上	博士研究生	工学／理学	生物医学工程、生物学
抗体结构研究员	★★★★★	20万元及以上	博士研究生	理学	数学、生物学
兽药技术负责人	★★★★★	20万元及以上	博士研究生	农学／医学	兽医学、药学
细胞株开发技术负责人	★★★★★	20万元及以上	博士研究生	理学／工学	生物学、生物医学工程
类器官研发工程师	★★★★★	25万元及以上	硕士研究生及以上	理学／工学	生物学、生物医学工程
分子生物学研究员	★★★★★	20万元及以上	硕士研究生及以上	理学	生物学

资料来源：《郑州市产业骨干人才（急需紧缺专业）需求指导目录（2023）》，郑州市人力资源和社会保障局，https://zzrs.zhengzhou.gov.cn/tzgg/7854808.jhtml。

5.新能源及节能环保产业

近年来，低碳绿色发展日益成为全球共识，新能源已经成为未来生活的重要能源。新能源产业已成为一个国家和地区高新技术发展水平的重要依据，也是新一轮国际竞争的战略制高点，发展新能源产业成为顺应科技潮流、推进产业结构调整的重要举措。在我国的能源战略布局中，新能源将占据越来越重要的位置。长三角、环渤海地区主要承担着新能源产业研发、高端制造功能，是我国新能源产业发展的高地；中部地区承担着核心材料研发制造功能；西部地区依托丰富的自然资源，是新能源发电项目承载地。新能源汽车融汇新能源、新材料和互联网、大数据、人工智能等多种变革性技术，推动汽车从单纯交通工具向移动智能终端、储能单元和数字空间转变，带动能源、交通、信息通信基础设施改造升级，促进能源消费结构优化、交通体系和城市运行智能化水平提升，对建设清洁美丽世界、构建人类命运共同体具有重要意义。2020年10月，国务院办公厅发布《新能源汽车产业发展规划（2021—2035年）》。该规划指出，发展新能源汽车是我国从汽车大国迈向汽车强国的必由之路，是应对气候变化、推动绿色发展的战略举措；并提出要加快建立适应新能源汽车与相关产业融合发展需要的人才培养机制，编制行业紧缺人才目录。

2021年11月，《安徽省新能源汽车产业急需紧缺人才目录（2021—2023）》发布。安徽省将新能源汽车和智能网联汽车纳入十大产业发展规划，提出要推动安徽新能源汽车产业实现规模速度、质量效益双提升，打造一批各具特色的产业集聚区，加快推动新能源汽车产业高质量发展。安徽省将支持合肥市打造"中国新能源汽车之都"；计划以合肥、芜湖、安庆等市为重点，打造新能源汽车和智能网联汽车产业示范基地；以合肥、蚌埠为重点，打造动力锂电池产业基地；以合肥、六安、铜陵、芜湖等市为重点，打造燃料电池产业集聚区；以合肥、马鞍山等市为重点，打造新能源商用车基地等。

2023年9月发布的《安徽省制造业急需紧缺人才目录》包括新能源汽车与智能网联汽车、新能源与节能环保、新一代信息技术、人工智能、生命健康、新材料、高端装备制造和智能家电（居）等八大战略性新兴产业人才需求。其中新能源汽车与智能网联汽车下的细分产业汽车与零部件人才紧缺情况如表10-9所示。

表10-9 安徽省新能源汽车产业汽车与零部件紧缺人才目录

岗位名称	学历	相关工作年限要求	主要学科来源	紧缺度
QC工程师	大专	2	车辆工程、机械类、机械电子工程	★★★
QE工程师	大专	2	机械工程、车辆工程、质量管理工程	★★★
测试工程师	本科	1	车辆工程、自动化、电子信息类	★★★
产品开发工程师	本科	3	机械工程、车辆工程、质量管理工程、材料类	★★★
电气工程师	本科	2	机械工程、自动化、电气类	★★★
工艺工程师	本科	2	机械类、车辆工程、质量管理工程	★★★
模具工程师	大专	2	机械类、模具设计与制造	★★★
软件开发工程师	本科		计算机类、自动化类	★★★

岗位名称	学历	相关工作年限要求	主要学科来源	紧缺度
设计师	本科	3	机械类、车辆工程类、自动化类	★★★
现场工程师	本科	2	机械类、工业工程、机械电子工程	★★★
项目经理	大专	3	车辆工程、管理学	★★★
研发工程师	本科	3	机械类、自动化类、材料类、化学类	★★★
整车工程师	大专	3	自动化类、电子信息类、车辆工程	★★★
铸造工程师	本科	2	材料类、机械类等	★★★
机械工程师	本科	2	机械类、自动化类、电气类	★★★
机械设计工程师	本科	3	机械设计制造及其自动化、电气类	★★★
化工工程师	本科	2	化学工程与工艺	★★★
结构设计工程师	本科	3	机械工程、车辆工程	★★★
设备工程师	大专	2	机械类、电气类、机械电子工程	★★★
数控机床工	学历不限	1	机械类、电气类	★★★

资料来源：《安徽省制造业急需紧缺人才目录》，安徽省人力资源和社会保障厅，https://hrss.ah.gov.cn/zxzx/gsgg/8782744.html。

为更好服务成渝地区双城经济圈建设国家战略，助力人口高质量发展，在人力资源和社会保障部统筹指导下，2023年12月，重庆市人社局、四川省人社厅共同发布了《成渝地区双城经济圈急需紧缺人才目录》。包括世界级装备制造产业集群、汽车产业集群、特色消费品产业集群、新材料产业集群、绿色低碳优势产业和先进环保装备产业集群、生物医药和大健康产业集群等十大产业人才需求。其中绿色低碳优势产业和先进环保装备产业集群人才紧缺情况如表10-10所示。

表10-10 成渝地区双城经济圈绿色低碳优势产业和先进环保装备产业
集群急需紧缺人才目录

岗位名称	人才紧缺度指数				主要产业及领域
	数量紧缺	质量紧缺	稳定紧缺	综合指数	
化工实验工程技术人员	1.0000 ☆☆☆	1.0000 ☆☆☆	0.0000 ☆	0.8572 ★★★	E9：非电行业多污染物处置领域
嵌入式系统设计工程技术人员S	1.0000 ☆☆☆	1.0000 ☆☆☆	0.0000 ☆	0.8572 ★★★	E11：高盐有机废水深度处理及污泥等有机固废减量化资源化技术装备领域
能源管理工程技术人员L	1.0000 ☆☆☆	1.0000 ☆☆☆	0.0000 ☆	0.8572 ★★★	E1：清洁能源领域
石油天然气开采工程技术人员	1.0000 ☆☆☆	1.0000 ☆☆☆	0.0000 ☆	0.8572 ★★★	E1：清洁能源领域
设备工程技术人员	1.0000 ☆☆☆	1.0000 ☆☆☆	0.0000 ☆	0.8572 ★★★	E3：清洁能源应用领域
农业工程技术人员	1.0000 ☆☆☆	1.0000 ☆☆☆	0.0000 ☆	0.8572 ★★★	E5：储能领域碳捕集利用与封存领域
工业工程技术人员	1.0000 ☆☆☆	1.0000 ☆☆☆	0.0000 ☆	0.8572 ★★★	E6：节能技术领域
仪器仪表维修工	1.0000 ☆☆☆	1.0000 ☆☆☆	0.0000 ☆	0.8572 ★★★	E7：减污降碳协同增效领域

说明：此处仅以绿色低碳优势产业和先进环保装备产业集群重度紧缺人才岗位为例，其余从略。

资料来源：《成渝地区双城经济圈急需紧缺人才目录》，重庆市人力资源和社会保障局，https://rlsbj.cq.gov.cn/zwxx_182/tzgg/202312/t20231211_12679382.html。

6.数字创意与文化创意产业

数字创意与文化创意产业在助推经济高质量发展、满足人民美好生活需要、推动中国文化"走出去"等方面，发挥着不可替代的作用。郑州市积极推动文化产业与旅游产业的融合发展，通过打造"文化+"新业态，如文化创意、数字出版、移动多媒体、动漫游戏等新兴文化产业，以及"文化+科技"、"文化+金融"等模式，推动数字与文化创意产业的深度融合。此外，郑州市政府积极建设数字文化创意产业聚集区，例如，支持羲和网络科技公司建立"羲和5G数字大厦"，创立河南乐创创业孵化器和琅泽众创空间，主要针对数字文化创意领域的企业进行产业孵化，推动数字文化创意产业的集聚发展。在《郑州市产业骨干人才（急需紧缺专业）需求指导目录（2023）》中，文化产业对紧缺人才的学历要求主要集中在本科及以上教育水平，具体情况如表10-11所示。

表10-11　郑州市2023年度文化产业急需紧缺人才需求指导目录

岗位名称	急需紧缺指数	年工资薪金	学历要求	学科门类
UE4开发工程师	★★★	15万元及以上	本科及以上	工学
创意总监	★★★	15万元及以上	本科及以上	文学/艺术学
艺术设计总监	★★★	15万元及以上	本科及以上	艺术学
PHP开发工程师	★★★	15万元及以上	本科及以上	工学/理学
UI设计师	★★	10万元及以上	本科及以上	艺术学/工学
美术设计师	★★	10万元及以上	本科及以上	艺术学

续表

岗位名称	急需紧缺指数	年工资薪金	学历要求	学科门类
视觉传达设计师	★★	10万元及以上	本科及以上	艺术学
新媒体运营经理	★★	10万元及以上	本科及以上	文学 / 管理学
休闲游戏开发技术员	★★	10万元及以上	本科及以上	工学
Unity3D开发工程师	★★	10万元及以上	本科及以上	工学

资料来源:《郑州市产业骨干人才（急需紧缺专业）需求指导目录（2023）》,郑州市人力资源和社会保障局,http://hrss.suzhou.gov.cn/jsszhrss/bjdt/202307/489f5476940a4074a380f0c3dd34e229.shtml。

7.相关服务业

《战略性新兴产业分类》中的"相关服务业"分为新技术与创新创业服务、其他相关服务两类,具体包括研发服务、检验检测认证服务、标准化服务、其他专业技术服务、知识产权及相关服务、创新创业服务、其他技术推广服务、航空运营及支持服务、现代金融服务等行业。我国多地都在加大力度实施相关行业的引才计划。

前述《北京市新质生产力人力资源开发目录（2024年版）》,在服务业相关领域的人力资源需求情况如表10-12所示。

表10-12　2024年北京市新质生产力人力资源重点产业领域人力资源开发目录

产业	人力资源开发核心领域	人力资源开发代表岗位	年薪区间参考值（万元）	人力资源开发评级
科技服务	知识产权服务	专利工程师、专利代理师、知识产权咨询师、知识产权律师、知识产权分析师、知识产权管理体系审核员、专利撰写专家等	18—42	☆☆☆
	创业孵化服务	创业孵化咨询师、投资经理等	16—35	☆☆
	科技成果转移转化服务	技术经理人、科技成果验证工程师、科技成果转化产品经理等	17—37	☆☆☆
商务服务	国际商事仲裁中心建设	涉外仲裁员、争议解决律师、国际贸易争议解决专家等	不以年薪计算	☆☆☆
	人力资源技术服务	高级招聘专家、组织发展专家、薪酬绩效专家、人力资源数字化产品经理、人力资源数据分析师等	15—32	☆☆
金融服务	国家金融管理中心建设	金融风控／合规专家、金融估值／量化交易／资产配置高层次专家、跨境资产管理专家、跨境投融资法律顾问、金融行业政策研究员、金融标准制定专家、投融资分析师、国际金融合作与交流专家、外汇交易专家等	20—46	☆☆☆☆
	全球绿色金融和可持续金融中心建设	绿色金融政策和战略专家、绿色金融产品经理、绿色金融分析师、绿色金融营销专家、绿色金融产品研发专家等	18—46	☆☆☆☆

续表

产业	人力资源开发核心领域	人力资源开发代表岗位	年薪区间参考值（万元）	人力资源开发评级
金融服务	金融科技创新中心建设	金融云平台工程师、金融数据分布式计算工程师、金融系统架构师、金融数据产品经理、金融数字化产品规划专家、交易系统技术专家、金融产品推荐算法工程师、数字货币风控专家、数字货币量化研究员等	26—51	☆☆☆☆
生活服务	养老服务	养老护理培训师、养老规划师、老年人能力评估师、老年社会工作师、适老化设计师、智慧养老产品设备研发工程师等	12—29	☆☆☆

资料来源：《北京市新质生产力人力资源开发目录（2024年版）·重点产业领域人力资源开发目录》，北京市人力资源和社会保障局，https://rsj.beijing.gov.cn/xxgk/2024qt/202409/t20240923_3903193.html。

（二）其他重点产业

除上述战略性新兴产业外，国内各省市在制定急需紧缺人才目录时，还会根据地区经济发展目标和产业布局等，提出相关重点产业的人才需求计划。本小节以部分地区需求较为集中的人力资源服务业、文旅产业和特色农业为例，进行梳理分析。

1.人力资源服务业

党的十八大以来，我国人力资源服务产业不断开创新局面，市场规模不断扩大，服务水平显著提升，新产品新技术日益涌现，发展环境显著优化，为经济社会高质量发展提供越来越坚实的人力资源服务支撑。新时代，经济全球化和产业结构调整升级对人才需求的增加，新型用工方式为企业人力资源管理带来的创新与变革，移动互联网、人工智能、大数据等信息技术在人力资源服务领域的应用，全国统一大市场建设对构建人力资源市场制度规则的新要求等，为人力资源服务领域发展带来了新任务、新机遇、新挑战。①

近年来，我国人力资源服务政策体系不断完善。2021年，人社部等五部门联合印发《关于推进新时代人力资源服务业高质量发展的意见》；2022年，人社部印发《关于实施人力资源服务业创新发展行动计划（2023—2025年）的通知》；2023年，国家发展改革委修订发布的《产业结构调整指导目录（2024年本）》中，"人力资源和人力资本服务业"被列入鼓励类产业目录，进一步明确了产业的鼓励发展方向，作为服务业独立门类的地位已经确立。各地纷纷出台行业支持政策，安徽、山东、广东、重庆等地出台了行业发展"十四五"规划，22个省份出台了产业扶持政策，12

---

① 莫荣，侯增艳.我国人力资源服务产业高质量发展：实践与成效［M］//莫荣，侯增艳，冯馨莹.中国人力资源服务产业发展报告（2024）.北京：社会科学文献出版社，2024：1—33.

个省份设立了产业发展专项资金，加大支持力度①。这一系列政策文件形成了上下贯通的政策体系，为新时代人力资源服务产业高质量发展指明了前进方向。

2024年4月临汾市人力资源和社会保障局印发《临汾市人力资源服务业创新发展2024年行动方案》，为贯彻落实《临汾市推进服务业提质增效2024年行动计划》要求，深入开展人力资源服务业创新发展专项行动，以精准有力举措推进人力资源服务业提质增效、纵深发展。2024年7月浙江省人力资源和社会保障厅印发《浙江省人力资源服务业发展白皮书（2024）》，为进一步推动人力资源服务业高质量发展。2024年7月首届温州市人力资源服务业高质量发展大会召开，该会议是推动全市人力资源服务业向更高层级、更高水平发展的机遇，通过创新链、产业链、教育链、人才链、服务链等全方位融合，推动经济和社会的繁荣。2024年9月广州市人力资源和社会保障局在广东财经大学举办了2024年广州市人力资源服务业高级管理人才研修班，加快实施"广州市人力资源服务业高级人才培养行动"，助力广州市人力资源服务业高质量发展。2024年10月11日天津市人社局印发《天津市人力资源服务业高质量发展行动计划（2025—2027年）》，发展目标为"到2027年，全市人力资源服务业行业规模不断扩大，服务能力持续增强，创新水平显著提升，市场环境日益优化。全市各类人力资源服务

---

① 人力资源和社会保障部：《激发人力资源动能　汇聚强国建设力量——我国人力资源服务业发展综述》，https://www.mohrss.gov.cn/SYrlzyhshbzb/dongtaixinwen/buneiyaowen/rsxw/202311/t20231121_509301.html。

机构数量达到3500家，从业人员数量超过3万人，年营业收入达到2300亿元。人力资源服务业对全市经济社会发展贡献稳步提升。"2024年10月23日至24日，人力资源和社会保障部在宁波市召开人力资源服务业高质量发展推进会，深入学习贯彻党的二十大和二十届二中、三中全会精神，总结工作，交流经验，分析形势，部署推动人力资源服务业高质量发展重点任务。

2024年4月，《苏州市2024年度重点产业紧缺专业人才需求目录》正式发布。为掌握现阶段苏州市重点产业紧缺专业人才的需求状况，增强地区人才引进、培养的针对性和指导性，苏州市人力资源和社会保障局于2024年2月至3月期间对全市重点产业的企业人才现状与紧缺专业人才需求情况展开调查研究。该调研覆盖苏州市下辖四市六区，涉及先进制造业"1030"产业体系和生产性服务业"311"服务体系，涵盖低空经济、直播电商等新业态。该目录共涉及先进制造业与生产性服务业两大产业领域，涵盖新能源、新一代信息技术、生物医药及大健康、高端装备、新兴数字产业、新能源汽车、软件与信息服务、新材料、高端纺织、轻工业等十个先进制造业产业集群30条重点产业链，以及要素支撑服务、质效提升服务、商务专业服务等三大重点方向11项细分领域，共计283个重点发展方向。其中涉及对人力资源服务行业紧缺岗位需求信息70项（具体信息见表10-13），紧缺程度较高，主要涉及人事经理、人力资源经理、技术培训专员等岗位，基本要求本科学历，普遍要求3年以上相关工作经验。

表10—13　苏州市2024年度人类资源服务业紧缺专业人才需求目录

岗位名称	学历要求	紧缺专业	专业紧缺指数	任职能力要求	相关工作年限要求（年）	岗位年薪（万元）	涉及产业链/细分领域
人事行政总监	硕士	工商管理类	4级	具备人力资源管理经验、组织发展、绩效考核和薪酬体系设计经验，熟悉劳动法律法规；具备出色的沟通和协调能力，领导力和决策能力，能够完善公司的人力资源、行政和后勤管理工作	10	30	光伏、动力电池
技术培训专员	本科	自动化类	3级	掌握新能源汽车的技术，包括基本理论、车辆结构、工作机制以及维护和检修流程；具备新能源汽车维修、检测和故障诊断经验，能够提供现场技术指导；具备教学和表达能力，能够根据学员的不同需求设计和实施培训计划，开发培训材料	5	15	光伏、动力电池
		机械类	5级				
		能源动力类	5级				
人力资源经理	本科	工商管理类	2级	有人力资源管理岗位工作经验、精通人力资源管理知识；熟悉国家相关法律法规、具备培训能力，能够进行员工入职培训及ISO等体系相关政策培训；有电子行业工作经验、熟悉半导体封测行业，懂德南语	5	20	半导体与集成电路、消费电子、新型显示
		管理科学与工程类	3级				
学科带头人	博士	口腔医学类	5级	具备教授或主任医师职称；拥有教学和科研经验，能够领导学科团队并推动学科发展；具有国际视野，紧跟学科发展前沿；具备三级甲等医院的临床工作经验；具备指导和培养研究人员的能力；有科研项目获取和执行的能力，能产出高质量的科研成果；具有医院或学术机构管理经验，曾担任科室主任或副主任；熟悉医疗健康政策，能够根据政策导向优化学科发展策略	20	150	大健康

续表

岗位名称	学历要求	紧缺专业	专业紧缺指数	任职能力要求	相关工作年限要求（年）	岗位年薪（万元）	涉及产业链／细分领域
ADC生产总监	博士	化工与制药类	3级	具有从ADC中试到商业化生产的经验，熟悉整个生产流程，包括单抗、细胞毒性药物／连接子的生产，以及ADC原液和制剂的生产；具备ADC工艺开发经验，能够领导并发展团队，确保项目成功和成员成长；精通ADC相关的专业知识，包括偶联技术和分析技术，了解与小分子和偶联工艺相关的关键质量属性；熟悉药品研发相关的法规政策及指南	10	120	创新药
		生物工程类	3级				
		化学类	4级				
研发总监	硕士	生物医学工程类	4级	具备医疗器械和基因编辑产品的开发经验；具备材料化学、有机化学、物理化学、药物化学等相关专业理论知识；对项目管理、研发人员梯队建立、研发技术标准化认识和流程化建立有深刻认识和成功经验；具备组织、计划、控制、沟通协调能力和成功经验；具备产品洞察能力；具备产品工艺开发和转移能力和机械产品工艺放大过程中的难点和问题，并经验、能够解决工艺放大过程中的难点和问题，并提出合理的解决方案	5	50	医疗器械、创新药
		机械类	3级				
		化学类	4级				
		生物科学类	5级				
组织发展经理	硕士	管理科学与工程类	2级	具备人力资源管理、组织管理或相关管理类专业基础知识和对人才发展、战略规划等方面的实际经验；具备沟通能力和协调技巧，了解组织发展流程，包括但不限于组织结构设计、岗位分析、人才梯队建设；具备项目管理能力，能够利用数据分析工具对人才和组织效能进行分析	8	18	大健康

续表

岗位名称	学历要求	紧缺专业	专业紧缺指数	任职能力要求	相关工作年限要求（年）	岗位年薪（万元）	涉及产业链／细分领域
人事经理	本科	公共管理类	2级	具备薪酬、绩效管理相关工作经验；具备良好的职业操守和责任感；熟悉薪酬管理制度和流程，具备快速学习能力；具备薪酬设计、套改、人效相关项目经历，能主导推动项目落地执行；具备逻辑思维能力，对数据敏感，能进行薪酬和绩效数据分析，提供建设性意见；具备人力资源管理经验、行政管理能力和写作能力；具有人事和行政工作统筹能力，能招聘、组织人员有效展开部门工作	6	13	医疗器械、大健康、创新药
		管理科学与工程类	2级				
		工商管理类	3级				
		法学类	2级				
运营总监	本科	经济与贸易类	3级	具备机械制造、军工、航空航天、半导体设备等高精尖行业运营管理工作经验；熟悉特定研发、市场、服务、供应链、人力资源、财务质量、流程与IT等业务领域的国家政策法规，熟悉相关地方政策知识，接受过精益生产、企业管理等方面的专业培训；掌握业务问题分析的方法和工具，具备结构化思维，能够系统地解决问题；具备良好的文字表达能力，熟练使用办公软件	9	30	电梯、航空航天、工业母机及集成化装备、工程机械及节能环保装备、机器人
		机械类	5级				
		电子信息类	5级				
		自动化类	3级				
		工商管理类	3级				
		工业工程类	3级				

续表

岗位名称	学历要求	紧缺专业	专业紧缺指数	任职能力要求	相关工作年限要求（年）	岗位年薪（万元）	涉及产业链／细分领域
运营总监	本科	物理学类	3级	具备机械制造、军工、航空航天、半导体设备等等高精尖行业运营管理工作经验，熟悉特定研发、市场、服务、供应链、人力资源、财务质量、流程与IT等业务领域的流程和理论知识，接受过精益生产、企业管理等方面的专业培训；掌握业务问题分析的方法和工具，具备结构化思维，能够系统地解决问题；具备良好的文字表达能力，熟练使用办公软件	9	30	电梯、航空航天、工业母机及集成化装备、工程机械及节能环保装备、机器人
		经济学类	3级				
		电气类	4级				
		安全科学与工程类	2级				
		管理科学与工程类	2级				
人力资源总监	本科	管理科学与工程类	2级	具有在上市公司工作的经验，熟悉人力资源相关法律法规及政策，熟练掌握人力资源专业技能，包括但不限于员工关系管理、培训与发展、绩效管理、薪酬福利设计等；具备战略设计和实施人力资源管理的能力，能够根据公司需求完成人力资源管理的各项工作，能够带领团队完成人力资源战略；具有团队领导能力，良好的沟通能力，能够与公司内部各部门及外部合作伙伴有效沟通；对人力资源管理有深入理解，能够根据公司发展阶段提出创新性的人力资源解决方案	5	27	工业母机及集成化装备、工程机械及节能环保装备、机器人
		工商管理类	3级				
		公共管理类	2级				
		经济学类	3级				

续表

岗位名称	学历要求	紧缺专业	专业紧缺指数	任职能力要求	相关工作年限要求（年）	岗位年薪（万元）	涉及产业链/细分领域
技术培训专员	本科	电子信息类	5级	熟悉培训流程和方法，能够独立负责培训项目；掌握相关的人力资源管理知识，了解培训理论和成人学习方法，以及具备一定的技术背景知识，能够理解并传达技术内容；良好的沟通与组织能力，能够与不同文化背景的人员进行有效的沟通与协调；具备一定的数据分析能力，熟悉办公软件的使用	5	23	电梯、航空航天、工业母机及集成化装备、工程机械及节能环保装备、机器人
		工商管理类	3级				
		计算机类	4级				
		机械类	5级				
		管理科学与工程类	2级				
		天文学类	3级				
		仪器类	3级				
		自动化类	3级				
		工业工程类	3级				
人事经理	本科	工商管理类	4级	有相关工作经验，熟练掌握人力资源相关技能；能够进行口语及书面沟通交流；有人力资源管理二级证书；熟悉薪酬设计及绩效管理两个模块；有薪酬体系设计并落地实施的经验	5	24	新能源整车、汽车电子及零部件、智能车联网
		法学类	3级				
		机械类	5级				

续表

岗位名称	学历要求	紧缺专业	专业紧缺指数	任职能力要求	相关工作年限要求（年）	岗位年薪（万元）	涉及产业链／细分领域
组织发展主管	本科	公共管理类	2级	具备人力资源或相关领域的工作经验；熟悉组织发展理论与实践；能够根据公司业务需求制订和实施有效的培训和发展计划；精通绩效管理和人才发展策略	2	20	工业软件
人事经理	本科	电子信息类	5级	具有电子、通信行业人事工作经验；熟悉海外人才招聘模式；对人力资源各模块有深入的了解；具有一定的企业管理能力，能够推动企业建设和文化发展	2	19	信息技术应用创新、工业软件
		公共管理类	2级				
		工商管理类	4级				
人力资源经理	本科	工商管理类	3级	熟悉集团管控模式，特别是集团人力资源管控模式；具备专业的战略人力资源管理知识和实操经验；拥有人力资源系统理论基础；能够准确判断人力资源管理职能与其他职能之间的关系；具备战略思维和强凝定位人力资源职能；能根据公司战略和业务特点准确定位人力资源职能；具备组织变革能力和组织协调能力	5	20	纳米新材料、先进金属材料、化工新材料
		公共管理类	2级				
		材料类	5级				
		财政学类	2级				

续表

岗位名称	学历要求	紧缺专业	专业紧缺指数	任职能力要求	相关工作年限要求（年）	岗位年薪（万元）	涉及产业链／细分领域
员工关系经理	本科	心理学类	3级	具备人力资源管理和员工关系的实际工作经验；熟悉劳动法律法规；能够进行组织规划和数据分析；能够设计和实施员工培训计划；熟练使用人力资源信息系统和技术工具	0	20	服装家纺
生命学科教师	博士	生物科学类	4级	持有教师资格证书或具备同等水平的教学经验；能够采用互动式学习方法，鼓励学生参与，并为每个学生提供个性化指导；具备一定的科研经验，熟悉分子生物学实验技术，如细菌培养、无菌菌操作、DNA纯化、PCR和DNA序列分析等；熟练掌握分子生物学的基本实验操作和实验设计；有海外学习或工作经历，能够使用中英文进行授课	4	31	人力资源服务
销售经理	本科	新闻传播学类	3级	具备较强的市场开拓能力；具有良好的商务谈判能力和方案宣讲能力，能够促进项目落地；具有百万级以上政务项目经验，熟悉政府采购流程；执行力强，有挑战精神，能够及时完成上级交办的任务；熟悉危废行业，具备经营管理知识和营销实战经验；具有良好的亲和力、团队领导能力和决策能力	5	36	人力资源服务、数字金融服务、碳中和服务
		外国语言文学类	4级				
		工商管理类	4级				

续表

岗位名称	学历要求	紧缺专业	专业紧缺指数	任职能力要求	相关工作年限要求（年）	岗位年薪（万元）	涉及产业链／细分领域
软件开发工程师	本科	计算机类	5级	熟悉至少一种主流编程语言，如Java、Python、C++等；熟悉Spring、Spring Boot、Spring Cloud等主流开源框架；熟练使用Kafka、MyBatis、Redis等中间件；具有网络通信开发经验，熟悉Socket编程；具有知识中台项目经验或大模型研究经验；有大型网站的前端架构、部署经验；了解Docker、Nginx，具备前端运维能力；熟悉W3C标准，擅长HTML5、CSS3、JavaScript等；熟练使用WebStorm、Xcode等开发工具；有独立完成复杂前端模块的设计与实现的经验	3	30	人力资源服务
项目管理经理	本科	计算机类	5级	熟悉项目管理基础理论，持有PMP、IPMP或Scrum证书；熟悉软件瀑布和Scrum开发模型；熟练使用Office软件，包括Word、Excel、PPT和Project；懂SQL数据库	5	23	数字金融服务、人力资源服务、碳中和服务
		自动化类	4级				
		电子信息类	4级				
财务经理	本科	金融学类	5级	具备强大的文字表达能力和分析研判能力，能够准确、严谨地撰写分析、总结、工作报告等文稿；能够正确理解国家及上级的财政政策、指令和决定；能够分析研判断成本费用及管理问题，并提出解决对策和措施	4	18	数字金融服务、现代物流服务、人力资源服务
		工商管理类	4级				
		财政学类	4级				

续表

岗位名称	学历要求	紧缺专业	专业紧缺指数	任职能力要求	相关工作年限要求（年）	岗位年薪（万元）	涉及产业链/细分领域
员工关系经理	本科	教育学类	2级	具备人力资源管理或人事管理实务工作的经验；熟悉现代人力资源管理技术、劳动法规、基本财务知识等方面；具备较强的计划、组织、协调能力；协调能力和人际交往能力；具备优秀的语言表达及沟通能力，能够独立处理劳动纠纷，以及与员工之间建立有效的沟通渠道，能够解决复杂的人事管理实际问题，具有较强的服务意识，劳资纠纷，能够及时反馈及时处理各种突发事件，确保各项工作的顺利进行	3	12	数字金融服务
技术培训专员	本科	机械类	3级	熟悉C++、Python中至少一种程序语言；熟悉控制理论、嵌入式开发、电子电气架构、人工智能、通信协议、Tier1、Tier2一线研发经验；拥有汽车主机厂、Tier1、Tier2一线研发经验；拥有工科职业教育或各职业院校专业教师工作经验；拥有在线教育学习经历	1	12	人力资源服务
		电子信息类	4级				
		计算机类	5级				

注：紧缺指数是对学科专业在重点产业领域需求程度的定量评价，用数值1—5表示，数值越大，紧缺程度越高。岗位年薪是指企业向人才支付的年薪酬先进薪酬75分位值。

资料来源：《苏州市2024年度重点产业紧缺专业人才需求目录》，苏州市人力资源和社会保障局，http://hrss.suzhou.gov.cn/jsszhrss/index.shtml。

2.文旅产业

作为我国大力扶持发展的第三产业新模式，文化与旅游两大产业的融合发展对促进区域经济发展和产业结构转型有着重要意义。我国文化和旅游产业坚持以社会主义核心价值观为引领，以满足人民文化需求和增强人民精神力量为着力点，努力创作优秀文化作品、提供优秀文化产品和优质旅游产品，推动文化和旅游行业实现快速恢复发展，有力发挥了稳定增长、促进消费、扩大就业、惠及民生的重要作用。2023年末，纳入统计报送的全国各类文化和旅游单位30.4万个。其中，各级文化和旅游部门所属单位6.6万个，从业人员72.9万人。[①]2024年1月底，福建省发布《福建省"四大经济"部分急需紧缺职业（工种）目录》，共涉及48个职业（工种），其中前厅服务员、客房服务员、营养配餐员、咖啡师、调酒师、公共营养师等文旅产业职业（工种）占20.8%。2024年3月淄博市文化和旅游局所属部分事业单位公开招聘紧缺急需专业人才，具体见表10-14。

---

① 中华人民共和国文化和旅游部2023年文化和旅游发展统计公报。

表10-14 淄博市 2024 年度文旅局所属部分事业单位
公开招聘紧缺急需专业人才岗位汇总表

招聘单位	岗位名称	岗位层次	岗位描述	学历要求	研究生专业要求	招聘人数（人）
淄博市文物保护和考古研究院	考古发掘与研究	初级专业技术岗位	主要从事野外考古发掘工作	本科及以上	考古学	10

资料来源:《2024年度淄博市文化和旅游局所属部分事业单位急需紧缺专业人才招聘岗位一览表》，淄博市文化和旅游局，https://wh.zibo.gov.cn/gongkai/channel_c_5f9fa491ab327f36e4c13060_n_1605682652.7462/doc_65e80dccd9a4f5fc97d0f987.html。

2024年5月青岛市文化和旅游局所属部分事业单位公开招聘紧缺急需专业人才，具体见表10-15。

表10-15 青岛市 2024 年度文旅局所属部分事业单位
公开招聘紧缺急需专业人才岗位汇总表

事业单位	岗位类别	岗位名称	岗位说明	学历要求	研究生专业要求	招聘人数（人）
青岛市图书馆	专业技术岗位	信息资源管理	从事信息资源管理工作	硕士	情报学	1
青岛市博物馆	专业技术岗位	古籍文献类藏品研究	从事古籍文献研究工作	硕士	古籍保护	1
青岛市城市文化遗产保护中心	专业技术岗位	文物修复与管理	从事文物研究、保护、修复、管理等工作	硕士	文物与博物馆专业学位	1
青岛市城市文化遗产保护中心	专业技术岗位	博物馆展览策划研究	从事博物馆展览策划、展览内容研究、展览大纲编写及展览项目申报等工作	硕士	博物馆学与文化遗产	1
青岛市文化和旅游公共服务中心	专业技术岗位	旅游统计与新媒体宣传	从事旅游数据统计和新媒体宣传工作	硕士	传媒经营管理	1

资料来源:《2024年度青岛市文化和旅游局所属部分事业单位公开招聘紧缺急需专业人才岗位汇总表》，青岛市文化和旅游局，http://whlyj.qingdao.gov.cn/zwxx/202405/t20240529_8050455.shtml。

2024年5月济宁市发布《2024年度重点产业紧缺人才需求目录》，具体如表10-16所示。

表10-16　济宁市2024年度重点产业紧缺人才需求目录

企业名称	岗位名称	学历要求	专业名称	需求人数（人）
山东豆神动漫有限公司	maya模型师	专科及以上	动画制作	2
	maya动画师	专科及以上	动画制作	2
山东天成书业有限公司	学科主审	本科及以上	不限	5
济宁万达嘉华酒店管理有限公司万达嘉华酒店	宾客服务中心服务员	专科	酒店管理专业	1
	销售主任	专科	酒店管理相关专业	2
	宴会厨师长	专科	厨师相关专业	1
山东接力教育集团有限公司	业务经理	专科及以上	不限	2
	业务客服	专科及以上	不限	2
	高中教育学科编辑	本科及以上	地理、化学	2
山东金太阳教育集团有限公司	高中九科编审老师	本科及以上	师范类	2
山东水浒文化传媒有限公司	销售经理	专科及以上	营销专业	2
济宁领岫传媒有限公司	资深设计师	本科及以上	视觉传达，新媒体	2
山东微山湖旅游发展集团有限公司	融资	本科及以上	金融学、财会、投资学	2
	船舶驾驶员	专科	水上运输、船舶驾驶	5

企业名称	岗位名称	学历要求	专业名称	需求人数（人）
山东微山湖旅游发展集团有限公司	法务	本科及以上	法律专业、法律事务	2
	财务人员	本科及以上	财务管理、会计学、审计等	2
微山县鱼乐圈旅游服务有限公司	咖啡厅店长	专科及以上	不限	1
济宁凌动体育文化发展有限公司	课程顾问	专科及以上	专业不限	5
	田径教练	专科及以上	专业不限	5
	篮球教练	专科及以上	专业不限	5
	足球教练	专科及以上	专业不限	5
	乒乓球教练	专科及以上	专业不限	5
山东鼎鑫书业有限公司	编审	本科及以上	学科编辑	6

资料来源：济宁市《2024年度重点产业紧缺人才需求目录》，济宁市人力资源和社会保障局，https://hrss.jining.gov.cn/art/2024/5/22/art_18516_2715879.html。

3.特色农业

推进特色农业的发展是我国农业战略转型的关键，旨在增强我国农业在全球市场的竞争力，并迫切需要提升农民的经济收入。我国多个省份和城市依据各自的地理和自然条件，将本地特有的农林牧渔资源开发成特色产品，进而将特色农业培育成为区域经济的核心竞争力。随着农林牧渔业的不断进步，各地对于相关专业的人才需求也日益增长。

2023年2月，广州市发布了《广州市重点产业紧缺人才目录》，旨在深入掌握重点产业紧缺人才需求现状，加快推进人才信息共享和数据开放，提高人才引进培养工作的针对性和有效性，加快集聚产业紧缺人才，促进重点产业快速发展。其中与特色农业相关的岗位如表10-17所示。

表10-17　广州市重点产业紧缺人才目录

岗位名称	能力要求	学历	工作经验要求	紧缺指数	紧缺等级
林业工程师	熟练掌握地形图识别、勾绘，熟悉林业资源调查及林业资源资产评估，熟悉林分种植、抚育、采伐等常规行业技术及种植周期的整个技术操作，具备完整的项目运营工作经验	本科及以上	三年及以上	5.21	☆☆☆
场长（农/林/牧/渔业）	熟练掌握农/林/牧/渔业技术，熟悉本产业链的各个环节，了解生物安全管理知识，具备生物安全管理意识；具有良好的生产管理能力（生产计划、生产数据管理、生产预测、成本控制、制度）	大专及以上	三年及以上	4.35	☆☆☆
园林工程师	熟悉施工图纸，编制各项施工组织设计方案和施工安全、质量、技术方案；熟悉项目管理流程，质量意识强，对施工安全和文明有深刻认识，熟悉各类苗木种植程序、要点及注意事项，有一定的现场组织能力和指挥能力	本科及以上	三年及以上	4.18	☆☆☆
林业研究员	具有林业调查设计、林业工程监理外业调查工作经验，具有在森林资源勘测、规划设计、林业地形图勾绘及内业处理和能熟练使用GPS等林业调查仪器设备测量林地面积等实操能力，能熟练操作办公软件，熟悉地理信息系统的应用及GPS的使用与数据处理；具有强烈事业心、责任感、较强的组织协调能力	大专及以上	三年及以上	4.06	☆☆☆

续表

岗位名称	能力要求	学历	工作经验要求	紧缺指数	紧缺等级
园艺研究员	熟悉花卉、盆栽植物的繁育、栽培、修整、盆景制作、植物嫁接等，熟悉各种常见花卉的栽培管理技术及习性，具备园林苗木种植养护的专业知识，对花卉栽培有独特的见解	大专及以上	两年及以上	4.01	☆☆☆

资料来源：《广州市重点产业紧缺人才目录》，广州市人力资源和社会保障局，https://rsj.gz.gov.cn/ywzt/rcgz/renczc/content/post_8761366.html。

2024年5月，济宁市人力资源和社会保障厅组织编制《2024年度重点产业紧缺人才目录》旨在助力制造强市建设，聚焦"231+1"产业发展，吸引集聚更多急需紧缺人才来济就业，实现地域、产业与人才间的精准对接，为济宁高质量发展提供智力支撑。其中，2024年济宁市高效农业产业紧缺人才目录如表10-18所示。

表10-18　2024年济宁市高效农业产业紧缺人才目录

企业名称	岗位名称	学历要求	专业名称	需求人数（人）
山东白象食品有限公司	营销管理岗	专科及以上	市场营销、工商管理、电子商务、国际贸易、金融、经济学	10
	采购岗	本科及以上	采购管理、物流管理、经济学	10
	市场岗	专科及以上	市场营销、品牌传播学、广告学、经济学	10
	人力资源岗	本科及以上	人资管理、工商业管理、公共事业管理、劳动社会与保障	10

续表

企业名称	岗位名称	学历要求	专业名称	需求人数（人）
山东白象食品有限公司	财务岗	本科及以上	财务管理、财会统计、财务与审计、财务会计、国际会计、电算会计	10
	生产制造岗	专科及以上	食品科学与工程、食品加工与技术、食品质量与安全，食品营养与监检测	10
	品质管理岗	专科及以上	食品科学与工程、食品加工与技术、食品质量与安全，食品营养与监检测	10
今麦郎面品（兖州）有限公司	电工	专科及以上	电气相关，有操作证	3
	管培生	本科及以上	机械／食品相关	10
今麦郎饮品（兖州）有限公司	储备干部	本科	电气／自动化／机械／食品类专业	5
山东沃尔美肥业有限公司	业务经理	专科及以上	不限	10
	仓管	专科	不限	5
	仓库统计	专科及以上	财会	2
山东红太阳酒业集团有限公司	生产技术员	本科	酿酒工程、微生物、食品发酵	4
山东利生食品集团有限公司	融资经理	本科	会计学	1
山东天博食品配料有限公司	销售代表	专科及以上	市场营销	2
	食品技术岗位	本科	食品科学与工程	2
	食品法规专员	专科及以上	食品科学与工程、食品质量与安全以及食品相关专业	2

续表

企业名称	岗位名称	学历要求	专业名称	需求人数（人）
山东康泉食品有限公司	电商经理	专科及以上	电子商务类	1
济宁市亲亲食品科技有限公司	采购专员	专科及以上	不限	1
梁山菱花生物科技有限公司	设备保全	专科	设备自动化维修	5
	电厂操作工	专科及以上	电气自动化	2
	电厂厂长	专科及以上	电气自动化	1
山东味珍食品有限公司	生产管理	专科及以上	食品科学与工程，生产管理类	4
	设备维保／管理	专科及以上	机械类，机电类	2
	人力资源	本科及以上	人力资源管理	1
	食品销售	专科及以上	市场营销	3
益海嘉里（兖州）粮油工业有限公司	品控	本科及以上	食品	1
	生产工艺（中央厨房）	专科及以上	营养烹饪	2
	央厨运营部经理	专科及以上	不限	1
山东北速食品有限公司	研发总监	专科及以上	速冻肉制品领域	1
	生产部经理	专科及以上	生产管理	2
山东科为生物制品有限公司	水产饲料加工	硕士	水产养殖	2
	饲料销售	本科	市场营销	2
济宁华龙农庄面粉有限公司	管培生	本科及以上	食品相关专业、机电专业、粮食加工专业	3

续表

企业名称	岗位名称	学历要求	专业名称	需求人数（人）
山东中质华检测试检验有限公司	客户经理	专科及以上	市场营销、食品、生物或化工专业优先考虑	4
	食品检验工程师	本科及以上	化学、食品、生物专业优先考虑	4
嘉祥县乡情农作物种植专业合作社	研发人员	本科及以上	研发试验人员	2
山东诚丰种业科技有限公司	大区经理	专科及以上	不限	2
	遗传育种	本科及以上	农学	1
山东嘉冠粮油工业集团有限公司	期货	本科及以上	金融学、国际贸易	4
	销售	本科	市场营销	6
金乡县金得利食品有限公司	食品研发人员	专科及以上	食品相关专业	1
山东锦都食品有限公司	业务经理	专科	营销	10
	化验员	专科及以上	食品检测	2
	冷冻食品研发员	专科及以上	食品研发	2
	生产管理人员	专科及以上	不限	1
	质检员	专科	不限	2
山东土木启生物科技有限公司	发酵技术工	本科	发酵技术	2
	工艺研发	本科及以上	实验技术	1
爱科（济宁）农业机械有限公司	机械设计	本科及以上	机械设计	2
樱源有限公司	食品专业管培生	本科及以上	食品质量与安全、食品营养与检测等相关食品专业人员	5

续表

企业名称	岗位名称	学历要求	专业名称	需求人数（人）
康睿食品有限公司	食品化验员	专科及以上	食品科学与工程、生物工程、食品质量与安全、食品营养与检测	5
	电工	专科及以上	机电一体化、自动化、电气、机械	2
	锅炉工	专科及以上	热力工程、工业环保与安全技术、电气、机电一体化	3
	质检员	专科及以上	食品科学与工程、生物工程、食品质量与安全、食品营养与检测	3
	水质化验员	专科及以上	环境科学、环境工程、生态学	2
山东友和生物科技股份有限公司	培训主管	专科及以上	不限	1
	安全员	专科及以上	不限	2
	文员	专科及以上	不限	2
	技术员	专科及以上	不限	3
山东微山湖酒业有限公司	食品检验技术员	本科及以上	食品检验	1
	生物技术员	本科及以上	生物技术	1
	酿酒师	本科及以上	白酒酿造	1
伟龙食品有限公司	管培生	本科及以上	食品／工商／营销等	10

资料来源：济宁市《2024年度重点产业紧缺人才需求目录》，济宁市人力资源和社会保障局，https://hrss.jining.gov.cn/art/2024/5/22/art_18516_2715879.html。

2024年4月，中卫市人力资源和社会保障局发布《2024年度中卫市事业单位急需紧缺人才需求目录》和《2024年度中卫市

"六个特色"产业急需紧缺人才需求目录》。旨在落实宁夏回族自治区第十三次党代会、中卫市第五次党代会人才工作部署，持续推进"才聚宁夏1134"行动，大力实施"聚才兴业"工程，吸引集聚各类优秀人才。其中功能农业紧缺急需人才引进指导目录如表10-19所示。

表10-19　2024年中卫市功能农业紧缺急需人才引进指导目录

岗位	专业要求	学历要求	招聘人数（人）
生产管理人员	食品加工	研究生	1
研发工程师	食品工程、生物工程药学相关专业	研究生	1
车间管理员	食品安全	研究生	1
研发工程师	食品工程、生物工程相关专业	研究生	1
质量工程管理师	食品药品相关理工专业	大专及以上	1
研发工程师	食品工程或生物工程相关专业	本科及以上	1
研发专员	食品工程或生物工程相关专业	本科及以上	1
采购专员	会计相关专业	大专及以上	1
销售跟单员	不限	大专及以上	1
生产文员	不限	大专及以上	1
科研专项攻关工程师	食品科学与工程相关专业	研究生	4
行政总监	行政管理、工商管理类	本科及以上	1
财务总监	财务会计类、会计与审计类	本科及以上	1
市场运营部总监	市场营销	本科及以上	1
肉牛养殖事业部负责人	畜牧学类、动物生产类	本科及以上	1

续表

岗位	专业要求	学历要求	招聘人数（人）
肉牛屠宰精深加工事业部负责人	畜牧、兽医、动物营养及市场营销、工商管理类	本科及以上	1
科技服务事业部负责人	畜牧、兽医、动物营养及市场营销、工商管理类	本科及以上	1
饲草料科技服务事业部负责人	畜牧、兽医、动物营养及市场营销、工商管理类	本科及以上	1
活牛交易事业部负责人	畜牧、兽医、动物营养及市场营销、工商管理类	本科及以上	1
管理岗	工商管理类、旅游管理及相关专业	本科及以上	2
财务岗位	会计学类	本科及以上	2
农业技术员	农学、园艺、植物保护、植物科学与技术、种子科学与工程、应用生物科学、设施农业科学与工程、农艺与种业、蔬菜	大专及以上	3
研究员	农业机械化及其自动化、农业电气化与自动化、农业工程、种子科学与工程、蔬菜学、食品科学与工程	本科及以上	2
育苗中心主任	农学、植保、园艺	大专及以上	1
农业技术员	农学、园艺、植保	大专及以上	5
育苗中心主任	农学、园艺、植保	大专及以上	2
机械设计	机械制造电气自动化相关专业	本科及以上	2
专业技术岗	水利工程类	本科及以上	5
专业技术岗	土木工程类	本科及以上	5
管理岗	工商管理类	研究生	2

资料来源：《2024年度中卫市"六个特色"产业急需紧缺人才需求目录》，中卫市人力资源和社会保障局，http://www.nxzwdj.gov.cn/zwdjwtzgg/202404/t20240430_4997345.html。

（三）急需紧缺人才状况比较

1.创新型人才重要性凸显

随着科技革命和产业变革的不断深化，科技与人才竞争已成为国际战略竞争的核心。我国正积极推进经济的高质量增长，并致力于实现经济的现代化转型。这一转型过程中，我们必须大力发展科学技术，努力构建创新高地，以确保在全球竞争中占据有利地位。习近平总书记在2024年6月全国科技大会、国家科学技术奖励大会、两院院士大会上强调指出，要"深化教育科技人才体制机制一体改革，完善科教协同育人机制，加快培养造就一支规模宏大、结构合理、素质优良的创新型人才队伍。"科技创新需要人才支撑，而人才培养又依赖于教育发展。如何激发各类人才的创新潜能和构建科技创新高地，已成为各地在制定人才规划时必须重点考虑的问题。在这一背景下，创新型人才正逐渐成为各地急需引进和培养的关键人才资源。

南京市始终将创新作为推动发展的核心动力，积极推进创新驱动发展战略，致力于建设国家创新型城市。在创新的引领下，南京加快构建现代化产业体系，实施高新技术企业培育计划，重点发展创新型产业集群，其中软件和信息服务业、智能电网产业已入选国家先进制造业集群。2023年6月，南京市发布了《南京市推进产业强市行动计划（2023—2025年）》，将战略性新兴产业定位为发展"主引擎"，并着力培育"2+6+6"创新型产业集群。为了促进产业与人才的深度融合，南京市同步规划产业布局和人才发展，发布了《2023年度南京市创新型产业集群紧缺人才需求目录》，深入分析了创新型产业集群的人才现状和需求，为精准招聘人才提供指导，推动创新链、产业链、资金链和人才链的深度融合。该目录涵盖了309个岗位，其中100个岗位的紧缺度为5，占比32.36%；专业技术类岗位226个，占比73.14%。提升人才质量和数量是南京推动创新型产业集群高质量发展的关键任务。

在软件与信息服务产业中，Java工程师、大客户销售、产品经理、C++工程师、售前技术支持是发布职位数量最多的前五位，占比分别为3.36%、3.00%、2.85%、1.94%和1.77%。Java工程师虽然仍然是发布岗位数量最多的职位，但同比有所下降，而C++工程师的需求则明显上升。

在智能电网产业中，电气工程师、C++工程师、嵌入式软件开发、硬件研发工程师和射频工程师是发布职位占比前五位，占比分别为4.24%、3.98%、2.56%、2.51%和1.38%。智能电网行业稳步发展，各类工程师岗位需求持续旺盛，同时销售业务人员、产品经理、项目经理的需求也在增加。随着数字化融合的发展，算法工程师、C++软件工程师等岗位的需求热度显著提升。

在集成电路产业中，嵌入式开发工程师、测试工程师、硬件工程师、FPGA工程师和数字电路验证工程师是发布职位占比前五位，占比分别为4.62%、3.66%、3.11%、2.88%、2.50%。集成电路产业与软件与信息服务、智能制造产业存在激烈的人才竞争，对技术人才尤其是高学历人才的需求强烈。目前，集成电路产业尤其缺乏高端人才，即使提供较高的薪酬也难以招聘到合适的人才，这类人才需要通过精准引才和融合式培养来解决。

在生物医药产业中，生物制药／工程、药品研发、医药产品经理、生物药研究员、蛋白研发工程师是发布职位占比前五位，占比分别为4.78%、2.90%、2.05%、1.49%和1.35%。药品生产／质量管理、医药代表、临床数据分析师等岗位的需求也较高。

在智能制造产业中，电气工程师、机械工程师、生产计划／物料管理（PMC）、ERP技术开发和销售工程师是发布职位占比前五位，占比分别为4.43%、2.57%、2.38%、1.97%和1.86%。南京致力于智能制造的主攻方向，全力推进先进制造业集群的发展，推动"两化"融合、软硬件融合、制造业与服务业融合发展。随着制造业数字化转型的深入，智能制造产业对数字化创新人才的需求强劲。

在新能源汽车产业中，整车开发工程师、整车控制系统工程师、汽车电子／电气工程师、电池工程师、工艺／制程工程师是发布职位占比前五位，分别为4.95%、3.25%、2.84%、2.63%、2.32%。集成测试工程师、汽车动力系统工程师、智能网联工程师等岗位的需求也在增加。

在新材料产业中，化工研发工程师、机械设计师、材料工程师、实验室负责人、塑料工程师是发布职位占比前五位，分别为6.27%、5.45%、5.12%、4.72%、3.28%。新型材料产业集群重点发展化工新材料、先进金属材料、高性能膜材料、电子信息材料等重点领域，加快布局先进化工新材料及战略性新兴产业所需关键材料，推动高性能膜材料在环保、能源、生物等重点领域的应用。到2025年，南京市计划成为国内重要的新型材料产业基地。

在航空航天产业中，嵌入式软件开发、硬件工程师、飞行器设计与制造、产品经理、电气工程师是发布职位占比前五位，占比分别为4.55%、4.52%、3.66%、3.41%、2.52%。《南京市推进产业强市行动计划（2023—2025年）》提出，到2025年将南京市打造成为具有全国影响力的航空航天产业研发和制造高地。依托南京在机载系统、空管和地面设备系统、机电液压系统、通航新材料、无人机等领域的优势，以飞行运营为核心向产业链上下游延伸拓展，将带动先进遥感、导航定位、空天信息服务等相关岗位需求持续增加。

2.产才融合背景下人才集聚效应显著

在推动经济社会高质量发展的过程中，人才发挥着至关重要的作用，他们不仅是产业转型升级的支撑，也是经济结构优化和增长动能转换的关键。为了实现这一目标，全国各地正积极推进产业与人才的深度融合，通过在产业链中整合创新和人才资源，形成了以产业吸引人才、以人才推动产业发展的良性循环，这不仅促进了产业的持续进步，也带动了人才的集聚，共同推动了经济的高水平可持续发展。

在这一过程中，一些中心城市，尤其是那些已经聚集了大量高层次人才的城市，正在采取有效措施，建立平台以吸引和集聚更多人才，迅速构建起战略支点。与此同时，中西部经济带也在顺应国家的发展大战略，通过与这些中心城市在人才、科技、产业等方面加强合作，有效承接人才溢出，系统性地规划和实施重点领域的人才引进、培养和储备工作，以此增强产业发展的后劲和潜力。

人力资源和社会保障部也在积极服务于国家的重大战略，通过推进地方急需紧缺人才目录的编制和发布，引导人才合理集聚，优化人才流动和配置，这对于促进人才的有效利用和经济社会的高质量发展具有不可替代的重要作用。

2023年10月，河北省人力资源和社会保障厅与雄安新区管理委员会联合发布了《2023年雄安新区急需紧缺人才目录》。该目录涵盖了雄安新区613家企事业单位的3163个关键岗位，急需招聘19552名专业人才。依据典型性、紧缺性和指导性原则，目录中详细列出了523个关键岗位和10172条人才需求，进一步细分为四部分:《雄安新区高端高新产业急需紧缺人才目录》、《雄安新区传统产业急需紧缺人才目录》、《雄安新区公共服务业急需紧缺人才目录》和《雄安新区急需紧缺境外人才目录》。

《雄安新区高端高新产业急需紧缺人才目录》针对新区高端高新产业的发展需求，结合年度战略规划，精选出109个岗位，需求人才884名。这些岗位覆盖了新一代信息技术、现代生命科学、生物技术、新材料、高端服务业、绿色生态农业等关键领域，包括管理、研发以及人力资源、法务、招投标、物资采购、品牌推广等辅助岗位。所需专业包括计算机、人工智能、经济学、法律、城市规划、市场营销、通信工程、园林、工程管理等，要求人才至少拥有本科学历，并在专业技能、执业资格、沟通、团队合作、问题分析与解决等方面具备特定能力。

《雄安新区传统产业急需紧缺人才目录》针对新区传统产业的升级转型，精选出178个岗位，需求人才6126名。这些岗位覆盖了生产制造、建筑建材、交通运输、农林牧渔等产业，包括交通工程设计、电气工程、房地产估价等专业岗位。

《雄安新区公共服务行业急需紧缺人才目录》针对公共服务和基础设施建设的需求，精选出190个岗位，需求人才3002名。这些岗位覆盖了卫生、教育、科研、劳动就业、社会保险、文化体育等领域，包括教师、医师、护士、党群管理、行政管理、社区工作者、办公室文员等，其中专业技术岗位如教师、医师、护士、会计、工程师等对执业资格和职称有明确要求。

随着雄安新区进入大规模建设和承接北京非首都功能疏解的新阶段，新区将细化产业方向，布局高端高新产业，推动数字化进程，加强产业链与创新链的融合，吸引国内外资源和资本参与建设。《雄安新区急需紧缺境外人才目录》针对部分重点产业领域对境外人才的需求，参考北京、深圳等城市的经验，精选出46个岗位，需求人才160名。

2024年6月，雄安新区2024年度紧缺技能人才职业（工种）目录正式发布，旨在围绕新区产业发展和技能人才需求，合理引导技能人才教育培训方向，推动培训链、人才链、产业链紧密衔接。共有74个职业（工种），有人工智能工程技术人员、大数据工程技术人员、区块链应用操作员、人工智能训练师、互联网营销师等数字技术类职业（工种）；家政服务员、养老护理员、健康照护师等民生服务类职业（工种）；电工、砌筑工、起重装卸机械操作工等建筑类职业（工种）；基因工程药品生产工、医疗器械装配工等医疗健康类职业（工种）；制鞋工、缝纫工、园林绿化工等与新区劳务品牌发展建设相关职业（工种）。该目录的发布将进一步推动职业院校、职业培训机构、企业等加大急需紧缺技能人才培养力度，夯实新区高质量发展技能人才基础，加快推进技能强区建设，促进高质量充分就业，更好服务新质生产力发展。下一步，新区公共服务局将持续紧扣新区"5+6"产业体系及企业人才需求，不断健全技能人才培训政策体系，深入实施五大特色培训行动，稳定壮大技能人才队伍，推动产业、行业、企业、职业、就业"五业"联动，积极打造新时代高技能人才培育高地。

3.支持留学人员创新创业力度加大

近年来，我国不断推进留学人员回国创业平台建设。2024年4月，人社部发布《加快数字人才培育支撑数字经济发展行动方案（2024—2026年）》，其中提道："应加大对数字人才倾斜力度，引进一批海外高层次数字人才，支持一批留学回国数字人才创新创业，组织一批海外高层次数字人才回国服务。"

2024年，我国各省市纷纷推出了多项新政策文件，全面支持留学人员的创新创业活动，这些政策涵盖了创业启动资金扶持、生活补贴提供以及住房优惠措施等多个层面，旨在吸引并汇聚更多杰出的留学人才回国投身创新创业大潮。留学人员可以根据个人的实际情况和发展需求，灵活选择最适合自己的创业地点和享受的政策优惠。

2024年3月，北京市人才工作局发布了关于开展留学人员回国创业启动支持计划和高层次留学人才回国资助申报工作的通知。该通知主要涵盖了以下两个方面的支持计划：（1）留学人员回国创业启动支持计划：主要面向在海外获得硕士或博士学位，或具有一年以上海外博士后工作经历的留学人员。申报人需为所创办企业的法定代表人，且企业注册时间不早于2021年1月1日。申报人出资额需占企业注册资本的50%以上，并需全职回国，在海外无工作。（2）高层次留学人才回国资助试点工作：主要面向具有中国国籍、在海外获得博士学位的留学人员。申报人需于2019年1月1日后回国，并全职到岗，辞去海外工作或海外无工作。该计划择优推荐曾在国外著名高校、科研院所、跨国公司、国际组织等机构担任副教授（副研究员）以上专业技术职务或高级管理职务，并取得显著成果的留学回国人才。

上海市人才工作局于2024年8月发布了《2024年度上海市白玉兰人才计划浦江项目申请指南》，该项目旨在支持和鼓励海外优秀留学人员来沪工作和创业。（1）申请条件：申请人应为来沪工作和创业的海外留学人员及团队，年龄不超过45周岁（1979年1月1日及以后出生）。申请人需在海外以留学身份连续学习或进修，及入境工作和创业时间均以出入境记录为准。不同专题（如科研开发类、企业创新创业类、社会科学类、特殊急需类）对申请人的具体条件和所在单位有不同的要求。（2）资助额度：根据专题不同，资助额度也有所不同。例如，科研开发类和企业创新创业类的资助额度为每项30万元，社会科学类的资助额度为每项15万元/人，特殊急需类的资助额度则为15万元（社会科学）或30万元/人（自然科学）、50万元/团队。

2024年10月，深圳市罗湖区人力资源局发布《罗湖区留学人员创新创业补贴申请指引》。该文件明确了以下补贴标准和申请条件：（1）补贴标准：对2023年1月1日后获得省、市级以上创新创业大赛奖励或创业项目资助，并在罗湖区实际持续经营1年以上的留学人员企业，按其所获得的奖励或资助金额50%的标准给予补贴，最高一次性可达100万元。（2）申请条件：申请单位应是以留学人员为主的企业，且企业的法人代表或自然人中的第一大股东是留学人员，或留学人员个人在企业所持股权不低于30%。此外，申请单位还需指定一名留学人员申请，该留学人员需满足一定的国（境）外学习或工作经历条件，并在企业持有股份折合人民币不低于30万元。

其他城市如成都、厦门等也发布了相关支持留学人员创新创业的政策文件。2024年2月，成都市人力资源和社会保障局发布《关于开展2024年度中国留学人员回国创业启动支持计划申报工作的通知》，明确了申报条件和资助额度等。2024年7月，厦门市人力资源和社会保障局发布了《关于开展2024年厦门市留学人员科研项目资助申报工作的通知》，明确了申报条件和资助范围与标准等。

人才资源作为经济社会发展的核心驱动力，其重要性不言而喻。而留学人员作为人才宝库中的璀璨明珠，国家对此高度重视，并明确提出了"支持留学、鼓励回国、来去自由、发挥作用"的新时代留学工作指导方针。为了更有效地吸引和服务留学回国人才，国家正积极搭建求职就业对接平台，致力于营造一个优质的人才发展生态环境。同时，国家还在不断完善人才评价、激励机制以及服务保障体系，并优化紧缺人才信息服务，以推动留学回国人才向国家重点和急需领域有序流动。这些措施共同构成了对留学人员创新创业的全方位支持体系，旨在吸引和鼓励更多优秀留学人员回国创业，服务国家经济社会发展，为实现中华民族伟大复兴的中国梦贡献力量。

十一、专题研究报告：
留学归国人才成长规律探索

　　随着全球化的推进，留学归国人才已成为中国人才队伍中的重要组成部分，在科技、文化、经济等领域发挥着重要作用。本章依托教育部留学服务中心提供的数据源，从中随机抽取200名留学归国人员科研启动基金申请者作为样本，综合理论分析和调查研究，深入探讨了留学归国人才的成长规律。研究发现，留学归国人才成长规律包括：具备扎实的教育基础、持续学习、显著的科研成果、积极的学术交流合作、善于利用机遇和平台、多元的发展路径、明确的目标追求和创新精神。这些规律相互关联，共同构成了留学归国人才发展的关键因素。基于这些发现，本研究提出一系列政策建议，旨在促进留学归国人才的发展，为国家建设贡献力量。

（一）导论

　　在全球化浪潮的推动下，教育领域国际交流日益频繁，留学归国人才已成为我国人才队伍中不可或缺的组成部分。他们凭借在国外掌握的先进知识、前沿技术以及广阔的国际视野，在我国科技、文化、经济等领域发挥着积极且不可替代的作用，为国家的发展注入了新的活力与动力。因此，系统研究留学归国人才的成长规律，对于优化人才培养策略、提升国家竞争力具有重要的理论和实践意义。

留学归国人才的特点主要体现在以下三个方面。其一，普遍拥有较高的教育背景和专业技能。许多留学归国人员在海外接受了系统而严格的学术训练，具备较强的科研能力和创新精神；其二，通常具有较广的国际视野和跨文化沟通能力，如跨文化经验使这些人才在处理国际事务和合作项目时更具优势；其三，往往拥有丰富的海外人脉资源，这为他们在国内开展国际合作和交流提供了便利条件。然而，留学归国人才亦面临诸多挑战。尽管留学归国人才在海外积累了丰富的知识和经验，但在回国后常常需要适应国内的职场文化和社会环境，这一过程可能充满挑战。此外，部分留学归国人才在国内的发展可能受到市场条件的影响，需要更多的支持和引导。

作为一种重要的人力资源，留学归国人才不仅为国家的发展提供了技术支持和智力保障，还在促进中外交流、推动创新方面发挥了不可或缺的作用。但是，要实现其潜力的最大化，还需了解该类型学者的成长规律，制定适配的人才政策，以充分发挥其优势。

（二）样本描述

本部分依托教育部留学服务中心提供的数据源，从中随机抽取200人，作为本次研究样本，并基于这200名学者的信息进行详细调查分析，以期得出有价值的研究结果。

本小节具体关注200名学者的三方面信息：其一，个人信息部分。该部分记录了学者的基本信息，数据标签有：姓名、出生年份、性别、工作单位、研究方向。其二，科研成果部分。科研成果作为人才成长与成就的主要部分，在信息表中予以重点记录。考虑到各研究领域的成果展现方式具有多样性，本项目组选择了多个指标，全面体现学者的科研成果。该部分数据标签有：发表论文数量、发表专利数量、国自然／国社科基金立项课题数量、国家级荣誉称号获得情况。其三，职务职称部分。考虑职务职称作为人才成长的一部分，纳入信息表中，但不作为主要研究指标。该部分数据标签有：职务、职称。

1. 统计分析

（1）基本信息

①年龄分布

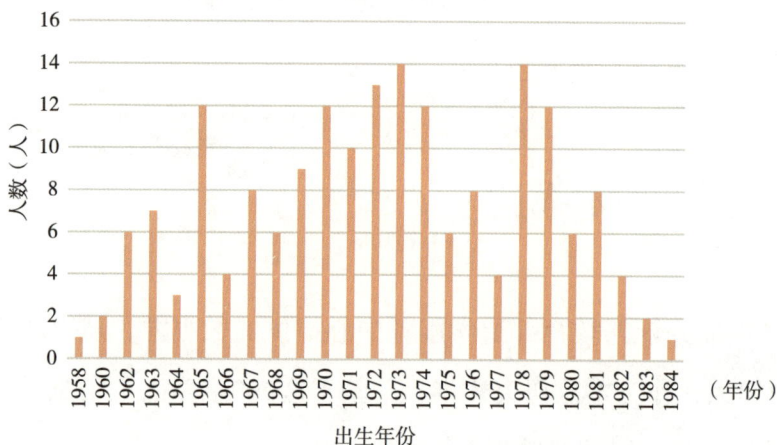

图 11-1　受资助学者出生年份分布情况

图11-1显示，学者年龄跨度从39岁到65岁不等。其中，50—59岁年龄段的学者人数最多，有74人，占比约为40.22%；40—49岁年龄段次之，有65人，占比约为35.33%；60—65岁年龄段有27人，占比约为14.67%；39—30岁年龄段有18人，占比约为9.78%。整体年龄分布呈现出以中年学者为主，老年和青年学者为辅的态势。

②性别分布

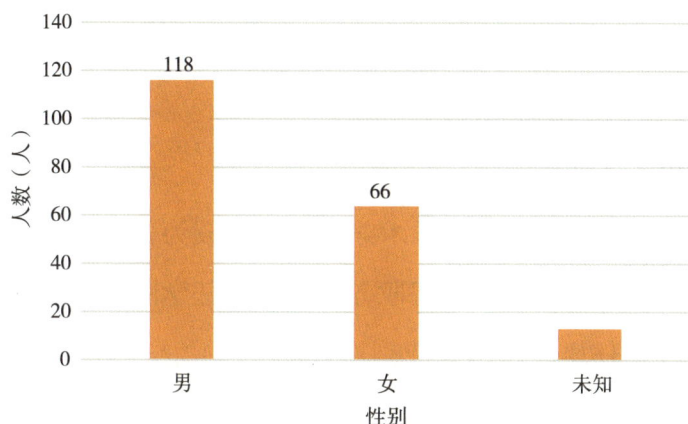

图11-2 受资助学者性别分布情况

图11-2显示，男性学者有118人，占比约为64.13%；女性学者有66人，占比约为35.87%。男性学者数量明显多于女性学者，性别比例存在一定差异。

③工作单位分布

学者工作单位涵盖了高校、科研机构、医院等多种类型。其中，高校学者人数最多，如浙江大学有10人、复旦大学7人、北京大学6人、上海交通大学5人等；科研机构中，中国科学院所属机构学者较为集中，如中国科学院生物物理研究所4人、中国科学院过程工程研究所3人等；医院方面，华山医院、同济医院等也有较多学者。

④职称分布

教授职称的学者有88人，占比约为47.83%；副教授职称的学者有45人，占比约为24.46%；研究员职称的学者有23人，占比约为12.50%；主任医师职称的学者有16人，占比约为8.70%；助理研究员职称的学者有7人，占比约为3.80%；副主任医师职称的学者有3人，占比约为1.63%。

⑤职务分布

担任各种行政职务和学术兼职的学者较为普遍。例如，有23人担任实验室主任或副主任职务，18人担任学院院长或副院长职务，15人担任研究所所长或副所长职务，12人担任系主任职务，还有众多学者担任学会委员、协会理事、期刊编委、审稿专家等学术兼职职务。此外，部分学者还担任医院科室主任等职务。

（2）科研成果

①发表论文数量

学者发表论文数量差异较大。发表论文数量在100篇以上的学者有38人，占比约为20.65%；50—99篇的学者有42人，占比约为22.83%；10—49篇的学者有73人，占比约为39.67%；10篇以下的学者有31人，占比约为16.85%。整体来看，发表论文数量分布较为分散，部分学者在学术论文产出方面表现突出。

②发表专利数量

发表专利数量同样存在较大差异。有22位学者发表专利数量在10项以上，占比约为11.96%；5—9项的学者有34人，占比约为18.48%；1—4项的学者有59人，占比约为32.07%；无专利发表的学者有69人，占比约为37.49%。专利发表情况显示，约三分之一的学者在专利成果方面有一定积累，而近四成学者尚未发表专利。

③国自然／国社科基金立项课题数量

获得国自然／国社科基金立项课题数量的分布情况为：5项及以上的学者有28人，占比约为15.22%；3—4项的学者有33人，占比约为17.93%；1—2项的学者有48人，占比约为26.09%；无立项的学者有75人，占比约为40.76%。超过四成的学者尚未获得国自然／国社科基金立项，而部分学者在基金项目获取方面具有较强竞争力。

④国自然／国社科基金立项年份

在获得立项的学者中，立项年份分布较为广泛，从2003—2023年均有涉及。其中，2010—2019年期间立项较为集中，反映出这一时期科研项目的活跃程度较高。

⑤国家级荣誉称号获得情况

获得国家级荣誉称号的学者有23人，占比约为12.50%。荣誉称号包括国家重点研发计划首席科学家、全国优秀科技工作者、国家科技进步奖获得者、中国青年女科学家奖获得者，等。这些学者在各自领域取得了突出成就，获得了较高的学术认可。

2.学术成果随年龄变化趋势

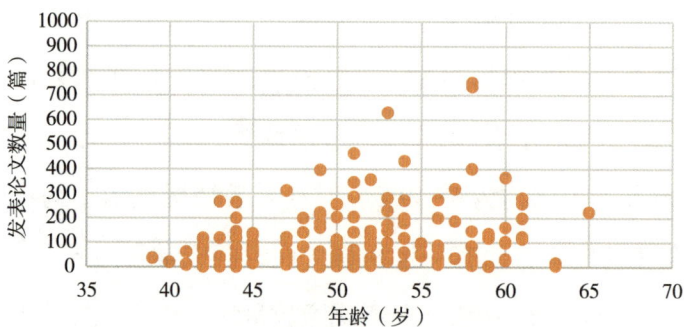

图 11-3　受资助学者发表论文数量分布情况

（1）发表论文数

由图 11-3 可知，受资助学者产出论文年龄多集中在 40—60 岁的中年阶段，在 50 岁前后产出论文数量达到巅峰，说明此年龄段是论文成果产出的黄金时期；大部分学者发表论文数量在 200 篇以下，也有少部分较为高产的作者，发表论文数量可以达到 500 篇以上，同时随着年龄的增长，学者发布论文的数量也有所提升。

（2）发表专利数

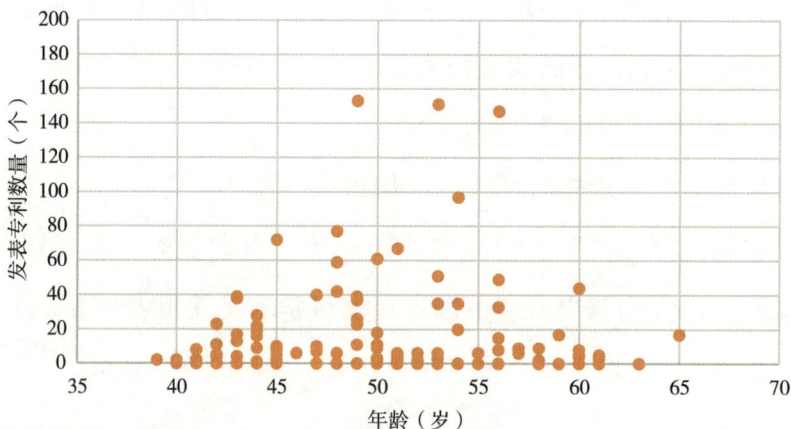

图 11-4　受资助学者发表专利数量分布情况

由图11-4可知，受资助学者发表专利年龄多集中在40—60岁的中年阶段，在45岁前后发表专利数量达到巅峰，发表专利数量与年龄大致呈正态分布形状；大部分学者发表专利数量在40个以下，也有少部分发明创造力较强的学者，发表专利数量可以达到100个以上。

（3）获得国自然／国社科基金数量

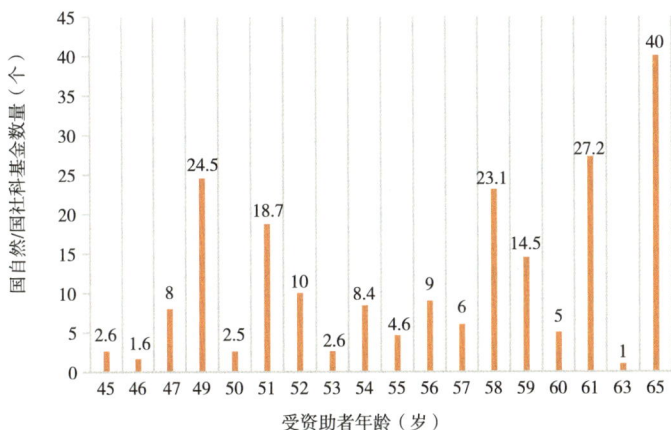

图11-5　受资助学者获得国自然/国社科基金数量分布情况

由图11-5可知，获得国自然／国社科基金的学者年龄集中在45—65岁，初步说明这是学者收获基金申报成果的黄金时期。基金获得数量平均值为10.63492个／人，最多获得国自然／国社科基金的数量为119个，最少是0个。从图表结果来看，国自然／国社科基金获得数量没有明显趋势，主要有如下原因：其一，样本量过少；其二，数据所限，只看到了累计数量，没有按照年龄层次看获得数量。总体而言，获得高层次人才留学基金的学者随着年龄增长，获得国自然／国社科基金的数量会增长，这可以初步判断是基金的长期效果。

（4）获得国家级奖项数量

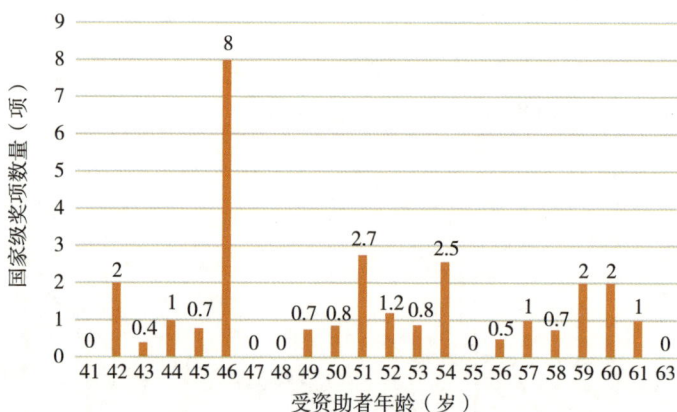

图 11–6　受资助学者获得国家级奖项数量分布情况

图11-6显示，总体来看，获得国家级奖项的学者年龄集中在41—63岁，平均每人约获1.23项，最大值为14项／人。其中46岁的学者获得国家级奖项的人数最多。

综上，年龄对科研成果的影响较为显著。受资助者在40—60岁的中年阶段发表论文和专利数量达到巅峰，这可能与该年龄段学者的专业技能、经验和精力处于高峰有关。这表明科研产出与学者的职业生涯阶段密切相关，中年学者是科研产出的主力军。获得国自然／国社科基金的学者随着年龄的增长而增加，这可能意味着长期的学术积累和学术声誉对于科研资助的成功申请至关重要。

（三）留学归国人才成长规律理论分析

1.影响留学归国人才成长的因素

通过整合已有研究中的人才成长影响因素，并结合调查研究结果，高层次归国人才成长的影响因素有：年龄（与产出效率）、性别、良好的社会经济出身、优秀的家庭学习传统、国籍、出生次序、环境（学校、社会、政策、文化环境）、认知特点（如是否具有丰富的想象力、是否善于质疑等）、情绪（或者说性格特点）、动机、学科领域、高等教育经历（本科教育、科研训练、国际化教育背景）、导师、优势积累、高质量的博士教育、学位、毕业院校、长周期研究、任职经历、个人素质特征、个人价值取向、科研团队、科技舞台。

（1）按因素来源划分

其一，原生因素。具体包含性别、年龄、原生家庭中的出生次序、原生家庭经济水平、家庭学习氛围、人格特点与心理特征等因素。

其二，教育因素。具体包含的因素有，教育阶段：本科——良好的本科教育；研究生——高质量的博士教育。培养背景：国际化的教育背景。能力训练：导师与科研训练。培养模式：长周期培养模式（在同一教育单位）与多通道培养模式（高校之间、科研机构之间、高校与科研机构之间）。

其三，环境因素。具体包含的因素有，（1）工作环境：包括工作单位所在地区的经济发展水平、工作单位层次（国内高校、国内科研院所、海外机构）、工作单位的科研条件等因素；（2）社会环境：包括政策机制（是否有完善的人才吸引与激励机制）与文化环境等因素。

图示如下：

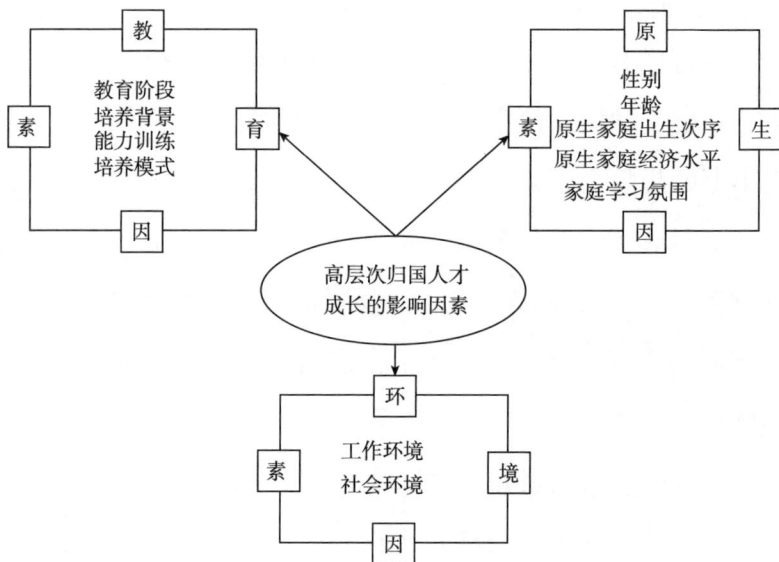

（2）按人才成长的生命周期理论划分

其一，积累阶段。（1）学术前辈的引导：学术前辈给予研究和工作方面的引导，有助于缩短人才适应过程，加速人才成长；（2）组织的学术氛围：人才所在组织的学术氛围浓郁，可以为人才提供更多的学术资源和成功经验，帮助人才成长；（3）家庭环境影响：家庭是否和谐、家庭经济压力能否得到有效疏导等家庭环境因素也会影响这一阶段人才的发展。

其二，快速成长阶段。（1）高层次研究经历：人才能力的快速发展需要通过高层次的研究经历带动，在科研能力、经验等方面提升人才水平；（2）高水平学术交流机会：处于快速成长阶段的科技人才，如果能够获得这一机会并从中得到需要的信息，则可以为人才寻找研究方向和发展机会提供便利条件；（3）心理状态：人才成长过程中，难免遇到自身发展面临瓶颈，从而产生焦虑感，因此保持一种良好的心理状态有助于人才维持发展过程，对人才的成长有良性作用。

其三，成熟阶段。（1）相对自由的学术环境：赋予人才更多的选择权利和发展机会，以激励人才参与科研活动，充分发挥人才的作用；（2）人才交流活动：通过人才交流活动，不同细分领域的人才可以通过互相研讨的形式加深对某一问题的理解，从而进一步提升人才的能力。

图示如下：

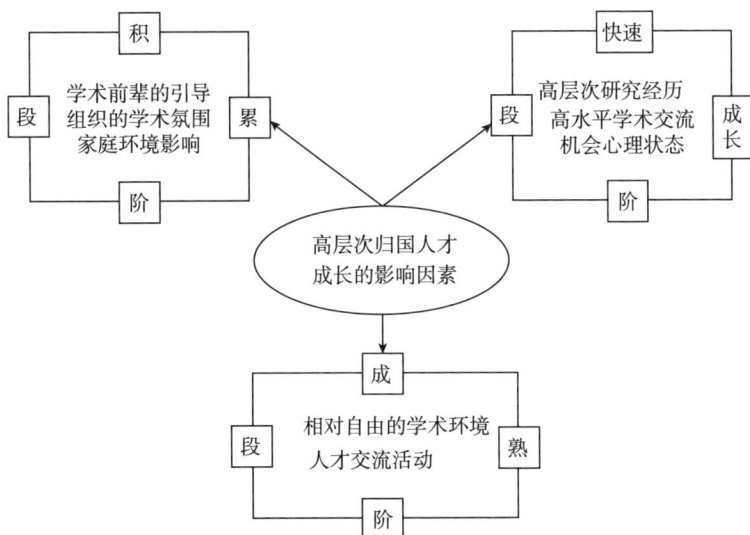

2. 留学归国人才的成长规律

（1）阶段性成长规律

从生命周期理论的视角出发，通过对留学归国人才在适应期、发展期和成熟期的成长过程进行系统分析，能够揭示其在不同阶段所面临的挑战与机遇，从而丰富相关理论。

其一，适应阶段。归国人才需要重新适应国内的社会文化环境和职场氛围，面临文化冲突、社会融入困难以及职业适应等问题。这一阶段通常需要一到两年的时间，归国人员需要通过不断调整心态和行为，逐步适应国内的工作和生活环境。因此，在这一阶段中跨文化性格的培养显得尤为重要。

其二，发展阶段。在适应国内环境后，留学归国人才进入职业发展的关键时期。这一阶段的主要特征是职业角色的明确和专业能力的提升。归国人才通常会利用其国际化视野和先进的专业技能，在所在领域中迅速崭露头角。留学归国人才在这一阶段往往会遇到职业发展的瓶颈和挑战，需要通过不断学习和积累经验来突破这些障碍。

其三，成熟阶段。经过前两个阶段的积累，留学归国人才逐渐进入职业生涯的成熟阶段。此时，学者们通常已经在行业内建立了重要的人脉关系和良好的声誉，并在专业领域中取得了一定的成就。许多归国人才在这一阶段开始承担更多的社会责任，如参与行业协会、提供专业咨询或担任学术导师等。

（2）行业性成长规律

考虑留学归国人才的行业差异性，显然不同行业的留学归国人才在成长过程中展现出不同的模式和特点，这与行业的特性、市场需求以及个人的专业背景密切相关。

其一，学术科研领域。留学归国人才在学术研究领域通常从事高等教育或科研机构的工作，因此成长模式多以学术研究能力的提升为核心。需要在归国后继续保持高水平的学术研究产出，同时积极参与国际合作与交流，以提升自身的学术影响力。此外，学者们还需适应国内的科研环境和制度，利用国外学到的先进理念和技术，推动所在学科领域的发展。

其二，高科技及信息技术行业。在高科技及信息技术行业，留学归国人才的成长模式则更注重技术的创新和应用。学者们往往通过创办或加入科技企业，利用其在国外积累的技术优势和创新思维，推动国内技术产品的研发和市场化。此行业学者通常需要面对快速变化的技术趋势和市场环境，需不断更新自身的知识结构和技能，以保持竞争力。

其三，金融服务行业。该行业留学归国人才的成长模式则以专业技能的精进和客户关系的拓展为主。金融领域的归国人才在回国后需迅速适应国内的金融政策和市场环境，利用其国际视野和风险管理能力，为企业或客户提供专业化的金融服务。同时还需建立和维护广泛的职业网络，以获取更多的职业机会和资源。

其四，文化创意产业。留学归国人才在该产业中通常通过创新思维和跨文化交流的能力，推动文化产品的创作和国际化传播。通过融合中西方文化元素，创造出具有国际竞争力的文化产品。此类人才在成长过程中需要具备较强的市场敏感度和艺术创作能力，通过多元化的合作和交流，实现文化创意产业的跨越式发展。

总体而言，留学归国人才在不同阶段、不同行业中的成长模式各具特色，但都涉及个人能力的提升、资源的有效利用以及对环境的适应与创新。这些模式不仅影响了个人的职业发展，也对其所在行业的发展产生了深远影响。

（四）留学归国人才成长规律实证分析

1.聚类分析

本部分对200名学者样本的发表论文数量、发表专利数量、国自然／国社科基金立项课题数量、年龄数据进行归一化处理，使用K-Means算法进行聚类，并分别解释每个类别人才的特点及其成长规律。

（1）聚类结果

类型一（91人）：

表11-1　K-Means方法聚类分析结果（类型一）

项目	年龄（岁）	发表论文数量（篇）	发表专利数量（项）	国自然／国社科基金立项课题数量（项）
均值	44.67	47.06	13.21	3.00
标准差	2.69	31.47	18.30	3.39
最小值	40.00	10.00	0.00	0.00
25%	43.00	22.00	2.00	1.00
50%	45.00	32.00	7.00	3.00

续表

项目	年龄（岁）	发表论文数量（篇）	发表专利数量（项）	国自然／国社科基金立项课题数量（项）
75%	46.00	61.00	16.50	4.25
最大值	51.00	178.00	130.00	13.00

表11-1显示，该群体平均年龄为44.67岁，年龄分布相对较为集中，标准差为2.69。发表论文数量的平均为47.06篇，数量差异较大，标准差达到31.47。这意味着部分学者在发表论文方面表现非常出色，而部分学者的成果相对较少。发表专利数量平均为13.21项，同样差异明显，标准差为18.30，国自然／国社科基金立项课题数量均值为3项，标准差为3.39。数据表明该群体在各方面表现差异较大，可能是由于专业领域、研究方向的多样性以及个人研究能力和资源获取能力的不同所导致。

类型二（80人）：

表11-2　K-Means方法聚类分析结果（类型二）

项目	年龄（岁）	发表论文数量（篇）	发表专利数量（项）	国自然／国社科基金立项课题数量（项）
均值	51.84	108.13	17.33	66.21
标准差	6.04	80.58	42.20	57.74
最小值	43.00	24.00	2.00	21.00
25%	47.00	62.00	6.00	33.75
50%	50.50	103.50	7.00	55.00
75%	56.76	142.00	13.00	83.75
最大值	65.00	334.00	130.00	219.00

表11-2显示，这一群体的平均年龄为51.84岁，年龄标准差为6.04，年龄分布较聚类1更分散一些。发表论文数量的平均为108.13篇，标准差高达80.58，说明学者之间在论文发表方面的差异极大。发表专利数量平均为17.33项，标准差达到42.20，国自然／国社科基金立项课题数量均值为66.21项，标准差为57.74。可以看出这个群体在学术成果产出和科研资源获取方面呈现出高度的不均衡性，可能是因为这部分学者来自不同学科领域，且各领域的科研难度、产出规模以及对基金的需求和竞争程度存在较大差异。

类型三（12人）：

表11-3　K-Means方法聚类分析结果（类型三）

项目	年龄（岁）	发表论文数量（篇）	发表专利数量（项）	国自然／国社科基金立项课题数量（项）
均值	50.91	134.91	33.10	8.18
标准差	4.53	53.25	18.39	3.11
最小值	46.00	60.00	8.00	4.00
25%	48.75	86.75	22.25	6.25
50%	50.50	137.50	37.00	8.50
75%	53.25	186.75	45.75	10.00
最大值	59.00	203.00	56.00	14.00

表11-3显示，该聚类中持平学者的平均年龄为50.91岁，年龄标准差为4.53，年龄分布相对聚类1略分散。发表论文数量平均为134.91篇，标准差为53.25，表明在论文发表量上存在一定差异。

发表专利数量平均为33.10项，标准差为18.39，国自然／国社科基金立项课题数量均值为8.18项，标准差为3.11。整体来看，持平学者群体的论文发表和专利数量相对较多且比较稳定，基金立项课题数量也较为平均，究其原因，可能是因为这类学者在研究能力、经验积累以及科研资源利用等方面达到了一种相对均衡的状态，能够较为稳定地开展科研工作并取得成果。

（2）聚类分析结论

第一种类型的学者在学术领域具有较高的活跃度，成果涵盖多个方面。其成长规律为：拥有知名高校的教育背景，为其学术生涯奠定了坚实基础，在导师的引导和影响下，形成了严谨的治学态度和科研方法。接着，职业发展初期凭借自身实力和机遇进入研究机构或高校，从基础研究工作起步，逐步积累经验。例如，发表一定数量的论文，获得少量专利和基金项目支持。随着研究的深入，过去的积累在某个时期迎来突破，在论文发表数量上有显著增长，专利数量也有所增加，主持或参与更多国自然／国社科基金立项课题，在学术界和本领域内产生一定影响力。而后通过不断参与学术交流活动，与同行合作，持续拓展研究领域和深度，发表高质量论文，推动科研成果向实际应用转化，在学术界和行业内树立较高声誉。

对于这种类型的学者，需进一步优化高校和科研机构的资源分配制度，确保资源能够更精准地投向具有潜力的年轻学者和有创新项目的团队，为各阶段学者提供更公平的发展机会；建立更多跨学科、跨机构的合作平台和项目，鼓励该类型学者与其他群体的学者加强合作，促进知识共享和技术交流，通过合作激发创新思维，共同攻克重大科研难题，提升科研成果的质量和影响力；营造更加包容和鼓励的学术氛围，对处于不同发展阶段的学者给予充分的理解和支持，减少学术竞争的压力，让学者能够更加自由地探索和创新。

第二种类型的学者在学术领域具有丰富的研究经验，成果含金量高。其成长规律为：具备优秀的教育背景，经过多年学习和研究，形成自己的学术方向和研究风格，在早期就展现出较高的科研能力。经历早期探索后，进入职业上升期，这一时期加大创新力度，在论文发表、专利申请等方面的成就取得快速发展。而后，经过长期积累和努力，在特定领域成为权威专家，成果得到广泛认可，所发表论文如心血管疾病领域的重要发现，推动相关领域发展。

对于此类学者，需建立更为灵活和个性化的学术评价体系，不仅仅关注论文数量和专利申请数量，更要重视其研究成果对学科发展和社会的实际贡献，鼓励他们在已有成就基础上追求更具突破性和创新性的研究；给予他们更多的自主权和政策支持，例如放宽项目申报的限制，提高科研经费的支持力度，为他们创造更加宽松和有利的科研环境；建立有效的激励机制，对在人才培养方面做出突出贡献的学者给予表彰和奖励。

第三种类型的学者专注于某一特定领域或方向，实现领先地位。其成长规律为：坚定自己的研究方向，全身心投入相关领域的研究，经过长期专注研究，在领域内取得开创性成果。且其研究成果具有极高创新性和实践价值，与行业紧密结合，推动产业升级。以该类型学者的科研成果为核心，带动所在团队或机构在该领域的快速发展。

对于第三种类型的学者，需加大对其科研项目的经费支持力度，设立专项风险投资基金，为他们的研究提供充足的资金保障，同时分担研究失败的风险，鼓励他们勇敢探索未知领域，追求更具突破性的科研成果；进一步完善科研成果转化机制，为该群体的创新成果提供更便捷、高效的转化渠道。加强高校、科研机构与企业之间的合作，建立产学研一体化的创新生态系统，加速科研成果从实验室到市场的转化过程，提高成果转化率和经济效益；鼓励并支持这类学者积极参与国际合作项目，与国际顶尖的科研团队和企业开展合作研究与交流。

2.案例分析

本部分针对5名代表性学者进行案例分析，重点关注学者的教育背景、工作经历、科研成果以及职业成就4个方面，以期寻找留学归国人才成长过程的共同特征。

（1）案例一

该学者毕业于知名高校地质学专业，获理学博士学位，具备坚实的地质学基础，专业知识涵盖海洋地质、地球化学等多个领域，为后续研究提供了扎实的理论支持。在学习过程中，展现出对海洋科学的浓厚兴趣，积极参加各类学术活动和科研项目，培养了较强的科研能力和创新思维。毕业后，长期致力于海洋地质研究工作，在多所高校或科研机构担任重要职务，是海洋地质学领域的知名专家和领军人物。多次担任海洋科研项目的首席科学家或骨干成员，带领团队完成多项国家重点科研任务。在海洋地质调查、深海矿产资源勘查等方面积累了丰富的实践经验，为我国海洋地质事业的发展做出了重要贡献。积极参与国际学术交流与合作项目，与国外专家学者保持密切联系，推动了国内外海洋地质领域的学术合作与发展，提升了我国在该领域的国际影响力。注重学科建设和人才培养，在高校中指导多名硕士和博士，为海洋地质领域培养了一批优秀的后备人才。该学者作为海洋地质学领域的杰出学者，荣获了多项国家级和省部级科学技术奖励，担任多个国际和国内学术组织的重要职务，积极参与学术活动的组织和策划，推动了国内外海洋地质学界的交流与合作。是国家多个重大科研项目的负责人和参与者，为国家海洋战略的实施和海洋事业的发展提供了重要的技术支持和决策依据，是我国海洋地质学研究领域的代表性人物。

从该学者成长轨迹来看，是不断深造、持续科研投入取得大量成果、通过担任国际国内学术职务拓展影响力的过程。其在海底科学领域的深入研究和突出成就，不仅丰富该领域知识体系，也推动我国海底科学研究发展。

（2）案例二

该学者毕业于国内重点农业高校，先后获得学士、硕士和博士学位，专业学习成绩优异，为后续研究奠定了扎实的专业基础。在硕士和博士阶段，师从国内植物病理学领域的知名专家，接受了系统的学术培养和科研训练，掌握了先进的研究方法和技术手段，培养了敏锐的科研洞察力。在完成学业后，进入一所知名农业科研机构工作，从助理研究员逐步晋升为研究员，长期从事植物病理学相关研究工作。主持了多项国家级和省部级科研项目，深入研究植物病毒与寄主相互作用等关键科学问题，致力于揭示植物病害发生发展的分子机制以及探索病害防控的新策略。积极参与国际合作项目，与国际著名植物病理学家团队开展紧密合作，促进了国内外学术交流和科研成果共享互鉴。该学者专注于肿瘤学研究，曾主持多项国家重点研发计划课题等，发表论文100余篇。通过多年的科研积累和创新，学术水平得到国内外同行的高度认可，荣获多项国家级人才项目资助，是该领域具有重要影响力的青年学者之一。积极推动实验室建设和学科发展，建立了先进的研究平台，为国内外科研人员提供了良好的科研条件和合作交流机会。其团队培养的研究生多人在国内外重要科研机构继续深造或从事科研工作，不断为社会输送优秀人才。

该学者成长过程是凭借国内顶尖教育背景和国际交流经验，在国内一流研究机构深入钻研肿瘤学难题，取得显著科研成果，通过积极参与国际学术交流提升在肿瘤学领域影响力的过程。

（3）案例三

该学者毕业于知名高校物理专业，获理学博士学位，拥有深厚的物理学基础，专业知识涉及理论物理、核物理等多个领域，为日后研究奠定了坚实的理论根基。在求学过程中，对前沿物理问题展现出强烈的探索欲，积极参与各类学术研讨和科研实践活动，培养了扎实的科研技能和创新意识。毕业后长期投身于理论物理研究工作，在多所高校和科研机构担任要职，是理论物理学领域的权威专家和引领者。多次担当国家级科研项目的负责人或核心成员，率领团队完成多项重大科研任务。在量子物理方向的理论研究方面积累了丰富的经验，其研究成果对推动我国物理学理论的发展具有重要意义。积极参与国际学术交流与合作项目，与全球顶尖学者紧密互动，有效促进了国内外理论物理领域的学术交流与合作。重视物理学学科建设和人才培养，在高校中指导众多硕士生和博士生，为我国物理学领域输送了大批优秀人才。该学者作为理论物理学界的杰出代表，荣获多项国家级和省部级科学技术奖励，担任多个国际和国内重要学术组织的关键职务，积极参与学术会议的组织和学术资源的整合，极大地推动了国内外理论物理学界的协同发展。是国家多个重大物理研究项目的负责人和核心参与者，为国家科技战略的实施和物理学事业的进步提供了关键的技术支撑和决策建议，是我国理论物理学研究领域的标志性人物。

从该学者的成长路径来看，是一个不断深入学习、持续专注科研取得一系列耀眼成果、通过国际国内学术平台发挥重要影响力的历程。其在自身领域的卓越研究成果为我国物理学科研事业的蓬勃发展注入了强大动力。

（4）案例四

该学者毕业于一流大学机械工程专业，获工学博士学位，具备深厚的机械工程专业知识，涉及机械设计、制造自动化等多个领域，为未来研究提供了坚实的理论基础。在求学生涯中，对智能制造技术充满热情，积极参与各类学术研究和工业实践项目，培养了较强的科研和实践能力。毕业后长期从事机械工程领域的科研与教学工作，在多所高校和科研单位担任重要职务，是机械工程领域的知名专家和学科带头人。多次担任国家级科研项目负责人或主要成员，带领团队完成一系列先进制造技术相关的科研任务。在智能制造、精密加工等领域积累了丰富的实践经验，为我国机械制造业的智能化升级做出了重要贡献。积极参与国际学术交流与合作，与国际知名高校和研究机构建立了广泛的合作关系，推动了我国机械工程领域的国际学术交流与发展，提升了我国在该领域的国际影响力。注重学科建设和人才培养，培养了大批机械工程领域的优秀专业人才，为我国制造业的发展提供了坚实的人才支持。该学者凭借在科研领域的卓越成就，荣获多项国家级和省部级科学技术奖励，展示了其科研成果的重要价值和影响力。担任多个国际和国内学术组织的重要职务，积极组织和参与学术活动，促进了国内外机械工程领域的学术交流与合作。作为国家重大科技专项的核心成员，为我国制造业的创新发展和产业升级提供了关键的技术支持，是我国机械工程领域的杰出人才和领军人物。

从他的成长历程来看，通过不断学习深造、持续专注科研实践、积极参与国际合作等途径，取得了显著的科研成果和职业成就，为我国机械工程领域的发展做出了重要贡献，也为行业内其他科研人员树立了良好的榜样。

（5）案例五

该学者毕业于知名高校生物学专业，获得理学博士学位，生物学基础扎实，专业知识涵盖细胞生物学、分子生物学等多个领域，为后续研究奠定了良好的理论基础。在学习过程中，对遗传学研究产生浓厚兴趣，积极参与各类学术项目和科研实验，培养了优秀的科研能力和实验技能。毕业后长期致力于遗传学研究工作，在多所高校和科研机构担任要职，是遗传学领域的知名专家和学术引领者。多次承担国家级重大科研项目，积累了丰富的实践经验，为我国生物科技产业的发展提供了重要的技术支持。积极参与国际学术交流与合作，与国外高校和科研团队建立了长期的合作关系，推动了我国遗传学领域的国际合作与交流，提升了我国在该领域的国际地位。注重人才培养和团队建设，在高校和科研机构中指导众多研究生和博士后，为遗传学领域培养了一批优秀的科研骨干。由于该学者在科研和学术方面的突出贡献，荣获了多项国家级和省部级科学技术奖励。担任多个国际和国内学术组织的重要职务，积极组织和参与学术会议与学术交流活动，促进了国内外遗传学领域的学术繁荣和合作发展。是国家重大科研项目的主要负责人之一，为我国生物科学技术的创新和战略发展提供了重要的技术支撑和智力支持，是我国遗传学领域的杰出代表人物。

从该学者的成长轨迹可以看出，通过扎实的学术基础、深入的科研实践、广泛的国际合作以及对人才培养的重视，取得了丰硕的科研成果和卓越的职业成就，为我国遗传学领域的发展做出了不可替代的贡献，也为推动我国生命科学事业的进步发挥了重要作用。

结合案例中5名学者的成长经历，总结出如下规律：

其一，多元融合奠定成长根基。5名学者均以扎实多元的教育背景为起点，早期国内教育赋予其基础知识与学术素养，为后续发展打牢基础。海外留学经历拓宽其学术视野，紧跟国际学术前沿，培养跨文化交流与理解能力，形成开放多元思维。国内外教育资源的有机交融，使其在未来发展中具备更强竞争力与适应性。

其二，精准定位与拓展发展路径并行。留学归国人才在职业发展中善于依据自身专业兴趣、技能优势及社会需求洞察，精准锚定特定领域深耕细作。长期专注于此领域的学习、实践与研究，持续积累深厚专业知识与丰富实践经验，从而成为行业佼佼者。同时，留学归国人才职业发展路径丰富多样。部分投身科研机构，专注基础科学研究，勇探未知领域，攻克技术难题，助力学科创新与科技发展；部分投身高等教育，任教于高校，传授所学，开展前沿科研，实现教学科研相长，培育专业后备人才；部分凭借专业技能与创新思维进入企业界，积极参与技术研发、产品创新与市场拓展，提升企业竞争力，推动科技成果产业化。此外，创业也是部分人才实现价值的重要途径，他们利用积累资源捕捉市场机遇，开拓新业务领域，创造就业岗位，为经济注入活力。

其三，注重创新。科研成果是留学归国人才专业成长的显著标志。在学术期刊发表大量高质量论文，彰显深厚学术造诣与创新能力，赢得学术界广泛认可，提升声誉地位。同时积极主持重大科研项目，整合资源带领团队攻关，推动相关领域科研水平提升，为我国关键技术突破与国际竞争力增强贡献重要力量，且在专利申请方面表现优异，为产业升级提供技术支撑。创新精神贯穿留学归国人才科研工作始终，是推动专业进步与行业发展的核心动力。

其四，提升影响力，积极承担社会责任。积极参与国际学术交流合作是留学归国人才成长关键特征。通过担任国际学术职务、参与国际会议、开展国际合作研究等，与全球优秀科学家建立广泛深入联系合作网络。借此及时掌握前沿动态成果，学习借鉴先进方法经验，拓宽学术视野研究思路，同时将我国科研成果与文化推向世界，促进学术文化交流融合，提升我国国际学术影响力话语权，为全球科技进步贡献力量。此外，留学归国人才不仅在学术科研表现卓越，还积极投身行业发展与社会事务，主动承担社会责任。凭借专业知识与国际视野，在行业发挥重要影响力，如担任期刊编辑把关论文质量、参与标准制定推动行业规范发展、为政府企业提供专业咨询和智力支持等。同时关注社会热点民生需求，运用专业知识解决实际问题，在环保、医疗、教育等多领域积极作为，展现高度社会责任感与使命感，助力社会进步可持续发展。

其五，个人特质提供持续发展内在动力。留学归国人才始终怀揣对知识的强烈渴望与追求卓越的精神，积极参加各类学习活动，关注学科前沿与行业趋势，更新知识结构思维方式。工作中高标准严要求，追求卓越成果成就，不断挑战自我极限，力求在各自领域精益求精。这种持续学习与追求卓越的精神成为内在驱动力，支撑其长期持续发展并取得辉煌成就。

（五）总结及政策建议

1.留学归国人才成长规律总结

结合理论研究与调查研究内容，本节总结出如下8条留学归国人才成长规律。

（1）扎实的教育基础：教育背景是人才发展基石，案例中大部分学者都有国内／外顶尖高校学习经验或获得高学历。

教育为留学归国人才提供了系统的知识体系和专业技能培训，是其发展的基石。学者通过在国内顶尖高校以及国际知名院校的学习，接受了系统的、严格的学术训练，积累了深厚的专业知识，为其在各自领域的深入研究和创新奠定了坚实的基础。顶尖高校的教育资源丰富，师资力量雄厚，能够提供前沿的学术理论和先进的研究方法，使学者们在早期的学习阶段就站在了较高的起点上，从而在未来的职业生涯中更具竞争力。

（2）不断更新技能和知识：各个学者在各自领域不断钻研，持续学习新知识、新技术以适应变化。

在快速发展的现代社会，知识和技术的更新换代日新月异，各个领域的学者们深知持续学习的重要性。需始终保持着对新知识、新技术的强烈渴望，不断钻研本领域的前沿动态。同时也需积极参加各种学术会议、培训课程，阅读大量的专业文献，与同行进行广泛的交流与合作，不断更新自己的知识体系和技能储备，以适应不断变化的学术和社会需求。这种持续学习和钻研的精神使他们能够在各自领域保持敏锐的洞察力，始终站在学科发展的前沿，为推动学科的进步贡献力量。

（3）取得显著科研成果：论文发表、专利申请、项目主持是重要体现，是人才成长的重要标志。

科研成果是衡量留学归国人才成长的重要标志，具体体现在论文发表、专利申请和项目主持等多个方面。这些人才在学术期刊上发表了大量高质量的论文，其中不乏在国际顶尖学术刊物上的佳作。其研究成果不仅在学术界引起了广泛关注，也为解决实际问题提供了重要的理论依据和方法指导。专利申请方面，他们凭借在技术创新方面的卓越能力，将科研成果转化为具有实际应用价值的知识产权，为推动技术进步和产业发展做出了积极贡献。同时，此类人才还具备出色的项目主持能力，能够成功申请并主持国家重点研发计划课题、国家自然科学基金项目等高级别科研项目。这意味着他们在相关领域具有深厚的造诣和卓越的领导能力，能够带领团队开展深入研究，攻克重大科研难题，推动学科发展。这些丰硕的科研成果不仅彰显了学者个人的科研实力，也为其所在领域的发展注入了强大动力，提升了我国在相关领域的国际竞争力。

（4）积极参与学术交流和合作：国际国内学术兼职和交流活动促进思想碰撞和合作机会。

在全球化日益加深的今天，国际国内的学术交流与合作变得愈发重要。留学归国学者们积极投身于各种学术兼职和交流活动，充分利用这些平台拓宽视野、促进合作。留学归国人才担任国际学术组织的重要职务，参加国际学术会议并发表演讲，与全球顶尖科学家进行面对面的交流和合作。在国内，该群体也活跃于各类学术研讨会和学术团体中，与同行们分享研究成果和经验教训。这种广泛的学术交流和合作打破了地域和学科的界限，促进了知识的共享和创新的碰撞。学者们通过交流能够获取不同的研究思路和方法，发现新的研究方向和问题，为自己的研究工作带来新的启发和灵感。同时，合作项目的开展也有助于整合各方资源，发挥各自优势，实现优势互补，共同攻克重大科研难题，推动跨学科研究的发展。

（5）充分利用机遇和平台：入选人才计划、担任重要学术职务、在知名机构工作提供发展机遇和平台。

留学归国人才在发展过程中善于把握各种机遇，充分利用有利的平台资源。他们积极申请并入选各类人才计划，如国家杰出青年科学基金、优秀青年科学基金，等。这些人才计划为他们提供了丰富的资源和支持，包括充足的科研经费、先进的科研设备、宽松的研究环境等。这些支持为他们深入开展科研工作提供了有力保障，有助于吸引优秀人才加入团队，共同开展更具创新性和前瞻性的研究。此外，他们还积极担任重要学术职务，如国际学术组织的理事、国内学术期刊的编委等。这些职务使其能够在学术决策、资源分配等方面发挥重要作用，为推动学科发展方向贡献自己的力量，同时也显著提升了学术声誉。再者，在知名机构工作也是该群体取得成功的重要因素之一。这些机构通常拥有先进的科研设备、丰富的研究资料和优秀的科研团队，为学者们提供了良好的科研环境和合作机会。学者们在这里能够充分发挥自己的才能，开展高水平的科研工作，加速自身的成长和发展。

（6）不同领域人才发展路径多样性：学术研究、企业实践、产学研结合等不同发展路径都能实现人才价值。

留学归国人才在发展路径上呈现出丰富的多样性，主要包括学术研究、企业实践以及产学研结合等不同模式，每种模式都在各自领域实现了人才的价值。在学术研究领域，部分留学归国学者凭借深厚的学术造诣和对知识的执着追求，选择在高校和科研机构中继续深耕。致力于探索新的学术领域和研究方向，通过发表高质量的学术论文、主持重大科研项目等方式，不断推动学科理论的创新和发展，在学术界产生了广泛的影响，成为学术领域的佼佼者。而在企业实践领域，一些留学归国人才将在海外学习到的先进知识和技术应用到实际工作中，凭借扎实的专业知识和敏锐的市场洞察力，积极投身于企业的技术研发、产品创新和管理优化等工作。通过将理论与实际相结合，为企业带来了新的理念和方法，推动了企业技术进步和经济效益提升。此外，还有一部分人才选择了产学研结合的发展路径，在高校和科研机构中从事前沿研究，同时与企业保持密切的合作关系。通过这种方式，能够将学术研究成果迅速转化为实际生产力。同时，企业也为人才提供了实践平台和市场需求反馈，促进了学术研究的针对性和实用性。这种产学研的深度融合实现了知识创新与产业发展的良性互动，既为高校和科研机构培养了适应市场需求的应用型人才，又为企业提供了技术支持和创新动力，推动了整个社会的科技进步和经济发展。

（7）个人努力和追求目标清晰：对自身职业发展有规划和追求，持续努力以实现目标。

每位留学归国学者的成功都离不开他们坚定的个人努力和清晰明确的追求目标。这些学者在职业生涯的初期，就对自己的未来发展有着清晰的规划和明确的目标。他们深知自己的兴趣所在和优势领域，并以此为基础制定了详细的职业发展规划。在追求目标的过程中，他们始终保持着高度的自律和勤奋，全身心地投入工作中。面对科研过程中的重重困难和挫折，他们从不轻言放弃，而是凭借坚定的信念和顽强的毅力，不断调整和优化自己的研究方向和方法。他们积极寻找解决问题的途径，勇于尝试新的思路和技术，通过不懈的努力逐步克服困难，实现自己的职业目标。这种持之以恒的努力和对目标的执着追求，不仅使他们在个人事业上取得了显著成就，也为社会和人类的发展做出了积极贡献。

（8）创新精神：在面对新问题和挑战时，勇于创新，突破传统思维。

创新是推动社会进步和学科发展的核心驱动力。留学归国人才在面对日益复杂多变的学术和社会环境时，充分展现了勇于创新的精神风貌，积极探索新的研究领域和问题。在学术研究中，他们提出创新性的理论观点和研究方法，为解决实际问题提供了全新的思路和途径。在技术开发和应用方面，他们敢于尝试新技术、新材料和新工艺，推动了技术的升级换代和产业的创新发展。创新精神使留学归国人才能够在各自领域开创新的局面，成为行业发展的引领者。同时，他们还具备较强的解决问题的能力，能够灵活运用所学知识和创新思维，应对各种复杂的问题和挑战，实现从理论到实践的转化和突破，为学科发展和社会进步提供源源不断的动力。

2.政策建议

在留学归国人才的成长过程中，扎实的教育基础是起点，不断更新知识和技能是保障，取得显著科研成果是体现，积极参与学术交流与合作是拓展，充分利用机遇和平台是助力，不同发展路径体现多样性，个人努力和清晰目标是动力，创新精神是核心驱动力。这些特征相互关联，共同构成了留学归国人才发展的关键因素。基于此，为进一步完善留学归国人才成长的政策支持体系，针对上述成长规律，结合现有政策，提出如下建议：

第一，构建留学归国人才大数据平台，深度剖析不同教育模式、院校专业与职业成就关联，为优化教育资源布局、调整人才培养方案提供精准指引；设立"留学归国人才教育质量提升专项计划"，资助高校引进国际前沿课程体系、教材教法及虚拟实验室等资源，提升人才培养国际化水平。

第二，打造"留学归国人才终身学习数字生态系统"，集成多源学习资源、智能学习工具与个性化学习路径规划功能，利用人工智能实现精准知识推送与学习效果评估反馈；建立"跨领域知识融合创新实验室"，定期组织留学归国人才参与跨学科实践项目与挑战性课题研究，加速知识跨界融合应用，催生创新成果。

第三，设立"留学归国人才科研卓越成就奖"，重奖在基础研究重大突破、关键共性技术攻克、高价值专利集群培育等方面杰出人才团队，树立科研创新标杆典范；整合高校、科研院所、企业、金融资本与政府资源，建立从基础研究到产业化全链条协作机制，加速科研成果转化。

第四，打造"国际学术合作云服务平台"，集成线上会议、项目对接、论文发表、合作评估等功能，突破时空限制，提升学术交流合作效率与广度深度；完善国际学术合作贡献度评价指标体系，精准量化人才国际合作学术贡献、资源整合贡献、人才培养贡献等，作为人才评价、职称晋升与奖励表彰核心依据，提升国际学术话语权与影响力。

第五，建立"人才计划动态优化调整机制"，依据各地产业发展战略、科技前沿趋势与人才市场供需变化，精准调整人才计划目标定位、入选标准、支持方式与考核指标，提升人才计划实效性精准度。

第六，制定"留学归国人才跨领域流动扶持政策"，设立跨领域发展专项补贴、职业培训基金与职称评定绿色通道，鼓励人才从学术研究向企业实践、创新创业或社会服务跨界流动拓展；设立"跨领域人才融合创新示范工程"，遴选支持一批跨学科、跨行业、跨领域创新示范项目与团队，探索创新人才培养、成果转化与产业升级新模式新机制，引领推动产业跨界融合发展新趋势。

第七，建立留学归国人才成长导师团，成员涵盖学术权威、企业精英、资深HR与成功创业者，为人才提供深度个性化指导、行业洞察、人脉拓展与心理支持，助力突破职业发展瓶颈；设立"留学归国人才终身成就奖"，表彰在长期职业发展中坚守初心、持续创新、贡献卓越、德艺双馨人才典范，激励涵养家国情怀与使命担当精神，铸就持久职业辉煌。

第八，构建"创新生态全要素监测评估体系"，实时洞察政策环境、资金投入、人才集聚、文化氛围、成果转化等创新生态要素动态变化，精准评估创新生态效能，为优化创新政策体系、资源配置与生态治理提供决策依据；建立"创新成果权益分配与转化激励机制"，完善知识产权归属、股权分配、收益分享制度，探索创新成果"所有权、使用权、收益权"分离模式，强化创新利益激励约束，激发创新主体活力创造力，加速创新成果产业化商业化进程，驱动经济高质量发展与创新型国家建设。